Mathias Hein
Theo Vollmer
(Hrsg.)

Bay Networks
Connectivity Guide
1996

Mathias Hein – Theo Vollmer

(Hrsg.)

Bay Networks Connectivity Guide 1996

Die Deutsche Bibliothek – CIP-Einheitsaufnahme

Mathias Hein/Theo Vollmer [Hrsg.]

Bay Networks Connectivity Guide 1996 (dt.)

1. Aufl. – Köln: Fossil 1996
(Fossil Edition Netze)
ISBN 3-931959-00-7

BVK DM 89,50

© 1996 by Bay Networks Deutschland GmbH

Übersetzung aus dem amerikanischen Englisch,
Textredaktion und deutsche Bearbeitung:
Liane Schmiederer, Korntal

Zeichnungen:
Stefan Engenhorst, Kerpen

Die Informationen in diesem Produkt wurden mit größtmöglicher Sorgfalt erarbeitet. Verlag, Herausgeber und Übersetzer übernehmen jedoch keine juristische Verantwortung oder irgendeine Haftung für evtl. verbliebene fehlerhafte Angaben und deren Folgen.

Alle Rechte, auch die der Übersetzung, vorbehalten. Kein Teil des Werkes darf in irgendeiner Form (Druck, Fotokopie, Mikrofilm oder einem anderen Verfahren) ohne schriftliche Genehmigung reproduziert oder unter Verwendung elektronischer Systeme verarbeitet, vervielfältigt oder verbreitet werden.

Alle Warennamen werden ohne Gewährleistung der freien Verwendbarkeit benutzt und sind möglicherweise eingetragene Warenzeichen. Trademarks: SynOptics, LattisNet, Optivity und SynOptics Communications sind eingetragene Warenzeichen von Bay Networks, Inc. Bay Networks. EZ LAN, Expanded View, LattisSecure, LattisSwitch, Autotopology, System 800, System 2000, System 3000 und System 5000 sind Warenzeichen von Bay Networks Inc.

Gesamtherstellung:

Claudia Lindig, 50733 Köln, Hartwichstraße 101

Inhaltsverzeichnis

Teil 1
Einführung

I. Einführung in Netzkonzepte 19

Lokale Netze	19
Weitverkehrsnetze	20
Standardisierungsorganisationen	20
ISO/OSI-Modell	22
IEEE-Standards	24
Transportverfahren	24
Ethernet	24
Token Ring	25
FDDI	25
Cluster	25
Ein-Port-Cluster	26
Mehr-Port-Cluster	26
Modul-Cluster	26
Segmente und Ringe	26
Konzentratoren	28
Arbeitsgruppen-Konzentratoren	28
Konzentratoren für Verteilerräume	29
Konzentrator im Netzzentrum	29
Logische Arbeitsgruppen	29
Internetworking-Systeme	30
Repeater	30
Brücken	30
Router	31
Frame Switches	32
Netzschnittstellenkarten	32
Filter	32
Transceiver	32
Netzstationen	34
Server	34
Netzmanagement	34
Agent	35

II. Konzentratoren, Gehäuse und Komponenten   37

System 800   38
BayStack   39
System 2000   40
    Ethernet-Konzentrator System 2000   40
    Token Ring-Konzentrator System 2000   41
    FDDI-Konzentrator System 2000   42
System 3000   43
    Gehäuse   43
    Gehäuse Modell 3000   43
    Gehäuse Modell 3030   44
    Numerierungsschema für die System 3000-Komponenten   45
    Stromversorgungen   45
    Bussysteme   45
    Ethernet-Bussystem   48
    Token Ring-Bussystem   49
    FDDI-Bussystem   51
    Netzmanagementmodule   51
    Host-Module   52
    Internetworking-Module   54
    Brücken- und Switch-Module   54
    Multimedia-Router-Module   54
    Sonstige Internetworking-Module   54
    Terminalserver   55
    Network Utility Server   55
    3270-Steuereinheit und Terminalmultiplexer   55
    Funktionsweise der Module im Konzentrator   56
    Empfehlungen für die Gruppierung von Modulen   56
    Empfehlungen zur Konfiguration der Netzmanagementmodule   59
    Empfehlungen für die Konfiguration des lokalen   60
    Token Ring-Brückenmoduls
System 5000   61
    Gehäuse   62
    Gehäuse Modell 5000   62
    Gehäuse Modell 5005   63
    Gehäuse Distributed 5000   64
    Numerierungsschema für System 5000   64
    Stromversorgungen   65
    Supervisory-Modul   66

Bussysteme	66
Netzmanagementmodule	67
Host-Module	68
Kommunikationsserver	70
Funktionsweise der Module im Konzentrator	70
Empfehlungen für die Gruppierung von Modulen	70
Plazierung der Ethernet-Module	70
Plazierung der Token Ring-Module	71
Plazierung der FDDI-Module	71

Teil 2
Ethernet-Netze

III. Ethernet-Standard IEEE 802.3 75

CSMA/CD-Protokoll	76
Topologien	76
Bus	76
Stern	76
Netzeinschränkungen	79
Repeater-Regel	79
Längste Verbindung mit fünf Repeatern	80
Längste Verbindung mit vier Repeatern	80
Längste Verbindung mit drei Repeatern	81
Längste Verbindung mit zwei Repeatern	81
Maximale Anzahl von Endgeräten	81
Paketumlaufverzögerung	82
Berechnung der Paketumlaufverzögerung	82
PDV-Berechnungsbeispiel	83
Interpacket Gap-Einschränkung	85
Berechnung der Interpacket Gap-Einschränkung	86
Redundante Verbindungen	88
10BASE-F	88
10BASE-FL- und 10BASE-FB-Interoperabilität	89
Remote Signalisierung	89
Configuration Switching	90
Netzmanagementaspekte	90
Ethernet Agents	90
Gewinnung von statistischen Daten bei System 5000	91

IV. Ethernet-Netze mit einem Konzentrator   93

System 800   93
BayStack 10BASE-T Stackable Hub   93
System 2000   95

V. Ethernet-Netze mit mehreren Konzentratoren   97

Collapsed Backbone   97
Distributed Backbone   98
Kaskadierung von Konzentratoren   99
Verbindungen zwischen BayStack-Konzentratoren   100
    Verbindungen in einer Stack-Konfiguration   100
    Verbindungen in einer Remote-Konfiguration   101
    Mögliche Verbindungsvarianten   102
    AUI Port-Verbindung   102
    10BASE-FL-Verbindung   102
    10BASE2-Verbindung   102
    10BASE-T-Verbindung   102
    MDI Port-Verbindung   103
    BayStack Hubs in einem Multisegment-Stack   103
Verbindungen zwischen BayStack- und System 2000-, System 3000-   105
und System 5000-Konzentratoren
Verbindungen zwischen System 2000-Konzentratoren   105
    Mögliche Verbindungsvarianten   106
    AUI Port-Verbindung   106
    10BASE-FL-Verbindung   107
    MDI Port-Verbindung   107
Verbindung zwischen System 2000- und System 3000-Konzentratoren   107
    Mögliche Verbindungsvarianten   107
    AUI Port-Verbindung   108
    LWL-Port-Verbindung   108
Verbindungen zwischen System 3000-Konzentratoren   109
    Mögliche Verbindungsvarianten   110
    AUI Port-Verbindung   110
    LWL-Port-Verbindung   110
Verbindungen zwischen System 3000- und   110
System 5000-Konzentratoren
    Mögliche Verbindungsvarianten   112

Verbindung zwischen System 5000-Konzentratoren	112
Mögliche Verbindungsvarianten	113
BayStack, System 2000, System 3000 und System 5000 in einem Netz	113
Mögliche Verbindungsvarianten	114

VI. Die aufkommenden 100BASE-T-Standards   115

Definition von 100BASE-T	115
Die Notwendigkeit von 100BASE-T	116
Das OSI-Modell und 100BASE-T	116
MAC-Teilschicht	117
Media Independent Interface Sublayer	117
Spezifikation der Kabelmedien	117
100BASE-TX	118
1000BASE-FX	119
100BASE-T4	119
Regeln und Empfehlungen für den Aufbau von 100BASE-T-Netzen	119
Entfernungsbegrenzungen und Kabeleinschränkungen	120
Repeater-Regeln	120
Berechnung der Paketumlaufverzögerung	123
Einsatz von Shared Media und Switched Hubs	128
Migration von 10BASE-T nach 100BASE-T	128
Lösung der Netzprobleme mit 100BASE-T	129
Kaskadierung von Switches	134

Teil 3
Token Ring-Netze

VII. Token Ring-Standard IEEE 802.5   139

Token Passing	140
Topologien	141
Sequentielle Backbone-Struktur	141
Verteilte Backbone-Struktur	143
Zentrale Backbone-Struktur	143
Ring-In-/Ring-Out-Verbindungen	146
Redundante Verbindungen	147

Aktive und passive Komponenten	147
Datenraten	147
Phantomspannung	148
Beaconing-Ursachen	149
Automatische Entfernung der Beacon-Station	150
Kabelentfernungsfaktoren	152
Jitter	152
Dämpfung	153
Nahnebensprechen	153
Maximale Kabellänge und Anzahl von Stationen	153
Token Ring Bridging	154
Source Routing	154
Transparent Bridging	155
Source Route Transparent	155
Netzmanagement	156
Token Ring Agents	156
Statistiken bei System 5000	156

VIII. Token Ring-Netze mit einem Konzentrator   159

System 2000	159
Funktionsprinzip	160
System 3000	161
Funktionsprinzip	163
System 5000	164

IX. Token Ring-Netze mit mehreren Konzentratoren   167

System 2000	167
Ring-In-/Ring-Out-Verbindungen	167
Funktionsprinzip	167
Cluster-Konfiguration	170
Arbeitsweise eines Hubs in einem Cluster	170
Funktionsprinzip	172
Verbindungen zwischen System 2000- und System 3000-Konzentratoren	174
Verbindungen zwischen System 3000-Konzentratoren	175
Token Ring-Netz mit mehreren Konzentratoren und einem Ring	176
Funktionsprinzip	177

Token Ring-Netz mit mehreren Konzentratoren und zwei Ringen	180
Funktionsprinzip	181
Verbindungen zwischen System 2000-, System 3000- und System 5000-Konzentratoren	183
Funktionsprinzip	184
Verbindungen zu IBM Token Ring-Netzen	184
Funktionsprinzip von heterogenen Netzen	187

Teil 4
FDDI-Netze

X. FDDI-Protokoll 193

FDDI-Grundprinzip	193
Ringe	193
Datenpfade	194
Einschränkungen	195
FDDI-Standard ANSI X3T9	195
Bitübertragungsschicht	197
PMD-Teilschicht	197
Sender und Empfänger	198
Mediafilter	198
Stecker und Schalter	198
Media Interface Connector	199
Optischer Bypass-Schalter	199
PHY-Teilschicht	199
Taktsynchronisation	199
Kodierung/Dekodierung	199
Link Error Monitor	200
Sicherungsschicht	201
MAC-Teilschicht	201
Token	202
Paket	202
Adressierung	203
Timer	203
Claim Token-Prozeß	203
Ringinitialisierung	203
Beacon-Prozeß	204

Smooth Insertion-Prozeß	204
Erklärung der wichtigsten Fehlerereignisse	204
LLC-Teilschicht	206
Station Management	206
Frame-basierendes Management	206
Ringmanagement	207
Connection Management	207

IX. Anschluß von FDDI-Stationen und FDDI-Konzentratoren an den Ring 209

FDDI Ports und -Stationen	209
A- und B-Ports	209
Master Port	210
Slave Port	210
FDDI-Konzentratoren	210
Dual Attachment Concentrator	211
Single Attachment Concentrator	212
Null Attachment Concentrator	213
Topologie-Übersicht	214
Fehlertoleranz	215
Ringteilung	216
Dual Homing	217
Path Switching Element	219
Smooth Insertion	220

XII. FDDI-Netze mit einem und mehreren Konzentratoren 223

System 2000	223
Stand-alone-Konfiguration	223
Verbindungen zwischen System 2000-Konzentratoren	224
Dual Homed-Konfiguration	224
Kaskadierte Konzentratoren	224
Verbindungen zwischen System 2000- und System 3000-Konzentratoren	226
FDDI Backbone-Lösungen	227
Verteiltes Backbone	227
Verbindungen zwischen System 3000-Konzentratoren	227

Doppelring mit Baumstrukturen	229
Dual Homing-Anschlüsse	230
Kaskadierte Konzentratoren	230
Stand-Alone-Konzentrator mit Baumstruktur	230
Fehlertolerante Konfiguration	233
Verbindungen zwischen System 5000-Konzentratoren	235
Stand-alone-Konfiguration	235
Kaskadierung	236
Zwei Konzentratoren System 5000 in einem Doppelring mit Baumstruktur	237
FDDI-Netze mit System 2000-, System 3000- und System 5000-Konzentratoren	238
Netzmanagement	239
Agent-Unterstützung für SMT	239
Konfiguration mit Dual Homing-Anschlüssen	240
Pfad-einschränkungen	240
Messung der Netzauslastung	240

Anhang A

Kabel 243

Überlegungen bei der Planung von Kabelanlagen	245
Überprüfung von Altbeständen	245
Strukturierte Verkabelung	245
STP-Standards und STP-Spezifikationen	247
STP-Kabeltypen	247
Typ 1, 1A, 2, 6, 8 und 9	247
Geschirmtes 100-Ohm-Kabel	248
Geschirmtes 120-Ohm-Kabel	249
STP-Verbindungskabel	249
STP-Teilnehmeranschlußkabel	249
STP-Steigbereichskabel	249
Kabeleinschränkungen	249
Token Ring	249
Ringgeschwindigkeit	249
Maximale Teilnehmeranschlußentfernung, Ringlänge und Anzahl der Stationen	249
FDDI	250

Entfernungsbeschränkungen	250
TP-PMD-Systeme in STP-Kabelanlagen	251
Anschluß von FDDI-STP-Produkten an UTP-Verkabelungen	254
UTP-Standards und UTP-Spezifikationen	255
UTP-Kabeltypen	155
Kabeleinschränkungen	256
Token Ring	256
Ringgeschwindigkeit	256
Maximale Teilnehmeranschlußentfernung, Ringlänge und Anzahl von Stationen	257
Nahnebensprechen (NEXT)	257
Maximale Anzahl von Stationen	258
Ethernet	258
Maximale Entfernung	258
Maximale Anzahl von Stationen	258
FDDI	259
Kabelauswahl	259
UTP-Verbindungskabel	260
10BASE-T Ethernet	260
Maximale Teilnehmeranschlußentfernung	260
Maximale Anzahl von Stationen	261
Verbindungstestfunktion	261
Erkennung und Korrektur vertauschter Aderpaare	261
10BASE-T-Kreuzkabel	262
ThinNet-Kabel	264
Maximale Segmentlänge und Anzahl von Stationen	264
Ethernet-Stecker	264
AUI-Stecker	264
8poliger RJ45-Stecker (10BASE-T-Stecker)	264
50poliger Telco-Stecker	265
9poliger Sub-D-Stecker	265
MDI/MDI-X-Stecker	267
Token Ring-Stecker	267
Ring-In-/Ring-Out-Verbindungen mit dem 9poligen Sub-D-Stecker	267
Pin-Belegung für RJ45-Teilnehmeranschlußverbindungen	269
Verbindungskabel mit geringem Nahnebensprechen	269
Mediafilter	269
FDDI-Kabel und -Stecker	270

RJ45-Steckerbelegung in TP-PMD-Netzen	270
STP-Verbindungskabel	271
Pin-Belegung des 9poligen Sub-D-Steckers in TP-PMD-Netzen	271
Lichtwellenleiterkabel und -stecker	271
Lichtwellenleiterkabeltypen	271
LWL-Stecker	272
ST-Stecker	273
SC-Stecker	273
Längeneinschränkungen bei Lichtwellenleiterkabeln	274
Bestimmung des optischen Leistungsbudgets	274
Sicherheitsreserve	274
Faserdämpfung	275
Steckerverluste	275
Berechnung der Verbindungslänge und der Anzahl möglicher Kopplungen	275
Ausbreitungsgeschwindigkeit und Dispersion	276
Werte für gebräuchliche Kabeltypen	276
Andere Kabeltypen	278
Optische Signale	278
Konfigurationsrichtlinien für Token Ring LANs	278
Teilnehmeranschlußlängen mit System 2000	279
Teilnehmeranschlußlängen mit System 3000	279
Teilnehmeranschlußlängen mit System 5000	280
Ringlängen	280
Maximale Anzahl von Stationen	281
Stationsäquivalente	281

Anhang B

Glossar	285
Abkürzungen	309
Index	313

Teil 1
Einführung

I. Einführung in Netzkonzepte

Netze bestehen aus einer Vielzahl von Komponenten wie Konzentratoren, Brücken, Router, Repeater, Workstations, Server und Netzmanagementstationen. Die Art und Weise, wie diese Netzkomponenten miteinander kommunizieren, ist in Netzstandards festgelegt. Dieses Kapitel bespricht die am weitesten verbreiteten Netzstandards, die einzelnen Netzkomponenten und ihre Rolle im Gesamtnetz.

Lokale Netze

Ein lokales Netz (Local Area Network/LAN) ist das Netz eines privaten Betreibers, zum Beispiel eines Unternehmens oder einer Verwaltung, das sich über das Gelände dieses Betreibers und auf die dortigen Gebäude erstrecken kann (Abbildung 1-1).

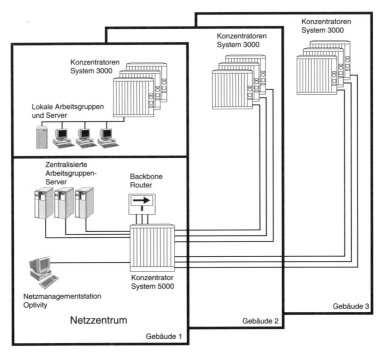

Abbildung 1-1: Lokales Netz.

Personal Computer, Drucker, Server und andere Datenendgeräte sind über die Verkabelung an dieses lokale Netz angeschlossen, mit dem Ziel, Daten untereinander auszutauschen oder auf zentrale Netzressourcen zuzugreifen.

Weitverkehrsnetze

Lokale Netze, die sich an unterschiedlichen geografischen Standorten befinden, können über das Weitverkehrsnetz miteinander verbunden werden (Abbildung 1-2).

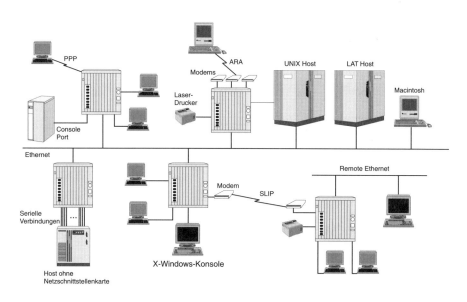

Abbildung 1-2: Weitverkehrsnetz.

Standardisierungsorganisationen

Standards sind die Voraussetzung, daß Systeme unterschiedlicher Hersteller zusammenarbeiten. Sie geben dem Anwender die Freiheit, sein Netz mit Komponenten aufzubauen, die für seine spezielle Umgebung am besten geeignet sind, ohne sich dabei auf das Produktspektrum eines einzigen Herstellers beschränken zu müssen. Die heute gültigen Netzstandards wurden von Standardisierungsorganisationen wie ISO, IEEE, ANSI, IETF und EIA/TIA erarbeitet.

Sie definieren Details wie Kabelmedien, Netzzugriffsmethoden und Paketformate. Bay Networks ist Mitglied mehrerer Standardisierungsgremien, und die Produkte von Bay Networks sind standardkonform.

ISO Die International Standardization Organization (ISO) ist eine Föderation nationaler Standardisierungsorganisationen, die sich mit der Erarbeitung von Computer- und Kommunikationsstandards beschäftigt. Die ISO entwickelte zum Beispiel das siebenschichtige Open Systems Interconnection (OSI)-Referenzmodell.

IEEE Das Institute of Electrical and Electronic Engineers (IEEE) ist der Verband der amerikanischen Ingenieure, der sich unter anderem mit Standardisierungsfragen befaßt. Viele der heute gültigen Standards, vor allem im LAN-Umfeld (zum Beispiel IEEE 802), stammen von diesem Gremium.

ANSI Das American National Standards Institute (ANSI) ist die führende US-amerikanische Standardisierungsorganisation, die die USA auch in der ISO vertritt.

IETF Die Internet Engineering Task Force (IETF) beschäftigt sich hauptsächlich mit Problemen des Internet und des TCP/IP-Umfelds, aber auch mit Themen des Netzmanagements. Das Gremium, in dem Bay Networks ein Mitglied des Netzmanagementdirektoriums stellt, behandelt beispielsweise Fragen des Remote Monitoring (RMON) und der Management Information Base (MIB) für IEEE 802.3 Hubs.

EIA/TIA Die Electronic Industries Association/Telecommunications Industry Association (EIA/TIA) ist eine Vereinigung US-amerikanischer Firmen mit dem Ziel, Standards für ihre Produkte zu definieren. Der US-amerikanische Standard für Gebäudeverkabelungen stammt zum Beispiel von der EIA/TIA.

ISO/OSI-Modell

Die ISO hat das siebenschichtige Referenzmodell für offene Kommunikation entwickelt, das als OSI-Modell bekannt wurde. Das OSI-Modell definiert Netzprotokollstandards mit dem Ziel, daß alle standardkompatiblen Rechner kommunizieren können.

Das OSI-Modell unterteilt die Kommunikationsprotokolle in sieben Schichten: Bitübertragungsschicht (Physical Layer), Sicherungsschicht (Data Link Layer), Vermittlungsschicht (Network Layer), Transportschicht (Transport Layer), Kommunikationssteuerungsschicht (Session Layer), Darstellungsschicht (Presentation Layer) und Anwendungsschicht (Application Layer) (Abbildung 1-3). Jede dieser Schichten benötigt nur Dienste der nächst unteren Schicht, und jede Schicht stellt Dienste für die nächst darüberliegende bereit.

OSI-Schichten

7	Anwendungsschicht
6	Darstellungsschicht
5	Kommunikationssteuerungsschicht
4	Transportschicht
3	Vermittlungsschicht
2	Sicherungsschicht
1	Bitübertragungsschicht

Abbildung 1-3: Das OSI-Modell.

Schicht 1 Die unterste Schicht ist die Bitübertragungsschicht. Sie stellt die elektrische und mechanische Schnittstelle zum Netz sowie die benötigten Dienste für die Sicherungsschicht bereit.

Schicht 2 Die Sicherungsschicht regelt den Zugang zum physikalischen Medium. In LANs gibt es unterschiedliche Zugriffsverfahren, zum Beispiel Carrier Sense Multiple Access with Collision Detection (CSMA/CD) und Token Passing. Schicht 2 stellt außerdem Fehlererkennungs- und Fehlerbehebungsfunktionen bereit.

Schicht 3 Die Vermittlungsschicht ist hauptsächlich für die Bestimmung des Weges (Routing), den ein Datenpaket vom Sender zum Empfänger zu nehmen hat, zuständig. Die Datenweiterleitung erfolgt anhand von Adressen. Diese erlauben auch Kommunikationsvorgänge zwischen Teilnehmern in unterschiedlichen Netzen (Internetworking).

Schicht 4 Die Protokolle der Transportschicht sorgen für den Verbindungsauf- und -abbau und übernehmen die Datenflußsteuerung und Fehlerkontrolle.

Schicht 5 Die Kommunikationssteuerungsschicht ermöglicht die Aufrechterhaltung einer Verbindung zwischen zwei Geräten zum Datenaustausch. Schicht 5 steuert und überwacht den Verbindungsauf- und -abbau und synchronisiert den Datenfluß zwischen den Anwendungen.

Schicht 6 Die Darstellungsschicht übernimmt die Darstellung der Daten, Syntax genannt, in einem für beide Applikationen verständlichen Format. Die Darstellungsschicht untersucht die Syntax der sendenden Applikation und die der empfangenden Applikation und erstellt, sofern dies notwendig ist, ein Transferformat (Transfersyntax), das zwischen den beiden Applikationen benutzt wird. Beispielsweise kann die Darstellungsschicht die Maschinensprache vor einem Sendevorgang an eine Station, die keine Maschinensprache versteht, in ein Standardformat transferieren und zum Empfang das Standardformat wieder in Maschinensprache umwandeln.

Schicht 7 Die oberste Schicht, die Anwendungsschicht, stellt Dienste für die Endanwendungen, wie elektronische Post und File Transfer, bereit.

IEEE-Standards

Das IEEE 802-Komitee hat verschiedene Standards für lokale Netze erarbeitet, die von der ISO übernommen wurden. IEEE unterteilt die Sicherungsschicht in die zwei Teilschichten: Media Access Control (MAC) und Logical Link Control (LLC). Ethernet (IEEE 802.3) und Token Ring LANs (IEEE 802.5) unterscheiden sich jeweils auf der MAC- und der Bitübertragungsschicht (Abbildung 1-4).

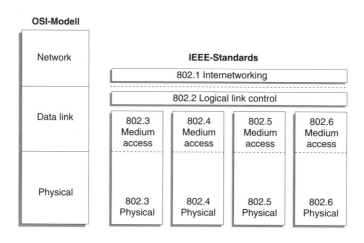

Abbildung 1-4: Das OSI-Modell und die IEEE-Standards.

Transportverfahren

Die drei LAN-Transportverfahren mit der weitesten Verbreitung sind Ethernet, Token Ring und FDDI. Sie unterscheiden sich in der maximal möglichen Übertragungsgeschwindigkeit, in der Topologie, im Netzzugriffsverfahren und in den Kabelmedien.

Ethernet

Unter einem Ethernet LAN versteht man ein LAN, das dem IEEE 802.3-Standard entspricht und CSMA/CD als Netzzugriffsverfahren verwendet. Die Ethernet-Produkte von Bay Networks ermöglichen den Aufbau von Ethernet

LANs in einer physikalischen Sterntopologie und arbeiten logisch als IEEE 802.3-Bus. Nähere Informationen erhalten Sie in Kapitel III „Ethernet-Standard IEEE 802.3".

Token Ring

Token Ring LANs sind in IEEE 802.5 definiert. Sie sind physikalisch als Ring aufgebaut und benutzen das Token Passing-Verfahren, um den Teilnehmern den Zugang zum Netz zu ermöglichen. Token Ring LANs arbeiten bei 4 Mbit/s oder 16 Mbit/s Übertragungsgeschwindigkeit. Nähere Informationen erhalten Sie in Kapitel VII „Token Ring-Standard".

FDDI

Der Netzzugriff in FDDI-Netzen erfolgt, ähnlich wie in Token Ring LANs, auf Basis des Token Passing-Verfahrens und einer für FDDI-Netze typischen Taktsynchronisation. FDDI-Netze, wie sie auch mit Produkten von Bay Networks realisiert werden können, bestehen in der Regel aus einer Kombination aus Ring- und Baumstruktur. Der FDDI-Ring besteht aus zwei gegenläufigen Ringen, dem Primärring für den Datentransport und dem Sekundärring als Backup-Verbindung. Endteilnehmer sind meist über Konzentratoren in einer Baumstruktur an den Primärring angeschlossen.

FDDI-Netze bestehen aus vier Funktionsbereichen: Physical Medium Dependent (PMD), Physical Protocol (PHY), Media Access Control (MAC) und Station Management (SMT). Die FDDI-Produkte von Bay Networks entsprechen den ISO-Standards 9314-1 PHY, 9314-2 MAC und 9314-3 PMD sowie der ANSI-FDDI-Spezifikation X3T9.5. Nähere Informationen erhalten Sie in Kapitel X „FDDI-Protokoll".

Cluster

Unter einem Cluster versteht man eine Port-Gruppe auf einem Ethernet-, Token Ring- oder FDDI-Teilnehmeranschlußmodul (auch Host-Modul genannt). Ein Cluster kann sich aus nur einem, einer bestimmten Anzahl oder allen Ports eines Host-Moduls zusammensetzen. Die maximale Port-Zahl pro Cluster und die maximale Anzahl von Clustern pro Host-Modul differiert je nach Host-Modultyp.

Cluster dienen der Zuordnung von Ports zu Segmenten und Ringen. Wird ein Cluster einem bestimmten Ring oder Segment zugewiesen, sind alle Ports dieses Clusters Teilnehmer dieses speziellen Rings oder Segments. Mit dem Konzentrator System 5000 von Bay Networks können unterschiedliche Cluster-Typen realisiert werden:

- Ein-Port-Cluster,
- Mehr-Port-Cluster,
- Modul-Cluster.

Ein-Port-Cluster

In diesem Fall kann jeder Port eines Host-Moduls zur Bildung eines separaten Clusters benutzt werden. Damit kann jeder Port jedem beliebigen Segment oder Ring des Konzentrators zugewiesen werden.

Mehr-Port-Cluster

Ein Mehr-Port-Cluster besteht aus zwei oder mehreren Ports auf einem Host-Modul. Die einem Cluster zugeordneten Ports können gleiche oder unterschiedliche Kabelanschlüsse bereitstellen, zum Beispiel kann ein Cluster nur aus 10BASE-T Ports oder aus 10BASE-T und 10BASE-F Ports bestehen.

Modul-Cluster

Bei einigen Host-Modultypen sind alle Ports einem einzigen Cluster zugewiesen, d.h. es kann mit diesem Host-Modul nur ein einziger Cluster realisiert werden. Wird ein Modul-Cluster einem Segment oder Ring in einem Konzentrator zugeordnet, sind alle Ports dieses Moduls Teilnehmer in diesem speziellen Ring oder Segment.

Segmente und Ringe

Die Begriffe Segment oder Ring bezeichnen jeweils ein Netz mit einer begrenzten Anzahl von Teilnehmern, das mit anderen Segmenten oder Ringen verbunden ist und gemeinsam mit diesen ein großes Netz bildet. Der Begriff Segment wird meist im Ethernet-Umfeld verwendet. Ein Segment in einem Ethernet-Netz bildet eine separate Collision Domain. Eine Collision Domain wird durch Router- oder Brückensysteme begrenzt. In einer Token Ring-Umgebung spricht man i.d.R. nicht von einem Segment, sondern einem Ring, wobei dieser Ring aus Kabel, Komponenten und Teilnehmeranschlußverbindungen besteht. Ein Segment in einer FDDI-Umgebung wird einfach Netz genannt, wobei ein Doppelring gemeint ist.

In einem System 5000-Konzentrator können Cluster entweder Ethernet-Segmenten, Token Ringen oder FDDI-Netzen zugeordnet werden. Ein Ethernet-Segment oder ein Token Ring kann in dreierlei Art und Weise gebildet werden:

- isoliert,
- lokal,
- über das Bussystem.

Ein FDDI-Netz kann entweder isoliert oder über den Konzentratorbus gebildet werden.

Ein isoliertes Segment oder ein FDDI-Netz bzw. ein isolierter Ring setzt sich aus einem einzigen Cluster auf einem Host-Modul zusammen. Dieser Cluster ist weder mit einem weiteren Cluster dieses Host-Moduls noch mit einem anderen Host-Modul im Konzentrator System 5000 verbunden. Ein isoliertes Segment oder ein FDDI-Netz bzw. ein isolierter Ring befindet sich immer auf einem Host-Modul.

Ein lokales Segment oder ein lokaler Ring entsteht, wenn zwei oder mehr Cluster auf dem gleichen Host-Modul miteinander verbunden werden. Auch ein lokales Segment oder ein lokaler Ring bezieht sich immer auf ein Host-Modul. Der Begriff lokaler Ring oder lokales Segment kann nicht auf ein FDDI-Netz angewandt werden.

Ein sog. Backplane-Segment, Backplane-Ring oder Backplane-FDDI-Netz wird über das Bussystem an der Rückwand des Konzentrators System 5000 gebildet. Dabei werden ein oder mehrere Cluster einem dieser Bussysteme (Ethernet, Token Ring, FDDI) zugeordnet. Diese Cluster können über ein oder mehrere Host-Module realisiert werden. Die Bildung von Backplane-Segmenten oder -Ringen ist dann sinnvoll, wenn Cluster von unterschiedlichen Host-Modulen auf das gleiche Backplane-Segment/-Ring geschaltet werden sollen.

Isolierte und lokale Ethernet-Segmente, isolierte und lokale Token Ringe sowie FDDI-Netze können mit Kernmanagementfunktionen überwacht werden. Das Kernmanagement bietet Fehler- und Leistungsstatistiken für jedes Host-Modul auf Port-Ebene. Über die Bussysteme an der Rückwand gebildete Segmente, Ringe und FDDI-Netze werden mit dem Advanced Management überwacht, das Leistungsdaten auf Ring- bzw. Segmentebene bereitstellt.

Konzentratoren

Ein Konzentrator oder Hub ist ein Netzsystem, das auf der Bitübertragungsschicht arbeitet und die Endgeräte mit dem Netz verbindet. Die modularen Ethernet- und Token Ring-Konzentratoren von Bay Networks verfügen neben den normalen Anschluß- auch über Taktaufbereitungsfunktionen, wenn ein Netzmanagement- oder Repeater-Modul installiert ist. Ethernet- und Token Ring-Konzentratoren der Serie 2000 stellen automatisch Verstärker- und Taktaufbereitungsfunktionen bereit, (ohne daß ein Repeater- oder Netzmanagementmodul extra installiert werden muß). Geräte dieser Art werden in allen IEEE 802.3-Standards Repeater genannt.

Der Konzentrator bildet in der Regel den Ausgangspunkt einer Sterntopologie. An einen Konzentrator können Endgeräte, Segmente oder Ringe angeschlossen werden; in Ethernet LANs bereitet er außerdem den Takt auf. Konzentratoren können in einer hierarchischen Sterntopologie miteinander verbunden werden, um größere Netze zu bilden.

Arbeitsgruppen-Konzentratoren

Eine Arbeitsgruppe entsteht, wenn eine kleine Anzahl von Benutzern, meist weniger als 80, an einem bestimmten Standort einen Netzzugang benötigt. Arbeitsgruppen-Konzentratoren oder Workgroup Hubs schließen kleine Arbeitsgruppen an ein Netz an. Sie werden oft auch in zwei anderen Anwendungen benutzt: zum Aufbau von Netzen mittlerer Größe und zur Anbindung von entfernten Standorten (Remote-Standorte) an das Firmennetz am Unternehmenshauptsitz.

Eine Arbeitsgruppe kann sich zum Beispiel aus Mitarbeitern einer Abteilung zusammensetzen, die in Räumen auf einer Etage untergebracht sind. Ebenso kann eine kleine Außenstelle eines Unternehmens oder ein Kleinunternehmen mit nur einem Unternehmensstandort eine Arbeitsgruppe bilden. Bei Bedarf kann die Arbeitsgruppe Zugang zum Unternehmensnetz (Enterprise Network) erhalten.

Die Bay Networks-Konzentratoren System 800, System 2000 und System 3000 werden häufig in Arbeitsgruppen-Anwendungen eingesetzt.

Konzentratoren für Verteilerräume

Konzentratoren für Verteilerräume oder Wiring Closet Hubs werden in den Verteiler- oder Technikräumen der Gebäude installiert und verbinden die im Gebäude verteilten Arbeitsgruppen-Konzentratoren miteinander. Auf diese Weise entsteht ein strukturiertes, hierarchisch aufgebautes Netz, das aus sehr vielen Endgeräten bestehen kann. Im Verteilerbereich werden meist System 3000-, zum Teil auch System 5000-Konzentratoren eingesetzt.

Konzentrator im Netzzentrum

In strukturierten Verkabelungen werden die Konzentratoren in den Verteilern mit einem oder mehreren Konzentratoren in einem zentralen Verteilerraum, der Netzzentrum genannt wird, verbunden. Im Netzzentrum läuft die Verkabelung aus den Steigbereichen der Gebäude zusammen. Sie bilden damit die zentralen Administrationspunkte in einem Netz. Meist sind im Netzzentrum auch die Server und Router installiert. Große Unternehmensnetze haben meist mehrere Netzzentren, die wiederum miteinander verbunden sind.

System 5000 ist der Konzentrator von Bay Networks, der speziell für Anwendungen im Netzzentrum konzipiert ist. Mit System 5000 können Netzressourcen auf verschiedene Segmente geschaltet und logische Arbeitsgruppen per Software konfiguriert werden.

Logische Arbeitsgruppen

Von einer logischen Arbeitsgruppe spricht man, wenn ein oder mehrere Ports oder Cluster über Software einem Segment oder Ring zugeordnet werden können, ohne daß dabei der Netzbetrieb unterbrochen wird oder Kabel rangiert werden müssen. Meist ist diese Funktion in der Netzmanagementsoftware integriert, so daß logische Arbeitsgruppen jederzeit mit der Maus durch sog. Drag-and-Drop-Technik am Netzmanagementbildschirm gebildet und wieder aufgelöst werden können.

System 5000 und die Netzmanagementsoftware Optivity unterstützen die software-gesteuerte Zuweisung von Ports und Clustern. Mit Hilfe dieses Leistungsmerkmals, das „splicing" genannt wird, können separate Ethernet-, Token Ring- und FDDI-Segmente logische Arbeitsgruppen bilden. Die Teilnehmer von zwei verbundenen Segmenten sind Teil einer logischen Arbeitsgruppe, jeder Teil hat gleichberechtigten Zugang zu den gemeinsam genutzten Netzressourcen.

Internetworking-Systeme

Zur Gruppe der Internetworking-Systeme zählt man Repeater, Brücken, Router und Frame Switches. Sie werden eingesetzt, um Segmente miteinander zu verbinden, und damit Netze über ihre Entfernungsbegrenzungen hinaus auszudehnen oder um Verkehrsflußsteuerungsmechanismen einzuführen. Die Internetworking-Systeme arbeiten auf unterschiedlichen Schichten des OSI-Modells, so daß ihr Einsatz an ein bestimmtes Ziel, das anwendungsspezifisch erreicht werden soll, gekoppelt ist (Abbildung 1-5).

Repeater

Repeater sind die einfachsten Internetworking-Systeme. Sie verstärken Signale und leiten sie in andere Netzsegmente weiter. Repeater werden hauptsächlich eingesetzt, wenn eine Verbindung über eine größere Entfernung betrieben werden soll, als sie aufgrund des eingesetzten Kabelmediums und seiner übertragungstechnischen Eigenschaften eigentlich betrieben werden kann. Repeater beschränken sich auf die Signalverstärkung; die Informationen des Datenpakets selbst bleiben ihnen als Schicht-1-System verschlossen. Die Ethernet- und Token Ring-Konzentratoren von Bay Networks verstärken jedes an einem Port eingehende Signal.

Brücken

Eine Brücke verbindet zwei oder mehrere Segmente des gleichen Netztyps zu einem logischen Gesamtnetz. Brücken untersuchen die Zieladresse jedes Datenpakets, das sie erreicht, um zu erkennen, ob sich der Empfänger im gleichen oder in einem anderen Segment als der Sender befindet und leiten das Paket daraufhin entsprechend weiter. Brücken arbeiten auf Schicht 2 des OSI-Modells.

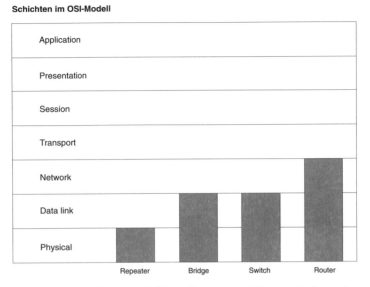

Abbildung 1-5: Repeater, Brücken, Switches und Router arbeiten auf unterschiedlichen Schichten im OSI-Modell.

Router

Ein Router verbindet ein oder mehrere Netze mit gleichen oder unterschiedlichen Zugriffsverfahren. Mit Routern können große vermaschte Netztopologien aufgebaut werden, in denen zur Datenweiterleitung mehrere Wege zwischen zwei Punkten zur Verfügung stehen. Router arbeiten auf der Vermittlungsschicht des OSI-Modells.

Im Unterschied zu einer Brücke erhält ein Router nur solche Pakete, die speziell an ihn adressiert sind. Daraufhin wählt er den zur Weiterleitung des Datenpakets besten Weg.

Da Router auf Protokollebene arbeiten, können sie protokollspezifischen Verkehr filtern und so zur Sicherheit im Netz beitragen. Außerdem verhindern Router, daß Verkehr, der innerhalb eines Segments entsteht, dieses

Segment verläßt. Durch diese sog. Firewall-Funktion wird Broadcast-Verkehr davon abgehalten, sich im gesamten Netz auszubreiten. Als Schicht-3-System eignen sich Router als Verbindungskomponenten zwischen unterschiedlichen LAN-Typen, zum Beispiel zwischen Ethernet und Token Ring, Token Ring und FDDI usw.

Frame Switches

Anders als herkömmliche Shared Media Hubs, die alle Pakete, die sie von einem anderen Hub oder über Broadcasts erhalten, an alle angeschlossenen Stationen weiterleiten, schickt ein Switch jedes Paket, das er an einem seiner Eingangs-Ports erhält, direkt zur Zielstation. Switches arbeiten außerdem im Duplex-Betrieb, d.h. jede Station kann unabhängig von jeder anderen Daten auf das Netz senden. Der Vorteil der Switching-Technologie ist eine Verbesserung des Durchsatzes und der Netzzugriffszeiten.

Auf dem Markt stehen unterschiedliche Frame Switches zur Verfügung. Bay Networks bietet beispielsweise mit dem System LattisSwitch 28115 einen Ethernet Frame Switch, der 10BASE-T- und 100BASE-T-Verbindungen unterstützt und Switching-Funktionen zwischen allen Ports bietet.

Detailinformationen über Frame Switching in Shared Media LANs erhalten Sie in Kapitel VI „Die aufkommenden 100BASE-T-Standards".

Netzschnittstellenkarten

Um ein System an die Verkabelung anzuschließen, wird eine Netzschnittstellenkarte benötigt (Abbildung 1-6). Je nachdem, welcher Netzschnittstellenkartentyp verwendet wird und welcher Kabeltyp verlegt ist, muß zwischen Netzschnittstellenkarte und Wanddose ein Transceiver geschaltet werden. Ein solcher Transceiver wird zum Beispiel benötigt, wenn im PC eine Netzschnittstellenkarte mit einer AUI-Schnittstelle installiert ist, der PC aber an ein 10BASE-T-Netz angeschlossen werden soll.

Filter

Filter werden benötigt, wenn zum Beispiel eine Token Ring-Station mit einer Netzschnittstellenkarte für geschirmtes symmetrisches Vierdrahtkabel (STP) über ein ungeschirmtes symmetrisches Vierdrahtkabel angeschlossen werden soll. Dabei handelt es sich um ein passives Tiefpaßfilter zur Reduzierung der elektromagnetischen Abstrahlung auf dem Kabel. Das Filter wird direkt auf die Netzschnittstellenkarte gesteckt.

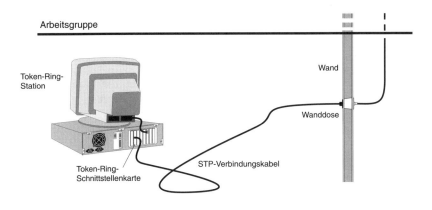

Abbildung 1-6: Die Netzschnittstellenkarte verbindet das Endgerät mit dem Netz.

Transceiver

Transceiver werden in Ethernet LANs benutzt, um das Ethernet-Endgerät an die Verkabelung anzuschließen. Die Transceiver von Bay Networks bieten eine Ethernet-kompatible Schnittstelle zwischen der Verkabelung und dem Ethernet-Endgerät entsprechend den IEEE 802.3-Spezifikationen für die AUI-Schnittstelle (Attachment Unit Interface). Die Ethernet-Endgeräte werden über ein AUI-Kabel mit einem 15poligen Sub-D-Stecker oder mit einem 14poligen AAUI-Stecker (für Apple-Endgeräte) an den Transceiver angeschlossen.

Transceiver passen die vom Endgerät kommenden Signale dem Kabel an und umgekehrt. Sie stehen als externe Transceiver zur Verfügung oder sind auf der Netzschnittstellenkarte integriert.

Netzstationen

Netzstationen oder Datenendgeräte (DTE) sind Personal Computer, Server, Drucker, aber auch Konzentratoren, Router usw., d.h. jedes System, das an das Netz angeschlossen ist. Der im Englischen häufig verwendete Begriff Workstation wird für einen PC oder ein Benutzerendgerät verwendet.

Server

Ein Server ist ein Rechner oder ein anderes Gerät, das an den Konzentrator angeschlossen ist und den Zugang zu den von allen Netzstationen gemeinsam genutzten Netzressourcen, zum Beispiel Festplatte und Drucker, regelt.

Netzmanagement

In lokalen Netzen hat sich das Simple Network Management Protocol (SNMP) zum Standard-Kommunikationsprotokoll zum Austausch von Netzmanagementdaten entwickelt. Auch die Bay Networks-Produkte unterstützten das SNMP-Protokoll.

Ein SNMP-Netzmanagementsystem besteht aus folgenden Komponenten:

- den Netzmanagementmodulen in den Konzentratoren,
- den SNMP Software Agents,
- und der SNMP-Netzmanagementsoftware.

Die Netzmanagementmodule (NMM) sammeln Daten über den Zustand des Netzes, zum Beispiel über Performance, Fehler, Konfiguration usw., und leiten sie an die SNMP-Managementstation weiter, wo sie der Netzmanager abrufen und für Statistiken und Diagnosen oder zur Netzplanung verwenden kann.

Der SNMP Agent antwortet auf Fragen, die die Netzmanagementsoftware, die auf der Netzmanagementstation installiert ist, aussendet.

Das SNMP-Protokoll regelt die Kommunikation zwischen Agents und Netzmanagementsoftware auf der Netzmanagementstation mit Hilfe von Fragen und Antworten. SNMP-Systeme benutzen auf der Transportschicht das User Datagram Protocol (UDP) und auf der Vermittlungsschicht das IP- oder IPX-Protokoll aus der TCP/IP-Architektur.

Bay Networks bietet verschiedene Netzmanagementapplikationen an, die in Leistungs- und Funktionsumfang auf die Größe und Komplexität des Kundennetzes abgestimmt sind, zum Beispiel

- EZ LAN™ für kleine und mittlere Netze,
- Optivity für mittlere und große Netze sowie für SNA-Umgebungen.

Agent

Ein Agent ist ein Software-Programm, das in den Netzsystemen installiert ist, zum Beispiel im Konzentrator oder auf dem Netzmanagementmodul. Er koordiniert die Informationssammlung und übt bestimmte Steuerungsfunktionen, die von der Netzmanagementapplikationssoftware gefordert werden, aus. Die Hauptfunktionen der Agent-Software sind:

- Sammlung von statistischen Daten über die Kommunikation und über Aktivitäten im Netz.
- Analyse der statistischen Daten und Speicherung dieser Daten.
- Kommunikation mit der Netzmanagementapplikationssoftware zur Weiterleitung der gesammelten Daten, zum Beispiel über Performance, Konfiguration, Status, an die Netzmanagementstation.

Die Bay Networks Agents sind in den Software-Versionen Standard, Advanced und Advanced Analyzer erhältlich, die jeweils unterschiedliche Managementfunktionsebenen abdecken.

II. Konzentratoren, Gehäuse und Komponenten

Der Konzentrator ist meist im Sternpunkt der Verkabelung installiert. Er schließt die Endgeräte und andere Konzentratoren an die Verkabelung an und stellt den zentralen Punkt für Netzmanagementaufgaben dar (Abbildung 2-1).

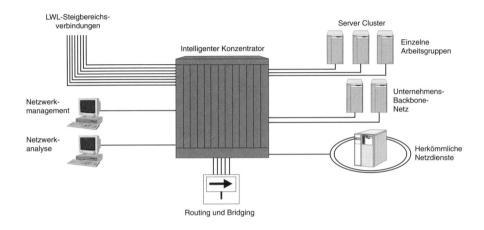

Abbildung 2-1: Strukturierte Verkabelung.

Ethernet- und Token Ring-Konzentratoren verfügen üblicherweise auch über Funktionen zur Signalverstärkung und Taktregeneration, die in Ethernet-Konzentratoren meist auf den Retiming- bzw. Netzmanagementmodulen und in Token Ring Hubs auf den Ring-In/Ring-Out- oder Netzmanagementmodulen implementiert sind. Dadurch können mit einem Konzentrator größere Entfernungen bzw. größere Ring- und Segmentlängen realisiert werden.

Man unterscheidet modulare und nichtmodulare Konzentratoren. Ein modularer Konzentrator besteht aus Gehäuse und Modulen für unterschiedliche Funktionen, zum Beispiel zum Anschluß von Endgeräten über verschiedene Kabeltypen, für Netzmanagement- oder Internetworking-Funktionen. Die meisten heute auf dem Markt befindlichen modularen Konzentratoren unterstützen die verbreitetsten Shared Media LAN-Technologien wie Ethernet, Token Ring und FDDI; manche zusätzlich die gerade aufkommenden Switching-Technologien.

Nichtmodulare Konzentratoren unterscheiden sich in der Anzahl der fest zur Verfügung stehenden Anschluß-Ports sowie in der Bereitstellung oder Nichtbereitstellung von Managementfunktionen. Nichtmodulare Konzentratoren unterstützen i.d.R. nur einen LAN-Typ, zum Beispiel Ethernet, Token Ring oder FDDI.

Bay Networks bietet ein breites Spektrum von Konzentratoren an, die in Größe und Funktionsvielfalt aufeinander abgestimmt sind.

System 800

System 800 ist ein Ethernet Hub für kleine Netze, zum Beispiel für Standalone-Arbeitsgruppen (Abbildung 2-2). Er wird vorkonfiguriert ausgeliefert und verfügt über eine AUI- und acht 10BASE-T-Schnittstellen mit RJ45-Buchse zum Anschluß von Endgeräten über ungeschirmtes symmetrisches Vierdrahtkabel (UTP). Der Konzentrator ist mit und ohne Netzmanagementfunktionen erhältlich.

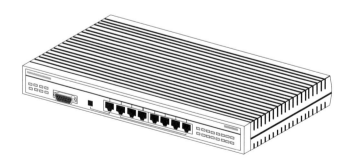

Abbildung 2-2: System 800.

BayStack

BayStack gehört zu den nichtmodularen Ethernet-Konzentratoren und ist Bestandteil einer kompletten Produktfamilie, die aus 10BASE-T und 100BASE-T Hubs, den BayStack Ethernet Workgroup Switches sowie den Access Node Hubs und Access Node Router besteht. Die BayStack-Familie ist für kleine Netze konzipiert, die sukzessive ausgebaut werden. Die BayStack 10BASE-T Hubs sind für den Einbau in ein 19"-Gehäuse vorgesehen (1 HE) und stehen in zwei Versionen zur Verfügung (Abbildung 2-3).

Mit 12 oder 24 10BASE-T Ports mit RJ45-Buchse für Endgeräteanschlüsse und zwei Media Adapter Slots auf der Vorderseite. Diese können je nach Bedarf entweder mit 10BASE-FL-, 10BASE2-, 10BASE-T- oder AUI-Schnittstellen bestückt und zum Anschluß von Endgeräten oder Verbindungen zu anderen Konzentratoren benutzt werden.

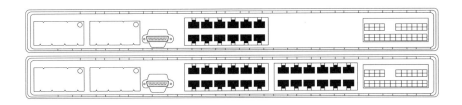

Abbildung 2-3: BayStack 10BASE-T Hub.

Bis zu zehn BayStack 10BASE-T Hubs können über ein spezielles Kaskadierkabel hintereinander geschaltet werden und bilden als „Stack" einen Repeater bzw. eine Collision Domain. Die maximale Ausbauversion mit zehn Geräten ermöglicht bis zu 260 Endgeräteanschlüsse.

Mit Hilfe der Stack Position Resolution-Funktion werden jeweils der erste und der letzte Hub einer kaskadierten Konfiguration automatisch erkannt und der Bus abgeschlossen.

Über die Multisegment-Cascade-Funktion läßt sich der Stack in drei unterschiedliche Segmente aufteilen. Einzelne Hubs können einem dieser drei Segmente zugeordnet oder vom Stack komplett isoliert, d.h. auf maximal zehn Segmente aufgeteilt, werden. Alle Hubs in einem Segment zählen durch die Integrated Parallel Repeater-Technologie als ein gemeinsamer Repeater.

Jeder BayStack-10BASE-T Hub hat auf der Rückseite einen freien Steckplatz für ein Netzmanagementmodul, das in drei verschiedenen Agent-Versionen zur Verfügung steht: Standard, Advanced und SA. In einer kaskadierten Konfiguration überwacht ein Netzmanagementmodul alle Hubs und liefert Kernmanagementdaten.

Managementfunktionalität für Hubs in einem bis zu 100 m entfernten Stack kann auch über eine separate UTP-Verbindung mit Hilfe des Management Extension Ports auf der Rückseite gewährleistet werden.

Die BayStack 10BASE-T Hubs bieten ein hohes Maß an Zuverlässigkeit, zum Beispiel durch eine redundante Stromversorgung, realisiert über die optionale Redundant Power Supply Unit (RPSU), durch ausfallsichere Speicherung der Konfigurationsdaten und redundante Taktversorgung.

Eine problemlose Installation wird zum Beispiel dadurch gewährleistet, daß vertauschte Adern vom Hub automatisch erkannt werden und der Datenfluß korrigiert wird.

System 2000

System 2000, ein ebenfalls nichtmodularer Konzentrator, ist für kleine und mittlere Netze konzipiert und steht als Ethernet-, Token Ring- oder FDDI-Modell zur Verfügung.

Ethernet-Konzentrator System 2000

Die Ethernet-Version verfügt über 10BASE-T-Anschlüsse für 16 Endgeräte und stellt je nach Modell folgende Funktionen und Leistungsmerkmale bereit (Abbildung 2-4).

- Einen AUI Port zur Anbindung an ein Koaxialkabel-Backbone oder einen 10BASE-FL Port zur Anbindung an ein Lichtwellenleiter (LWL)-Backbone.

- Eine FOIRL-Schnittstelle für eine Asynchron-LWL-Verbindung.
- Netzmanagementfunktionen auf Basis des Standard, Advanced oder Advanced Analyzer Agents.
- Die Möglichkeit, mehrere System 2000 Ethernet Hubs hintereinander zu schalten (Kaskadierung) und ein Netz mit bis zu 80 Teilnehmern zu bilden.

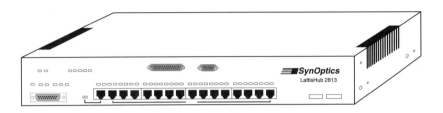

Abbildung 2-4: Ethernet-Konzentrator System 2000.

Token Ring-Konzentrator System 2000

Die Token Ring-Modelle unterstützen zwischen 16 und 80 Teilnehmerverbindungen über geschirmtes und ungeschirmtes symmetrisches Vierdrahtkabel. Sie können bei 4 Mbit/s oder 16 Mbit/s betrieben werden (Abbildung 2-5). Je nach Modell stehen unterschiedliche Funktionen bereit, zum Beispiel:

- Zwei RI/RO Ports in STP- oder LWL-Technik zum Anschluß von weiteren Token Ring-Konzentratoren.

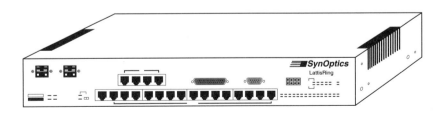

Abbildung 2-5: Token Ring-Konzentrator System 2000.

- Aktive Verstärker- und Signalaufbereitungsfunktion.
- Die Netzmanagementfunktionen des Standard, Advanced oder Advanced Analyzer Agents.

Konzentratoren mit aktiver Verstärker- und Signalaufbereitungsfunktion regenerieren das ankommende Signal vor der Weitergabe an die nächste Station und haben den Vorteil, daß sie den Jitter und das Nahnebensprechen in Token Ringen reduzieren und damit größere Übertragungsentfernungen unterstützen. Passive Token Ring-Systeme verfügen über keine Verstärker- und Signalaufbereitungsfunktionen.

FDDI-Konzentrator System 2000

Die FDDI-Modelle unterstützen bis zu 14 FDDI-Endgeräteverbindungen in LWL-Technik. Jeder Hub verfügt zusätzlich über zwei frei konfigurierbare Media Interface Ports (MIC). Über diese können die Konzentratoren alternativ als Class-A- (Anschluß an den Primär- und Sekundärring) oder als Class-B-Station (Anschluß an den Primärring) an das FDDI-Netz angeschlossen werden. Zwei Media Access Control-Elemente (MAC) sorgen für erweiterte Managementfunktionen, so daß das im Konzentrator integrierte Netzmanagement zwei 100 Mbit/s-Pfade (primär und lokal) verwalten kann. Die in den Konzentratoren integrierte Netzmanagementsoftware unterstützt das Station Management (SMT) und Simple Network Management Protocol (SNMP). Der Konzentrator stellt zwölf FDDI-Masterports für LWL-Kabel bereit.

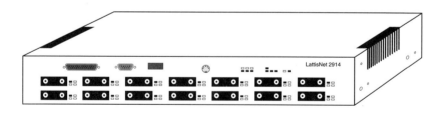

Abbildung 2-6: FDDI-Konzentrator System 2000.

System 3000

System 3000 ist ein modularer Konzentrator zum sternförmigen Anschluß von LAN-Endgeräten über unterschiedliche Kabelmedien. Ethernet-, Token Ring- und FDDI-Module können parallel im Konzentrator installiert werden. Das Gehäuse besteht aus Stromversorgung und Rückwand mit den Bussystemen für Ethernet, Token Ring und FDDI, auf welche die im Konzentrator installierten Module zugreifen.

Gehäuse

Es sind zwei Gehäusetypen verfügbar. Modell 3000 unterstützt Ethernet, Token Ring und FDDI LANs; Modell 3030 Ethernet und Token Ring LANs.

Gehäuse Modell 3000

Das Gehäuse für die Konzentratoren System 3000 bietet Platz für zwölf Module; die Sondervariante Modell SR hat neun Steckplätze. Beide Gehäuseversionen können beliebig mit Teilnehmeranschluß-, Brücken-, Router- und Netzmanagementmodulen bestückt werden (Abbildung 2-7).

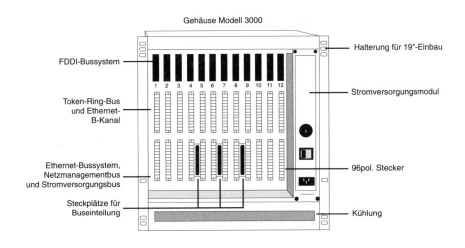

Abbildung 2-7: Gehäuse des Konzentrators System 3000.

Das Gehäuse ist als 19"-Gestelleinbau- oder als Tischversion verfügbar. Folgende Einsatzvarianten sind möglich:

- Reine Ethernet-Bestückung mit einer Stromversorgung.
- Gemischte Bestückung mit Ethernet- und Token Ring-Modulen und einer Stromversorgung.
- Gemischte Bestückung mit Ethernet- und Token Ring-Modulen, redundante Stromversorgungen und einem Summing-Modul.
- Gemischte Bestückung mit Ethernet-, Token Ring- und FDDI-Modulen und einer Stromversorgung.
- Gemischte Bestückung mit Ethernet-, Token Ring- und FDDI-Modulen, zwei Stromversorgungen und einem sog. Summing-Modul.

Gehäuse Modell 3030

Modell 3030 ist die kleinere Variante mit maximal vier Steckplätzen für Host- und Netzmanagement- sowie Internetworking-Module (Abbildung 2-8). Auch Modell 3030 ist als 19"-Gestell- oder Tischversion erhältlich. Es kann wie folgt bestückt werden:

- Als reine Ethernet-Variante mit einer Stromversorgung.
- Als gemischter Ethernet- und Token Ring-Konzentrator mit einer Stromversorgung.

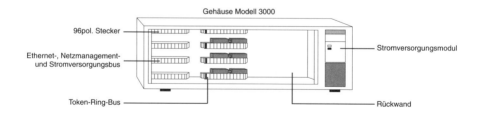

Abbildung 2-8: Gehäuse des Konzentrators System 3030.

Numerierungsschema für die System 3000-Komponenten

Um anhand der Modellnummer den Komponententyp erkennen zu können, sind die Produktbezeichnungen der System 3000-Komponenten nach einem einheitlichen Schema aufgebaut. Jede Komponente ist mit einer vierstelligen Nummer versehen, deren Ziffern nach dem Muster

CSMm

gelesen werden müssen. *C* bezeichnet den Konzentratortyp, *S* den LAN- oder Netztyp, *M* die Modulart und *m* den Kabeltyp. Für Sonderbezeichnungen und Ergänzungen werden Suffixe nach der vierstelligen Nummer verwendet. Die Tabelle 2-1 auf Seite 46 gibt einen Überblick über den Numerierungsaufbau.

Stromversorgungen

Alle System 3000-Konzentratoren benötigen eine Stromversorgung. Das Stromversorgungsmodul wird werkseitig montiert und mit dem Hub ausgeliefert.

Bestimmte Gehäusemodelle verfügen über die Möglichkeit, zwei Stromversorgungsmodule zu installieren. In diesen Gehäusen muß zusätzlich ein Summing-Modul installiert werden, das die Stromversorgung zwischen den beiden Stromversorgungsmodulen steuert.

Bussysteme

An der Konzentrator-Rückwand befinden sich die Bussysteme, auf welche die Host- und Netzmanagementmodule zugreifen, um untereinander zu kommunizieren (Abbildung 2-9).

Für den Konzentrator System 3000 stehen unterschiedliche Rückwandoptionen zur Verfügung:

- Ethernet,
- Ethernet und Token Ring,
- Ethernet, Token Ring und FDDI.

Hub-Typ	LAN-Typ	Modultyp	Kabeltyp	Anschlußoptionen	Gehäuseoptionen
3 = 3000	0 = Hub	0 = Host	0 = kein Kabelanschluß		N = Ethernet-Multisegment-Backplane
	3 = Ethernet	1 = Netzmanagement	1 = 10BASE-2	-02 = Laden von Remote-Station über IP	NT = Ethernet- und Token-Ring-Multisegment-Backplane
	5 = Token Ring	2 = Lokale Brücke oder lokaler Switch	2 = STP	-03 = Standard Agent, lokales Laden	NTR = Ethernet- und Token Ring-Multisegment-Backplane mit Summing-Modul
	9 = FDDI	3 = Ethernet Signalaufbereitung/Verstärkung	3 = AUI	-04 = Advanced Agent, lokales Laden	S = Ethernet-, Token Ring- und FDDI-Multisegment-Backplane
		4 = Prozessor Engine	4 = Multimode-LWL	-05 = Standard Agent, lokales Laden über IPX	SR = Ethernet-, Token Ring- und FDDI-Multisegment-Backplane mit redundanter Stromversorgung und Summing-Modul
		5 = Remote-Bridge	5 = UTP	-06 = Advanced Agent, lokales Laden über IPX	
		6 = LattisSecure	6 = WAN (V.35/RSxxx/T1/E1)	-08 = Advanced Analyzer	
		8 = Router (lokal oder remote)	7 = 50pol. Telco-Stecker	M = Modem	
		9 = Terminalserver	8 = 10BASE-T	SM = Singlemode-LWL ST = LWL-ST-Stecker	

Tabelle 2-1: Numerierungsschema für die System 3000-Komponenten.

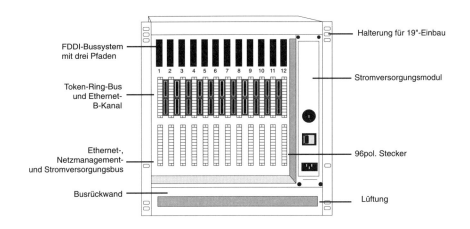

Abbildung 2-9: Gehäuse: Konzentrator Modell 3000 mit Ethernet-, Token Ring- und FDDI-Bussystem.

Je nach installierter Version können mit dem Konzentrator gleichzeitig Ethernet-, Token Ring- und FDDI-Netze aufgebaut werden. Die drei mit einem Konzentrator realisierten Netztypen können entweder unabhängig voneinander oder als Multiprotokollnetz betrieben werden. Der letztere Fall setzt die Installation von Brücken oder Routern voraus, die die Protokollwandlung übernehmen.

Das Bussystem ist dreigeteilt. Das untere Bussystem enthält den Ethernet-Bus und den Stromversorgungsbus und überträgt die Netzmanagementdaten für Ethernet-, Token Ring- und FDDI-Netze. Das zweite oder mittlere Bussystem enthält einen weiteren Ethernet-Kanal (B-Kanal) sowie die Token Ring-Kanäle zur Kommunikation der Token Ring-Module untereinander. Das obere Bussystem ist für FDDI-Module reserviert.

Ein Konzentrator System 3000, der in der Ethernet-Version installiert wird, kann bei Bedarf durch Austausch der Rückwand um Token Ring- und FDDI-Funktionen nachgerüstet werden.

Ethernet-Bussystem

Die Ethernet-Rückwand bietet zwei Datenkanäle (Kanal A und B), die in bis zu fünf Segmente unterteilt werden können (Abbildung 2-10).

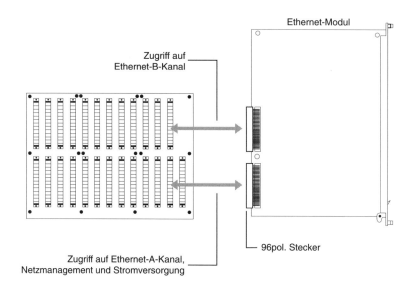

Abbildung 2-10: Ethernet-Bussystem mit A- und B-Kanal.

Der untere A-Kanal kann maximal in vier Segmente unterteilt werden. In einem Konzentrator mit zwei Stromversorgungsmodulen sind maximal drei Segmente möglich. Die Segmenteinteilung erfolgt manuell über Steckvorrichtungen (Channal Divider), die an den vorgegebenen Stellen an der Rückwand installiert werden. Der B-Kanal realisiert ein Segment; er kann nicht weiter unterteilt werden (Abbildung 2-11).

Eine Steckvorrichtung zur Segmenteinteilung besteht aus zwei 25poligen Steckern auf Front- und Rückseite, die sich in der Farbe (Blau oder Weiß) unterscheiden. Je nachdem, welcher Stecker im Bus installiert wird, ist das Bussystem segmentiert (Pfeil zeigt auf „Divided") oder die beiden benachbarten Ethernet-Segmente sind miteinander verbunden (Pfeil zeigt auf „Continous").

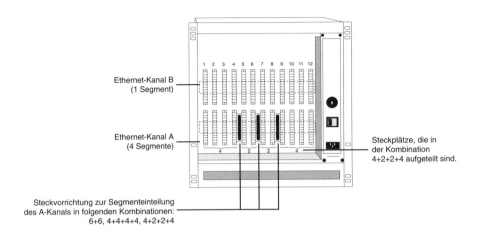

Abbildung 2-11: Einteilung des Ethernet-Bussystems in Segmente.

Um einen einwandfreien Betrieb zu gewährleisten, müssen alle Steckvorrichtungen für die Segmenteinteilung installiert sein. Dies gilt vor allem für Bussystem A. Bussystem B dagegen funktioniert unabhängig von der Installation der Steckvorrichtungen.

Token Ring-Bussystem

Der Token Ring-Bus unterstützt zwei Token Ring-Netze (Abbildung 2-12). Die beiden Token Ring-Netze können entweder unabhängig voneinander betrieben oder zu einem gemeinsamen logischen Ring zusammengeschlossen werden. Der Zusammenschluß beider Token Ring-Netze ist entweder mit Hilfe einer Brücke, eines Routers oder einer RI/RO-Verbindung möglich.

Die beiden Token Ringe laufen unabhängig voneinander mit 4 Mbit/s oder mit 16 Mbit/s. Die Token Ring-Module werden über einen Schalter auf dem Modul (den Ring Select Switch) bei der Erstinstallation einem der beiden Ringe zugeordnet. In ein und demselben Ring können nur Module mit der gleichen Ringgeschwindigkeit installiert werden.

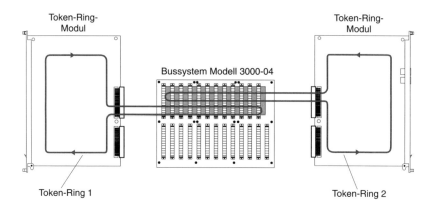

Abbildung 2-12: Das Token Ring-Bussystem unterstützt zwei unabhängige Netze.

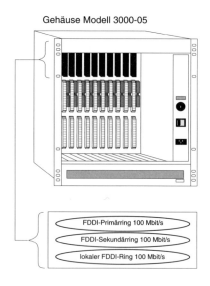

Abbildung 2-13: FDDI-Bussystem mit Primär-, Sekundär- und lokalem Pfad.

FDDI-Bussystem

Das FDDI-Bussystem unterstützt maximal drei unabhängige FDDI-Datenpfade: einen Primär-, Sekundär- und lokalen Pfad (im Hub). Jeder Datenpfad hat eine Geschwindigkeit von 100 Mbit/s. Üblicherweise wird der Primärpfad für die Datenübertragung genutzt, während der Sekundärpfad als Ersatzweg (oder im Standby-Betrieb) geschaltet ist, um Fehler wie Ringunterbrechungen des Primärpfades auffangen zu können. Der lokale Pfad wird für Netzmanagementaufgaben, zum Beispiel Sammlung von Netzinformationen und statistischen Daten, eingesetzt (Abbildung 2-13). Detaillierte Angaben über FDDI finden Sie in Kapitel X „FDDI-Protokoll".

Netzmanagementmodule

Die Netzmanagementmodule (NMM) sammeln statistische Informationen über die Netz-Performance und Netzaktivitäten, verarbeiten diese Informationen und leiten sie an die SNMP-kompatible Netzmanagementstation weiter.

Die Ethernet-NMM haben neben den genannten Managementaufgaben weiterhin die Funktion des Busabschlusses und der Taktaufbereitung, die in jedem Ethernet LAN notwendig sind. D.h. die NMM regenerieren die Präambel, takten Datenpakete neu und füllen zu kurze Pakete auf, weshalb in Ethernet-Netzen mit NMS-Funktionen das NMM das Retiming-Modul ersetzt. Pro Segment darf nur ein Modul mit Retiming-Funktionen im Hub installiert werden (entweder ein Netzmanagement- oder ein Retiming-Modul). Für Netzmanagementzwecke können in einem Segment auch zwei NMM installiert werden. In diesem Fall muß eines der beiden NMM über einen Schalter als Primär-, das andere als Sekundär-NMM eingestellt werden. Dadurch werden beim Sekundärmodul die Retiming-Funktionen deaktiviert.

Die Ethernet-NMM sammeln Performance- und Aktivitätsinformationen auf Konzentrator-, Modul- und Port-Ebene. Auf den NMM ist die Agent-Software installiert, die in drei Versionen (Standard, Advanced und Advanced Analyzer) zur Verfügung steht und je nach Version weitere Daten liefert.

Jedes Ethernet-NMM verfügt darüber hinaus über einen AUI- oder einen 10BASE-F Port zur Anbindung an ein Kupfer- oder LWL-Backbone-Netz bzw. zur Verbindung mit einem anderen Konzentrator.

Auch die Token Ring-Netzmanagementmodule sind kombinierte Module, die neben den eigentlichen Netzmanagementfunktionen auch Repeater-Funktionen sowie RI/RO Ports bereitstellen.

Auf den FDDI-Netzmanagementmodul ist ein SMT-nach-SNMP-Proxy-Agent implementiert, der FDDI-Managementinformationen in ein SNMP-kompatibles Format übersetzt. Die FDDI-NMM verfügen außerdem über zwei Media Interface Connector (MIC). Sie sind als A- und B-Port gekennzeichnet und schließen den Konzentrator als Class-A- oder Class-B-Station an den FDDI-Ring an.

Host-Module

Die System 3000 Host-Module schließen über unterschiedliche Schnittstellen auf der Vorderseite Datenendgeräte, zum Beispiel Personal Computer, Drucker, File Server, andere Hubs, an den Konzentrator an und kommunizieren mit anderen im Konzentrator installierten Modulen über die Bussysteme an der Rückwand. Einige Host-Module sind gleichzeitig auch Verstärkermodule.

Die Ethernet Host-Module für System 3000 sind in folgenden Ausführungen erhältlich:

- Mit zwölf 10BASE-T Ports mit RJ45-Buchsen.
- Mit acht BNC Ports für ThinNet- oder Koaxialkabelverbindungen mit 50 Ohm Impedanz.
- Mit acht LWL-Ports mit ST-Stecker für 10BASE-F-Verbindungen.
- Mit einem 50poligen Telco-Stecker, der zwölf 10BASE-T-Verbindungen über ungeschirmtes symmetrisches Vierdrahtkabel ermöglicht.
- Mit zwei 50poligen Telco-Steckern und einem MDI-X Port für 24 10BASE-T-Verbindungen.

Neben den oben beschriebenen Standardmodulen gibt es Host-Module mit erweiterten oder speziellen Funktionen, zum Beispiel:

- Die LattisSecure-Module, die zwölf 10BASE-T Ports bereitstellen und über besondere Sicherheitsmechanismen verfügen, um das Abhören von Daten und Eindringversuche von außen zu verhindern.

- Die Retiming-Module, die Taktaufbereitungsfunktionen (Regeneration der Präambel, Auffüllen zu kurzer Datenrahmen, Takten der Datenpakete) bereitstellen und über einen AUI- oder LWL-Port zur Verbindung mit weiteren Konzentratoren oder mit einem Kupfer- oder LWL-Backbone-Netz verfügen.

Die Token Ring-Host-Module können wahlweise mit 4 Mbit/s oder 16 Mbit/s Ringgeschwindigkeit betrieben werden und sind in folgenden Ausführungen erhältlich:

- Als passives Host-Modul mit zwölf Schnittstellen für Verbindungen mit geschirmtem oder ungeschirmtem symmetrischen Vierdrahtkabel.
- Als aktives Retiming-/Host-Modul mit sechs LWL-Ports für Verbindungen nach IEEE 802.5j.
- Als aktives Retiming-/Host-Modul mit zwölf Ports für Verbindungen mit geschirmtem oder ungeschirmtem symmetrischen Vierdrahtkabel.

Darüber hinaus stehen Ring-In-/Ring-Out-Module (RI/RO) zur Verfügung, die gleichzeitig auch Repeater-Module sind. Sie verstärken die Token Ring-Signale, die den Konzentrator verlassen, und ermöglichen so größere Entfernungen zwischen zwei Konzentratoren. Folgende RI/RO-Module sind verfügbar:

- Ein RI/RO-Modul mit STP-Port.
- Ein RI/RO-Modul mit LWL-Port.
- Ein RI/RO-Modul mit LWL- und STP Ports.

Die FDDI Host-Module unterstützen 100 Mbit/s Geschwindigkeit und bieten folgende Optionen:

- Vier Media Interface Connector (MIC) für Multimodekabelverbindungen.
- Zwei MIC Ports für Multimode- und zwei MIC Ports für Monomodekabelverbindungen.
- Vier RJ45 Ports für UTP-Kabelverbindungen.

Internetworking-Module

Für System 3000 stehen auch Internetworking-Module mit Brücken-, Router- und Switch-Funktionen zur Verfügung. Alle Internetworking-Module sind mit der Netzmanagementsoftware von Bay Networks überwachbar.

Brücken- und Switch-Module

Brückenmodule werden eingesetzt, um Ethernet-Segmente oder Token Ring-Netze miteinander zu verbinden und große Netze aufzubauen. Die Switch-Module ermöglichen Parallelkommunikation in herkömmlichen Shared Media-Umgebungen. Folgende Optionen stehen zur Verfügung:

- Ein lokales Token Ring-Brückenmodul zur Verbindung von separaten Token Ringen. Sind die Ringe im gleichen Konzentrator realisiert, erfolgt die Ringverbindung mit Hilfe des lokalen Brückenmoduls über den Konzentratorbus. Die Kopplung von Ringen in unterschiedlichen Konzentratoren erfolgt über eine externe Kabelverbindung zwischen dem Brückenmodul und einem Token Ring-Modul des zu verbindenden Konzentrators.
- Eine Ethernet Switching Engine (ESE), die bis zu sechs Ethernet-Segmente in einem Hub verbindet. Mit der ESE können bis zu drei Punkt-zu-Punkt-Verbindungen, jede mit 10 Mbit/s, gleichzeitig aufgebaut und Daten übertragen werden.

Multimedia-Router-Module

Router werden hauptsächlich in zwei Applikationen eingesetzt: zum Anschluß von lokalen Netzen an das Weitverkehrsnetz und zur Verbindung von LANs mit unterschiedlichen Netzzugriffsverfahren. Router, die Daten zwischen Ethernet-, Token Ring- und FDDI-Systemen gleichzeitig weiterleiten können, werden auch Multimedia-Router genannt. Router-Module bieten, je nach Einsatzschwerpunkt, LAN- und serielle Schnittstellen für den WAN-Übergang. Diese kombinierten LAN/WAN-Router-Module bestehen in der Regel aus einer Hauptplatine, auf der die Routing-Funktionen implementiert sind, und Schnittstellenmodulen, die auf der Hauptplatine installiert werden. Bay Networks bietet sowohl Router-Module für die Konzentratoren System 3000 als auch Stand-alone Router. Spezielle Informationen über die Bay Networks Router-Produkte finden Sie im „Router-Handbuch".

Sonstige Internetworking-Module

Um ein LAN als offene Netzplattform nutzen und ein breites Endgerätespektrum anbinden zu können, sind weitere Internetworking-Module erforderlich.

Terminalserver

In vielen Kundeninstallationen existieren Rechner-Terminal-Netze und lokale Netze nebeneinander, d.h. es müssen mehrere Kabelnetze für unterschiedliche Anwendungen parallel betrieben und unterhalten werden. Mit einem Terminalserver ist es möglich, asynchrone Bildschirme, Drucker und Modems in ein Ethernet LAN zu integrieren und über das Ethernet LAN mit dem Host zu verbinden. Durch den Terminalserver wird die Asynchron-Peripherie an den Konzentrator angeschlossen und mit dem Konzentrator-Managementsystem überwacht. Bay Networks bietet für die System 3000-Modelle zwei Terminalserver-Module an:

- Ein Terminalserver-Modul zur Anbindung von UNIX-basierenden Systemen in TCP/IP-Umgebungen. Unterstützt werden TCP/IP, IPX Print Sharing, IPX Remote Access und Point-to-Point-Protocol (PPP).
- Ein Terminalserver-Modul, das TCP/IP- und LAT-Protokolle, und damit UNIX- und DEC VAX/VMS-Hosts unterstützt.

Beide Terminalserver-Module verfügen über 16 RJ45 Ports; die Ports können einzeln oder gemeinsam mit Geschwindigkeiten von 300 bit/s bis 38,4 kbit/s betrieben werden.

Network Utility Server

Für die Integration von speziellen Kommunikations-Serverdiensten auf PC-Basis wie Multiprotokoll-Routing, SNA Gateway oder Systemmanagement in einem Konzentrator bietet Bay Networks einen PC-Einschub mit integriertem Ethernet- und Token Ring-Netzanschluß zur jeweiligen Busrückwand. Kundenspezifische Erweiterungen sind über einen zusätzlichen PCI- und zwei ISA-Steckplätze zur Frontseite des Moduls gegeben.

3270-Steuereinheit und Terminalmultiplexer

In einer SNA-Umgebung läßt sich eine 3270-Steuereinheit als Einschub im System 3000 integrieren und stellt so eine Verbindung zwischen Host und 3270-Bildschirm, -Drucker und PCs mit 3270-Emulation her. Die Terminalmultiplexer verfügen über einen Port zur Steuereinheit und unterstützen bis zu 32 verschiedene 3270-Endgeräte.

Mit Hilfe von Optivity läßt sich somit auch die gesamte 3270-Umgebung von einer Netzmanagementstation aus überwachen.

Funktionsweise der Module im Konzentrator

Die im Konzentrator installierten Module greifen auf eines der Bussysteme an der Rückwand des Konzentrators zu. Das Bussystem verbindet die Module untereinander sowie mit dem Stromversorgungsmodul und stellt die Schnittstelle zum Managementsystem dar.

Empfehlungen für die Gruppierung von Modulen

Ethernet- und FDDI-Module können in beliebigen Steckplätzen des Konzentrator-Gehäuses installiert werden. Bei Token Ring-Modulen sollte eine bestimmte Reihenfolge eingehalten werden.

Wird ein Konzentrator gemischt, d.h. mit Ethernet-, Token Ring- und FDDI-Komponenten ausgebaut, ist es aus Administrations- und Managementgründen empfehlenswert, die Module entsprechend des Netztyps zu gruppieren und dabei alle Ethernet-Module in den linken und die Token Ring-Module in den rechten Steckplätzen des Gehäuses zu montieren. Die Steckplätze zwischen den Ethernet- und Token Ring-Einschüben sollten für die FDDI-Module reserviert werden (Abbildung 2-14).

In Installationen mit mehreren Ethernet-Segmenten ist es empfehlenswert, die Module, die auf den B-Kanal zugreifen, in den linken Steckplätzen zu plazieren. Vergessen Sie nicht, den Schalter auf dem B-Kanal-Netzmanagementmodul auf den B-Kanal einzustellen.

Die Module, die zu einem Ethernet-Segment gehören, sollten in der folgenden Reihenfolge installiert werden:

- Steckplatz 1: Retiming-Modul (entweder Retiming- oder Netzmanagementmodul).
- Steckplatz 2: Internetworking-Modul (Ethernet-Brücke oder -Router).
- Alle weiteren Steckplätze: Host-Module.

Werden in einem Hub zwei Token Ring-Netze aufgebaut, sollten die Token Ring-Module ringweise gruppiert und separat installiert werden. D.h. jeder Ring sollte wie folgt aufgebaut werden:

- Steckplatz 1: RI/RO-Modul.
- Steckplatz 2 und folgende: Host-Module.
- Letzter Steckplatz des Rings: Netzmanagementmodul.

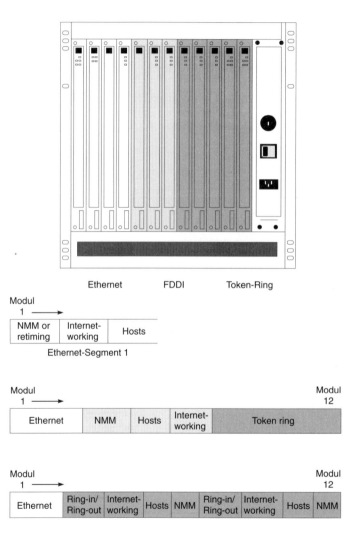

Abbildung 2-14: Plazierung der Ethernet-, Token Ring- und FDDI-Module im System 3000-Gehäuse.

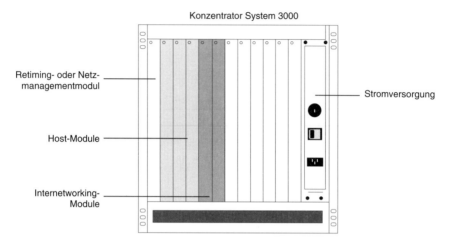

Abbildung 2-15: Plazierung der Ethernet-Module.

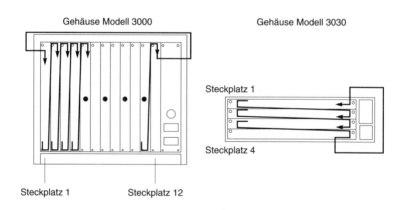

Abbildung 2-16: Token Ring-Aufbau im Konzentrator System 3000 und 3030.

Der Vorteil dieser Modulanordnung besteht darin, daß das RI/RO-Modul von den Host-Modulen, von denen in der Regel eine Vielzahl von Kabelverbindungen abgeht, separiert und die Installation übersichtlicher wird. Die LED-Anzeigen sind leichter zu kontrollieren, und die Ports sind einfacher zugänglich.

Der Primärring ist bei oben beschriebener Installationsweise physikalisch von einem Steckplatz zum andern, d.h. in Modell 3000 von links nach rechts, in Modell 3030 von oben nach unten, aufgebaut. Der letzte Steckplatz stellt jeweils die Verbindung zum ersten Steckplatz her und schließt den Ring.

In einer FDDI-Konfiguration sollten die FDDI-Module von links nach rechts installiert werden, wobei das NMM den Steckplatz links außen erhalten sollte.

Empfehlungen zur Konfiguration der Netzmanagementmodule

Besteht ein Netz aus Ethernet-, Token Ring- und FDDI-Teilnehmern und ist dieses Netz mit mehreren Konzentratoren aufgebaut, die gemischt bestückt sind, sollte jeder Konzentrator mit einem Netzmanagementmodul pro Netztyp ausgerüstet werden. D.h. ein Konzentrator, der mit Ethernet-, Token Ring- und FDDI-Modulen bestückt ist, sollte jeweils auch ein Ethernet-, Token Ring- und FDDI-Netzmanagementmodul erhalten, sofern das gesamte Netz jeweils bis auf Port-Ebene überwacht werden soll.

Werden geringere Anforderungen an das Netzmanagement gestellt, hat der Anwender folgende Wahlmöglichkeiten:

- Ausrüstung nur der Konzentratoren auf der untersten Netzebene mit je einem Netzmanagementmodul pro Netztyp. In diesem Fall können alle anderen an diese Konzentratoren angeschlossenen Hubs auf Geräteebene mitüberwacht werden. Im Fehlerfall ist es möglich, den betroffenen Hub zu isolieren.
- Ausrüstung der Konzentratoren auf jeder zweiten Netzebene mit je einem Netzmanagementmodul pro LAN-Typ. Mit dieser Konfiguration kann der Netzverantwortliche zumindest einen der beiden Endpunkte jeder Verbindung zwischen zwei Konzentratoren überwachen.
- Ausrüstung des Gesamtnetzes mit nur einem Netzmanagementmodul. In diesem Fall sollte das NMM im Ausgangspunkt der Sternstruktur, d.h. im Root-Konzentrator, installiert werden. In diesem Fall kann das NMM nur jeden Port überwachen, von dem eine Konzentrator-zu-Konzentrator-Verbindung abgeht.

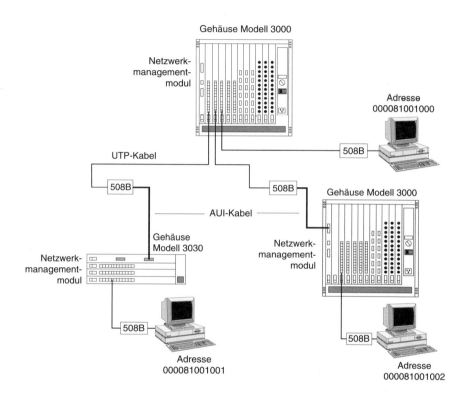

Abbildung 2-17: NMM-Konfiguration in einem Netz.

Empfehlungen für die Konfiguration des lokalen Token Ring-Brückenmoduls

Das Token Ring-Brückenmodul verbindet einzelne Ringe untereinander zu einem transparenten Gesamtnetz. Das Brückenmodul ist in das SNMP-Konzentratornetzmanagement integriert. Vor der Installation eines Brückenmoduls sollten Sie folgende Richtlinien überprüfen:

- Versichern Sie sich vor der Installation des Moduls, daß alle Token Ring-Komponenten richtig eingerichtet sind und fehlerlos funktionieren. Konfigurieren Sie danach die Brücke entsprechend der vorhandenen Topologie. Bei der Verkehrsflußplanung hat sich in der Praxis

die 80:20-Regel bewährt. D.h. 80 % des Gesamtverkehrs sollten lokal bleiben und nur 20 % an Teilnehmer in anderen Segmenten gerichtet sein.
- Das Brückenmodul kann auch ohne Modifikation der eingestellten Parameter in Betrieb genommen werden. Die eingestellten Parameter sollten nur geändert werden, um eine bestimmte Netztopologie zu realisieren oder um redundante Verbindungen zu definieren.
- Die Brückenparameter können entweder über die Software auf dem Brückenmodul selbst oder über das Netzmanagement modifiziert werden.

System 5000

System 5000 ist in erster Linie als Switching Hub im Netzzentrum konzipiert, kann aber auch in Verteilerräumen als Konzentrator für High-end-Anwendungen eingesetzt werden.

System 5000 verbindet Ethernet-, Token Ring- und FDDI-Netze mit zentral aufgestellten Netzressourcen wie Router und Server und bietet darüber hinaus Konfigurations-Switching-Funktionen bis auf Port-Ebene für alle LAN-Typen. Als zentraler Konzentrator im Netzzentrum ist System 5000 sehr zuverlässig konstruiert. Er verfügt über redundante Stromversorgungen, Backbone- oder andere Verbindungen können redundant ausgeführt werden, und die Konfigurationsdaten sind doppelt gespeichert.

Ein System 5000 Hub unterstützt bis zu zwölf Ethernet-Segmente, neun Token Ringe (Modell 5005 unterstützt fünf Ringe) und zwei FDDI-Netze über das Bussystem auf der Rückwand. Alle unterstützten Netze sind in das Konzentratormanagement integriert.

Im Maximalausbau können mit einem System 5000-Chassis bis zu 52 Ethernet-Segmente oder 26 Token Ringe und mit einem Modell 5005-Chassis bis zu 28 Ethernet-Segmente oder 14 Token Ringe realisiert werden.

Die zusätzliche Variante Distributed 5000 ist ein Ethernet Hub mit Switching-Funktionen per Port für mittlere Netze mit flexibler Ausbaumöglichkeit bei Zunahme der Teilnehmer. Wie die Systeme 5000 und 5005 verfügt auch er über redundante Stromversorgungen, doppelte Speicherung der Konfigurationsdaten sowie redundante Auslegung der Backbone- oder anderer Verbindungen.

In Abweichung zu den Systemen 5000 und 5005 ist der Konzentrator Distributed 5000 kaskadierbar. Bis zu acht Geräte können hintereinander geschaltet und in drei gemeinsame Segmente aufgeteilt werden. Darüber hinaus unterstützt jeder einzelne Hub drei weitere Segmente, so daß in der Maximalkonfiguration 27 Ethernet-Segmente mit maximal 288 Teilnehmeranschlüssen möglich sind.

Gehäuse

System 5000 steht in den Gehäusevarianten 5000 und 5005 für Ethernet, Token Ring und FDDI zur Verfügung.

Gehäuse Modell 5000

Modell 5000 ist in erster Linie für Anwendungen im Netzzentrum konzipiert. Das Gehäuse bietet 14 Steckplätze für Host- und Netzmanagementmodule und ist für den Einbau in ein 19"-Gestell ausgelegt (Abbildung 2-18).

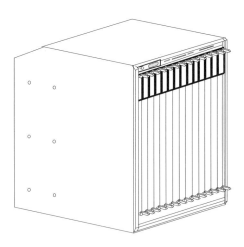

Abbildung 2-18: Gehäuse Modell 5000.

Die Grundausrüstung besteht aus einem Supervisory-Modul und einer Stromversorgung. Welche Anschlußtypen unterstützt werden, zum Beispiel

- nur Ethernet,
- Ethernet und Token Ring,
- Ethernet, Token Ring und FDDI,
- Ethernet, Token Ring und ATM,

hängt von der Gehäuseversion ab. Der modulare Aufbau der Busrückwand ermöglicht eine Nachrüstung in den oben genannten Kombinationen.

Gehäuse Modell 5005

Modell 5005 ist das kleinere der beiden System 5000-Gehäusetypen. Es verfügt über acht Steckplätze und ist ebenfalls in ein 19"-Gestell montierbar (Abbildung 2-19).

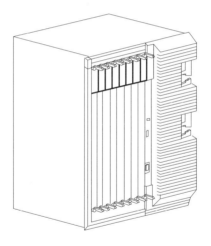

Abbildung 2-19: Gehäuse Modell 5005.

Wie Modell 5000 unterstützt Modell 5005 entweder

- nur Ethernet,
- Ethernet und Token Ring,
- oder Ethernet, Token Ring und FDDI.

Gehäuse Distributed 5000

Distributed 5000 ist in zwei Gehäusevarianten, 5DN002 und 5DN003, mit zwei und drei Steckplätzen für ausschließlich Ethernet Host-Module erhältlich (Abbildung 2-20). 5DN003 hat zusätzlich einen Steckplatz für ein Netzmanagementmodul.

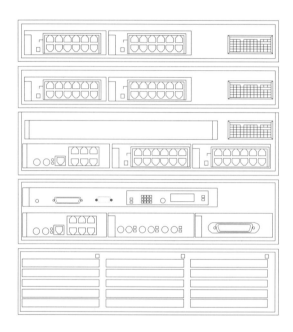

Abbildung 2-20: Gehäuse Modell Distributed 5000.

Numerierungsschema für System 5000

Auch die Modell 5000-Komponenten folgen einem festen Numerierungsplan entsprechend dem Schema
CSMm.
C bezeichnet den Konzentratortyp, S den LAN- oder Netztyp, M die Modulart und m den Kabeltyp. Für Sonderbezeichnungen und Ergänzungen werden Suffixe nach der vierstelligen Nummer verwendet. Die Tabelle 2-2 gibt einen Überblick über den Numerierungsaufbau.

Hub-Typ	LAN-Typ	Modultyp	Kabeltyp	Anschlußoptionen	Gehäuseoptionen
5 = 5000	0 = Gehäuse oder Stromversorgung	0 = Host	0 = kein Kabelanschluß	-A = AUI	F = Ethernet-, Token Ring, FDDI-Gehäuse
	1 = Supervisory Modul	1 = NMM	1 = DCE	-F = LWL	N = Ethernet-Gehäuse
	3 = Ethernet	7 = Cluster	2 = STP	-P = Per Port-Auswahl	NT = Ethernet- und Token Ring-Gehäuse
	5 = Token Ring		4 = Multimode-LWL	-AF = AUI und LWL	
	9 = FDDI		5 = UTP	-SM = Singlemode-LWL	
			7 = 10BASE-T, 50pol. Telco	-2 SM = Singlemode-LWL, 2 Ports	
			8 = 10BASE-T		

Tabelle 2-2: Numerierungsschema für System 5000-Komponenten.

Stromversorgungen

Jeder Konzentrator System 5000 hat auf der Rückseite drei Steckplätze für Stromversorgungsmodule. Jeder Konzentrator muß mit mindestens einer Stromversorgung ausgerüstet sein. Jede Stromversorgung liefert 950 Watt. Bei Installation von zwei Stromversorgungsmodulen kann die Gesamtstromversorgung des Konzentrators entweder redundant ausgelegt werden, d.h. eine Stromversorgung läuft im Standby-Betrieb, um bei Ausfall der ersten deren Funktion zu übernehmen, oder beide Stromversorgungen können separat betrieben werden. Bei Installation von drei Stromversorgungen entsteht ein voll redundantes System mit 1550 Watt.

Modell 5005 kann maximal zwei Stromversorgungsmodule aufnehmen, die auf der Vorderseite in die dafür vorgesehenen Steckplätze montiert werden. Jede Stromversorgung stellt 600 Watt bereit. Bei Installation von zwei Stromversorgungen entsteht ein redundantes System mit 600 Watt oder ein nichtredundantes System mit 900 Watt.

Jedes Distributed 5000-Gehäuse wird mit einer integrierten Stromversorgung (70/110 W) geliefert und kann zusätzlich mit einer externen Stromversorgung (450 W), die bis zu vier Distributed 5000-Systeme unterstützt, verbunden werden.

Supervisory-Modul

Auf dem Supervisory-Modul sind die Konfigurationsdaten der Module und des Gehäuses gespeichert. Es stellt folgende Funktionen bereit:

- Anzeige sowie Speicherung der System- und Konfigurationsdaten.
- Laden der System- und Konfigurationsdaten aus dem Speicher nach einem Stromausfall.
- Serviceport für den Zugriff auf die Gehäuse-Steckplätze.
- Paßwortschutz für den Zugang zu den Steckplätzen über den Serviceport (optional).
- Diagnosedaten über das Chassis und die Module bei Aufbau einer Verbindung über den Serviceport.

Teile der Konfigurationsdaten sind nicht nur auf dem Supervisory, sondern auch auf jedem Host-Modul gespeichert. Fällt das Supervisory-Modul aus, können die Konfigurationsinformationen aus den installierten Modulen gewonnen und ein Basisbetrieb des Konzentrators aufrechterhalten werden, bis das Supervisory-Modul ausgetauscht ist.

Bussysteme

Der Konzentrator System 5000 unterstützt drei Bussysteme: den Konzentratorbus (Hub Backplane genannt) für Ethernet, Token Ring und Managementinformationen, den FDDI- und ATM-Bus (jeweils optional) sowie den Versorgungsbus. Der System 5000-Konzentratorbus versorgt bis zu zwölf komplett managebare Ethernet-Segmente und neun Token Ringe. Der Konzentratorbus von System 5005 unterstützt bis zu zwölf Ethernet-Segmente und fünf Token Ringe. Das FDDI-Bussystem ermöglicht maximal fünf FDDI-Datenpfade.

Der Versorgungsbus besteht aus drei Steckplätzen für Stromversorgungen und einem Steckplatz für das Supervisory Modul. Er versorgt alle installierten Module und Gehäuseteile mit Strom (Abbildung 2-21).

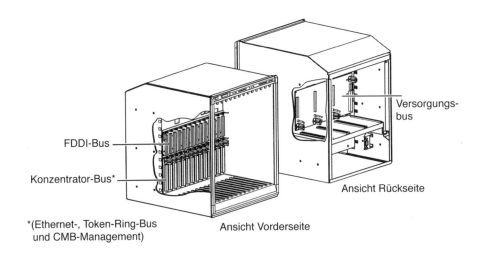

Abbildung 2-21: Modell Bussysteme 5000.

Netzmanagementmodule

Die in System 5000 installierten Netzmanagementmodule arbeiten mit den Host-Modulen zusammen und liefern Informationen über die Netz-Performance und Netzaktivitäten auf Port-, Modul- und Gehäuseebene. Die NMM leiten die Daten zu einer SNMP-kompatiblen Netzmanagement-Applikationssoftware wie Optivity weiter.

Die Agent Software, die auf den NMM installiert ist, reagiert auf bestimmte Anfragen der Netzmanagement-Applikationssoftware und leitet, je nach Anfrage, die gewünschte Information an die Netzmanagementstation weiter. Jedes NMM hat außerdem einen RS-232-Port für den Transport von Netzmanagementinformationen über eine Außerband-Verbindung. Für System 5000 stehen Ethernet-, Token Ring- und FDDI-NMM sowie ein ATM Switch Control Module (SCM) für Managementaufgaben in ATM-Netzen zur Verfügung.

Die Ethernet-NMM sind entweder mit einer integrierten Managementeinheit (Management Communication Engine/MCE) oder mit einer Data Collection Engine (DCE) zur RMON-Auswertung ausgerüstet. Auf der MCE-NMM-Version kann die MCE bei Bedarf gegen eine DCE ausgetauscht werden. Alle Ethernet-NMM können bis zu drei DCEs aufnehmen.

Jedes Token Ring-NMM wird mit einer DCE ausgeliefert und kann maximal mit zwei DCEs bestückt sein. Die DCE liefert Protokollanalysen sowie RMON-Daten aus einzelnen Ethernet-Segmenten und Token Ringen. Für jedes Zugriffsverfahren wird pro Segment, das überwacht werden soll, mindestens eine DCE benötigt. Zur gleichzeitigen Analyse mehrerer Segmente kann das System um die entsprechende Anzahl von DCEs erweitert werden. Mit Hilfe des Netzmanagements kann die DCE auf verschiedene Segmente/Ringe geschaltet werden (Roving).

Jedes FDDI-NMM wird mit drei Media Access Control-Einheiten (MAC) zur Überwachung des Primär-, Sekundär- und lokalen Pfades ausgeliefert. Sollen zwei FDDI-Netze (vier FDDI-Pfade und ein gemeinsamer lokaler Pfad) überwacht werden, ist die Installation eines zweiten FDDI-NMM notwendig.

Host-Module

Die Host-Module schließen Datenendgeräte an den Konzentrator an und stellen Verbindungen zu anderen Konzentratoren her. Es sind Ethernet-Host-Module mit folgenden Anschlußvarianten, Leistungs- und Funktionsmerkmalen erhältlich:

- 24 10BASE-T Ports für Verbindungen mit ungeschirmtem symmetrischem Vierdrahtkabel (UTP).
- 16 10BASE-T Ports für UTP-Anschlüsse, ein 10BASE-F und ein AUI Port für Anschlüsse an ein Backbone-Netz in LWL- oder Kupfertechnik.
- Vier Cluster, jedes Cluster hat vier 10BASE-T und einen 10BASE-F Port, d.h. pro Modul insgesamt 16 10BASE-T- und vier 10BASE-F-Schnittstellen. Jedes Cluster kann über Konfigurations-Switching einzelnen Segmenten oder lokal zugeordnet werden.
- Zehn 10BASE-F Ports mit Konfigurations-Switching pro Port, d.h. jeder Port kann auf jedes der zwölf Segmente des Bussystems an der Rückwand oder auf jedes der drei lokalen Segmente geschaltet werden.

- 24 10BASE-T Ports mit Konfigurations-Switching pro Port.
- Zwei Telco-Stecker mit 24 10BASE-T-Verbindungen pro Cluster.
- Zwei Telco-Stecker mit 24 10BASE-T-Verbindungen und Konfigurations-Switching pro Port.

Alle 10BASE-F-Komponenten in System 5000 unterstützen sowohl 10BASE-FL als auch 10BASE-FB. Verbindungen zwischen System 5000-Konzentratoren werden automatisch in 10BASE-FB-Technik realisiert.

Für Token Ring-Anwendungen stehen folgende Host-Modultypen bereit:

- Ein passives Host-Modul mit 24 Ports für UTP- oder STP-Verbindungen.
- Ein Modul mit aktiver Verstärkerfunktion und 24 Ports für UTP- oder STP-Verbindungen.
- Ein Modul mit aktiver Verstärkerfunktion, Konfigurations-Switching pro Port und 24 Ports für UTP- oder STP-Verbindungen.
- Ein Modul zur Bildung von zwei unabhängigen Clustern mit jeweils redundanten RI/RO-STP-Verbindungen und drei Lobe Ports mit aktiver Retiming-Funktion für UTP- oder STP-Verbindungen. Zusätzlich verfügt das Modul über einen Port mit aktiver Verstärkerfunktion, der auf jeden der Konzentratorringe oder auf jedes Cluster auf dem Modul geschaltet werden kann (zum Beispiel für Analyzer-Verbindung).
- Ein Modul zur Bildung von zwei unabhängigen Clustern mit jeweils redundanten RI/RO-LWL-Verbindungen und drei Lobe Ports mit aktiver Retiming-Funktion für UTP- oder STP-Verbindungen. Zusätzlich verfügt das Modul über einen Port mit aktiver Verstärkerfunktion, der auf jeden der Konzentratorringe oder auf jedes Cluster auf dem Modul geschaltet werden kann (zum Beispiel für Analyzer-Verbindung).

Jedes der Token Ring Host-Module kann mit einem Embedded Management Tool (EMT), d.h. Netzmanagementgrund- oder -kernfunktionen, erweitert werden, das direkt auf dem Host-Modul implementiert wird. Das EMT sammelt statistische Daten über jedes Host-Modul und unterstützt SuperRMON (alle Gruppen). Die NMM-Daten können von SNMP-kompatiblen Netzmanagementsystemen wie Optivity weiterverarbeitet werden. Das EMT reduziert außerdem den in Token Ring-Netzen auftretenden Jitter.

Die FDDI Host-Module sind in folgende Versionen erhältlich:

- Sechs Media Interface Connectors (MIC) für Multimodekabelverbindungen.
- Zwei MICs für Singlemode- und vier MICs für Multimodekabelverbindungen.
- Sechs RJ45 Ports für UTP-Kabelverbindungen.

Kommunikationsserver

Über einen Kommunikationsserver können von einem im Konzentrator System 5000 installierten Host-Modul Wählverbindungen, zum Beispiel zu einem Endgerät, zu einem Router oder einem Terminalserver, aufgebaut werden. Das Kommunikationsservermodul hat 24 Asynchron-Ports mit bis zu 115,2 kbit/s und ist mit jedem der zwölf Ethernet-Segmente an der Konzentratorrückwand verbunden. Es unterstützt Protokolle wie IPX, PPP, AppleTalk Remote Access Protocol (ARAP), XRemote und Remote PC-Protokolle sowie TCP/IP, IBM TN 3270 und DEC LAT.

Funktionsweise der Module im Konzentrator

An der Hub-Rückwand befindet sich der Common Management Bus (CMB). Das Supervisory-Modul kommuniziert über den CMB bei einer Geschwindigkeit von 32 Mbit/s mit anderen Modulen im Konzentrator. Der CMB wird außerdem von den Netzmanagementmodulen benutzt, um Performance-Daten aus den Netzsegmenten und Ringen zu sammeln. Die Host-Module kommunizieren untereinander über die netzspezifischen Bussysteme an der Konzentratorrückwand.

Empfehlungen für die Gruppierung von Modulen

Wird ein System 5000 Hub gemischt bestückt, sollten die Module in einer bestimmten Reihenfolge im Gehäuse installiert werden.

Plazierung der Ethernet-Module

Werden Ethernet Host- und -Netzmanagementmodule als Gruppe installiert, wird die Bestückung des Gehäuses übersichtlicher. Sofern möglich, sollten das Netzmanagementmodul für jedes Segment im linken Steckplatz und die Host-Module jedes Segments in den danach folgenden rechten Steckplätzen installiert werden. Der Vorteil dieser Modulanordnung besteht darin, daß das Netzmanagementmodul von den Host-Modulen, von denen in der Regel eine Vielzahl von Kabelverbindungen abgeht, separiert und die Installation übersichtlicher wird. Die LED-Anzeigen können leichter kontrolliert werden, und die Ports sind einfacher zugänglich.

Plazierung der Token Ring-Module

Auch die Token Ring-Module sollten ringweise gruppiert und pro Ring das NMM im linken, die Host-Module in den folgenden rechten Steckplätzen installiert werden.

Wurde das Token Ring-Bussystem an der Rückwand des Konzentrators aufgeteilt, gehören die Steckplätze links und rechts des geteilten Token Ring-Busses verschiedenen Ringen an. D.h., in diesem Fall erstrecken sich die Ringe eins bis vier auf die Steckplätze eins bis sieben, die Ringe sechs bis neun auf die Steckplätze acht bis 14. Ring fünf wird durch die Aufteilung nicht berührt und erstreckt sich über alle 14 Steckplätze. Falls Sie bei einem aufgeteilten Token Ring-Bus mehrere Module auf den gleichen geteilten Token Ring-Bus stecken wollen, müssen Sie alle Module entweder auf der linken (Steckplatz 1 bis 7) oder auf der rechten (Steckplatz 8 bis 14) Seite der Teilung plazieren.

Plazierung der FDDI-Module

System 5000 unterstützt maximal fünf FDDI-Datenpfade über alle 14 Steckplätze. In jedem FDDI-Netz sollte das FDDI-NMM links von den FDDI Host-Modulen plaziert werden. Die Host-Module sollten nacheinander, d.h. ohne freien Steckplatz zwischen den Host-Modulen, installiert werden.

Teil 2
Ethernet-Netze

III. Ethernet-Standard IEEE 802.3

Die Ethernet-Produkte von Bay Networks sind mit dem IEEE 802.3-Standard kompatibel. Sie unterstützen außerdem die Ethernet-Versionen 1.0 und 2.0 entsprechend dem CSMA/CD-Netzzugriffsprotokoll. Die Bay Networks-Komponenten realisieren Ethernet LANs in einer hierarchisch aufgebauten Sterntopologie und arbeiten logisch als IEEE 802.3-Bus.

Alle Lichtwellenleiterkomponenten entsprechen dem IEEE 802.3 10BASE-FB-Standard für Ethernet Backbone-Netze, dem 10BASE-FL-Standard für LWL-Verbindungen sowie dem FOIRL-Standard (Fiber Optic Inter Repeater Link-Standard).

Ethernet LANs wurden unter IEEE 802.3 von der ANSI standardisiert. Die Standards wurden später der ISO vorgelegt, überarbeitet und durch die ISO 8802-3-Standards ersetzt. Die Überarbeitung beschränkt sich auf Klarstellungen ohne wesentliche technische Änderungen, so daß die IEEE- und ISO-Standards gleich sind. Davon betroffen sind die Spezifikationen 10BASE5, 10BASE2, 10BROAD36, 1BASE5, Repeater, FOIRL, 10BASE-T und 10BASE-F. Da sich im allgemeinen Sprachgebrauch die IEEE 802.3- und nicht die ISO 8802-3-Standardisierung durchgesetzt hat, wird im folgenden auf die bekanntere IEEE-Standardisierung verwiesen.

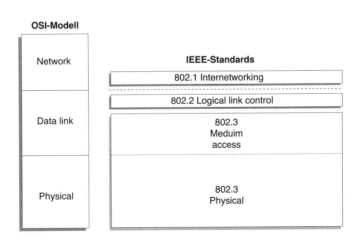

Abbildung 3-1: Das OSI-Modell und der IEEE-802.3-Standard.

Der IEEE 802.3-Standard definiert die Bitübertragungsschicht und die erste Teilschicht der Sicherungsschicht, den Medium Access Control Layer (MAC) (Abbildung 3-1).

CSMA/CD-Protokoll

In Ethernet LANs nach IEEE 802.3 können Endgeräte nur nacheinander, nicht aber gleichzeitig senden. Jede sendewillige Station prüft vor der Absendung ihrer Daten, ob das Netz frei ist. Sendet gerade keine andere Station, schickt sie ihre Daten auf das Netz. Senden zufällig zwei Endgeräte zur gleichen Zeit Daten ab, kommt es zu einer Kollision. Eine Kollision wird von beiden Sendestationen automatisch erkannt. Jede der beiden Stationen wartet nach einer Kollision eine gewisse Zeit, bevor sie ihre Sendung erneut abschickt. Diese Art des Netzzugriffs wird Carrier Sense Multiple Access with Collision Detection (CSMA/CD), d.h. Vielfachzugriff mit Kollisionserkennung, genannt.

Topologien

Ethernet LANs nach IEEE 802.3 arbeiten logisch als Bus, werden heute aber in der Regel physikalisch in Sterntopologie aufgebaut.

Bus

Bei einem Bussystem sind die Endgeräte hintereinandergeschaltet und über Abzweige an das Kabel angeschlossen (Abbildung 3-2). Die Übertragung erfolgt nach dem Broadcast-Prinzip. Datenpakete, die von einer Station auf den Bus geschickt werden, durchlaufen alle angeschlossenen Stationen. Diese überprüfen anhand der Adresse im Paketkopf, ob die Sendung an sie gerichtet ist. Wenn ja, nehmen sie die Daten vom Netz, wenn nicht, laufen sie zur nächsten Station weiter. In einem Bussystem muß jede angeschlossene Station ihre eigene Adresse kennen.

Stern

In einem sternförmig aufgebauten Netz ist jedes Endgerät über ein separates Kabel mit einem zentralen Netzknoten, zum Beispiel dem Konzentrator, verbunden. Alle Informationen werden nach dem Broadcast-Prinzip über diesen zentralen Knoten zu den angeschlossenen Endgeräten geschickt. Die Sterntopologie beschränkt sich auf den Kabelaufbau des Netzes; das Bussystem nach IEEE 802.3 ist im Konzentrator realisiert. Sterntopologien haben

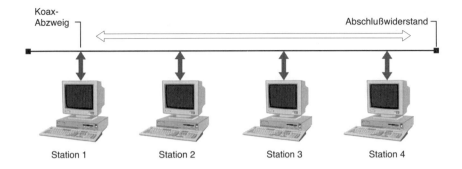

Abbildung 3-2: Bus-Netzwerk.

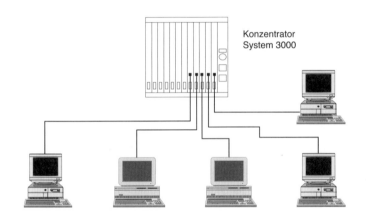

Abbildung 3-3: Ethernet LAN in Sterntopologie mit einem Hub.

den Vorteil, daß sie flexibler und einfacher zu managen sind als Bussysteme. Endgeräte können bei laufendem Netzbetrieb in das Netz geschaltet bzw. abgeschaltet werden, der Konzentrator fungiert als zentraler Netzmanagementknoten, da sämtliche Daten über ihn laufen, und Verbindungsunterbrechungen oder fehlerhafte Adapterkarten berühren nur ein Endgerät, aber nicht den gesamten Bus.

Für kleinere Netze, die zum Beispiel nur aus einem Segment bestehen, reicht in der Regel die Anschlußdichte eines Hubs aus (Abbildung 3-3).

Connectivity Guide

Größere Netze sind hierarchisch aufgebaut. Sie bestehen aus mehreren Konzentratoren auf unterschiedlichen Netzebenen, die miteinander verbunden sind (Abbildung 3-4). Der Hauptkonzentrator bildet die höchste Netzebene und befindet sich in der Regel im Netzzentrum. Der am weitesten vom zentralen Konzentrator installierte Hub bildet die unterste Netzebene. Die Konzentratoren schließen Ethernet-Endgeräte an das LAN an und stellen die Verbindung zum Konzentrator auf der nächst unteren Netzebene her.

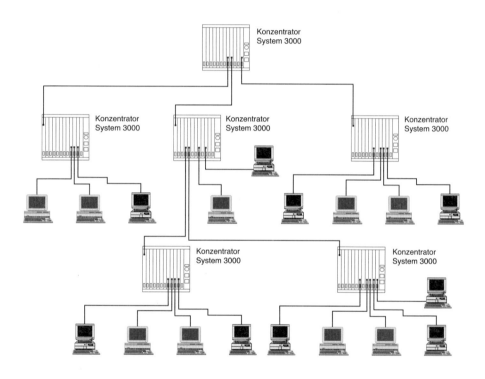

Abbildung 3-4: Hierarchisch aufgebautes Ethernet in Sterntopologie mit mehreren Hubs.

Netzeinschränkungen

Es gibt zwei Möglichkeiten, wie ein Netz auf seine Konformität mit dem 802.3-Standard hin überprüft werden kann.

- Es muß die Ein-Repeater-Regel und damit den Path Delay Value (PDV) und den Path Variability Value (PVV) einhalten. Beide werden später besprochen.
- Es muß die PDV- und PVV-Limits einhalten, die in den Tabellen 3-2 und 3-3 aufgeführt sind.
  - Der PDV-Wert der extremsten Verbindung darf 575 Bitzeiten nicht überschreiten.
  - Der PVV-Wert der extremsten Verbindung muß unter 49 Bits bleiben.

Der einfachste Weg, das vorhandene Netz auf seine Übereinstimmung mit den Standardvorgaben zu überprüfen, ist seine Aufzeichnung in einem Netzplan, der die folgenden Netzelemente beinhalten sollte:

- Repeater (einschließlich Ports mit Repeater-Funktion).
- Verbindungsabschnitte zwischen den Repeatern (einschließlich Typ und Länge).
- Verbindungen zwischen Endgeräten und Repeatern (einschließlich der längsten Verbindung jedes Kabeltyps zu jedem Repeater).
- Anzahl der Endgeräte (alle Datenendgeräte, Netzsysteme usw.).

Wird dieses Schema konsequent angewandt, ist es bei der Planung des Gesamtnetzes äußerst hilfreich.

Repeater-Regeln

Ist ein Ethernet LAN nach den folgenden fünf Regeln aufgebaut, entspricht es dem Standard, und spezielle PDV- und PVV-Berechnungen sind überflüssig.

- In keiner Verbindung im Netz sind mehr als fünf Repeater installiert.
- Es werden ausschließlich Host-Module, Hubs und Transceiver eingesetzt, die IEEE 802.3 entsprechen, und nur AUI-, 10BASE-T-, 10BASE-F, 10BASE5- oder 10BASE2-Kabel verwendet.

- Die maximal zulässigen Dämpfungswerte der LWL-Strecke werden eingehalten, und die Zahl der Stecker in jeder Verbindung entspricht den Spezifikationen nach IEEE 802.3j.
- Es sind nicht mehr als 1024 Endgeräte im Netz angeschlossen (Repeater werden nicht mitgezählt).
- Keine der Verbindungen ist länger als die maximalen Werte nach IEEE 802.3, die in Tabelle 3-1 aufgeführt sind.

Segmenttyp	Max. Segmentlänge (m)
10BASE5 (Koax)	500
10BASE2 (Koax)	185
10BASE-T	100
10BASE-FB	2000
10BASE-FL	2000
10BASE-FP	1000
FOIRL	1000
AUI-Zugang	48 (zusätzlich 2 m Basisentfernung)

Tabelle 3-1: Maximale Segmentlängen nach IEEE 802.3.

- Die Verbindungen im Netz entsprechen den folgenden Regeln.

Längste Verbindung mit fünf Repeatern
In Netzen, in denen die längste Verbindung fünf Repeater enthält, müssen die folgenden Bedingungen eingehalten werden, soll das Netz dem Standard entsprechen:

- Alle Verbindungen müssen entweder 10BASE-T- oder LWL-Verbindungen (10BASE-F oder FOIRL) sein.
- Keine Verbindung vom Hub bis zum Endgerät in Sende/Empfangsrichtung (10BASE-T-, LWL-Verbindungen) überschreitet das 100 m-Entfernungslimit.
- Die Längen der Verbindungen zwischen Repeatern betragen insgesamt maximal 2500 m oder darunter (2740 m, wenn überall 10BASE-FB-Technik eingesetzt wird).
- Keines der AUI-Anschlußkabel ist länger als 2 m.

Längste Verbindung mit vier Repeatern
In Netzen, in denen die längste Verbindung vier Repeater enthält, müssen die folgenden Bedingungen eingehalten werden, soll das Netz dem Standard entsprechen:

- Keine der LWL-Verbindungen darf länger als 500 m sein.
- Keine der 10BASE-T-Verbindungen darf länger als 100 m sein.
- Maximal drei Verbindungen können Koax-Segmente mit der maximal erlaubten Länge sein.

Längste Verbindung mit drei Repeatern
In Netzen, in denen die längste Verbindung drei Repeater enthält, müssen die folgenden Bedingungen eingehalten werden, soll das Netz dem Standard entsprechen:

- Keine der LWL-Verbindungen zwischen Repeatern ist länger als 1000 m.
- Keine LWL-Verbindung zwischen einem Repeater und einem Endgerät ist länger als 400 m.
- Keine 10BASE-T-Verbindung ist länger als 100 m.

Längste Verbindung mit zwei Repeatern
In Netzen, in denen die längste Verbindung zwei Repeater enthält, müssen die maximalen Segmentlängen (s. Tabelle 3-1, S. 80) eingehalten werden.

Transceiver SQE-Test

Die Transceiver von Bay Networks verfügen über einen Signal Quality Error (SQE)-Test. Die Funktion ist werkseitig aktiviert. Bei Verbindungen zu einem Retiming- oder Netzmanagementmodul muß die SQE-Funktion ausgeschaltet sein. Ein Transceiver, der in dieser Anwendung eingesetzt wird, und dessen SQE-Funktion nicht ausgeschaltet ist, kann unnötigen Netzverkehr oder CRC-Fehler generieren, die das Netz zum Erliegen bringen können. Wenn zu viele fehlerhafte Pakete im Netz sind, schaltet der AUI Port des Retiming- oder Netzmanagementmoduls das Modul automatisch vom Netz ab.

Maximale Anzahl von Endgeräten

In Ethernet LANs sind generell nicht mehr als 1024 Stationen, d.h. Endgeräte, Netzsysteme, Repeater usw., pro Collision Domain erlaubt. Für Ethernet LANs auf Basis von Koaxialkabeln gelten zusätzliche Beschränkungen, je nach Anzahl der installierten MAU und Transceiver pro Segment.

Paketumlaufverzögerung

Ein Paket benötigt eine gewisse Zeit, um das Ethernet-Netz einmal zu durchlaufen (Round Trip Collision Delay). Diese Zeit hängt von den Eigenschaften des Kabels (zum Beispiel Länge der Verbindung, Leitungsgeschwindigkeit) und der eingesetzten Anschlußkompnenten ab.

Wenn das Paket von einer Station zur anderen zu lange unterwegs ist, kann eine Station ein Paket mit einer Mindestgröße komplett übertragen, ohne das Collision Jam Signal zu erhalten, wenn eine andere Station gleichzeitig sendet. In diesem Fall würde die erste Station, die gesendet hat, nicht bemerken, daß es zu einer Kollision mit einer anderen Sendung im Netz gekommen ist, und das CSMA/CD-Netz würde auch nicht ordnungsgemäß funktionieren.

Deshalb muß in einem Ethernet LAN für Verbindungen, die sich an der Grenze einer Einschränkung bewegen (zum Beispiel evtl. zu lang, Kabelqualität gering), der PDV-Wert für beide Richtungen errechnet werden. Dabei dürfen zur Übertragung von einem Ende zum anderen 575 Bit bei 10 MHz Manchester-Codierung nicht überschritten werden.

Berechnung der Paketumlaufverzögerung

Die Zeit, die ein Paket benötigt, um die längste Strecke im Netz zurückzulegen, wird Path Delay Value (PDV) genannt. Der PDV-Wert beträgt immer die Hälfte der Paketumlaufverzögerung. Für unterschiedliche Verbindungstypen muß der PDV in beide Richtungen berechnet werden.

Der maximale PDV, der in einem Ethernet LAN noch toleriert wird, beträgt 575 Bit bei 10 MHz Manchester-Codierung (575 Bit-Zeiten). Liegt der PDV-Wert darüber, funktioniert das Netz nicht mehr fehlerfrei, da Kollisionen zu spät bemerkt werden (Late Collisions).

In Tabelle 3-2 sind die Werte derjenigen Komponenten aufgeführt, die einen PDV-Wert generieren. Anhand dieser Werte kann der PDV-Wert des Netzes errechnet werden. Ein Beispiel für die Berechnung des PDV-Wertes folgt nach der Tabelle.

ACHTUNG

Das Ende der Sendeseite wird als linke Seite der Verbindung, das Ende der Empfangsseite als rechte Seite der Verbindung bezeichnet. Strecken zwischen zwei Repeatern bzw. Hubs werden als Verbindungsstrecke bezeichnet.

Segmenttyp	Basiswert Ende Sendeseite (linke Seite)	Basiswert Ende Verbindungsstrecke (Repeater-zu-Repeater)	Basiswert Ende Empfängerseite (rechte Seite)	Verzögerungskonstante (Verzögerung/Meter)	Max. Segmentlänge (m)
10BASE5-Koax	11,8	46,5	169,5	0,0866	500
10BASE2-Koax	11,8	46,5	169,5	0,1026	185
10BASE-T	15,3	42,0	165,0	0,113	100
10BASE-FB	-	24,0	-	0,1000	2000
10BASE-FL	12,3	33,5	156,5	0,1000	2000
10BASE-FP	11,3	61,0	183,5	0,1000	1000
FOIRL	7,8	29,0	152,0	0,1000	1000
Excess AUI	0(< 2m)	0(< 2 m)	0(< 2 m)	0,1026	48

Tabelle 3-2: PDV-Werte in Bitzeiten.

PDV-Berechnungsbeispiel

Der PDV-Wert ist die Summe aus folgenden Verzögerungskomponenten:

Verzögerung linke Seite [= Basiswert Verzögerung linke Seite +
   (Verzögerungskonstante X_L Segmentlänge)]
+ Verzögerung Verbindungsstrecke$_1$ [= Basiswert Verzögerung Verbindungsstrecke$_1$
   + (Verzögerungskonstante$_1$ X seg$_1$ Länge)]
+ Verzögerung Verbindungsstrecke$_2$ [= Basiswert Verzögerung Verbindungsstrecke$_2$
   + (Verzögerungskonstante$_2$ X seg$_2$ Länge)]
·
·
·
+ Verzögerung Verbindungsstrecke$_x$ [= Basiswert Verzögerung Verbindungsstrecke$_x$
   + (Verzögerungskonstante$_x$ X seg$_x$ Länge)]
+ Verzögerung rechte Seite [= Basiswert Verzögerung rechte Seite +
   (Verzögerungskonstante X_R Segmentlänge)]

―――――――――――
= PDV

Abhängig vom Anschlußtyp, der linken Seite, der Verbindungsstrecke und der rechten Seite sind die Verzögerungswerte festgelegt. Sind die Verbindungsstrecken der linken und rechten Seite unterschiedlich, muß der PDV-Wert in beide Richtungen errechnet werden.

Die Kabelverzögerung hängt vom Kabeltyp und der Länge der Verbindung ab. Sie nimmt mit der Länge der Verbindung zu. Die Verzögerungskonstante für Kabel in Tabelle 3-2 ist die Summe der Verzögerung, die von einem Meter Kabel hervorgerufen wird. Die Verzögerung der Gesamtverbindung errechnet sich aus der Verzögerungskonstanten des Kabels multipliziert mit der Länge der Verbindung.

Beispiel 1: PDV-Berechnung
In diesem Beispiel erstreckt sich die längste Verbindung über vier Segmente:
- UTP-Verbindung mit 100 m von Datenendgerät A nach 10BASE-T Port von Repeater 1 (linke Seite).
- 10BASE-FL-Verbindung mit 1 km von Repeater 1 nach Repeater 2 (Verbindungsstrecke 1).
- 10BASE-FB-LWL-Verbindung mit 500 m von Repeater 2 nach Repeater 3 (Verbindungsstrecke 2).
- UTP-Verbindung mit 100 m von 10BASE-T Port von Repeater 3 nach Datenendgerät B (rechte Seite).

Der PDV-Wert wird wie folgt berechnet:

a. Linke Seite (DEE A nach Repeater 1)
10BASE-T-Basiswert = 15,3
Verzögerungskonstante = 0,113/m
Segmentlänge = 100 m
15,3 + (0,113 x 100) = 26,6

b. Verbindungsstrecke 1 (Repeater 1 nach Repeater 2)
10BASE-FL-Basiswert = 33,5
Verzögerungskonstante = 0,1/m
Segmentlänge = 1000 m
33,5 + (0,1 x 1000) = 133,5

c. Verbindungsstrecke 2 (Repeater 2 nach Repeater 3)
10BASE-FB-Basiswert = 24
Verzögerungskonstante = 0,1/m
Segmentlänge = 500 m
24 + (0,1 x 500) = 74,0

d. Rechte Seite (Repeater 3 nach DEE B)
10BASE-T-Basiswert = 165
Verzögerungskonstante = 0,113/m
Segmentlänge = 100 m
165 + (0,113 x 100) = 176,3

Die Gesamtsumme aller Verbindungen ergibt den Gesamtwert PDV = 410,4.

Dieser liegt unter dem Maximalwert von 575, d.h. die Paketumlaufverzögerung des Netzes entspricht dem Standard.

Interpacket Gap-Einschränkung

Der Abstand zwischen dem Ende des einen Pakets und dem Beginn des nächsten Pakets wird generell reduziert, wenn die Pakete einen Repeater durchlaufen, weil jedes empfangene Paket im Repeater aufbereitet wird, um Signal-Jitter, der auf der Übertragungsstrecke entstanden ist, zu entfernen. Der Signalaufbereitungsprozeß verlängert generell die Präambel des Pakets (die aufeinanderfolgende Bitserie am Beginn eines jeden Pakets, die den Takt der Datenbits im Paket generiert), d.h. vergrößert damit das Paket und verringert somit den zeitlichen Abstand zwischen zwei Paketen (Interpacket Gap/IPG). Passiert das Paket mehrere Repeater, wird der Abstand zwischen den Paketen zu gering. Da die Datenendgeräte nach dem Empfang eines Datenpakets eine gewisse Zeit zu dessen Verarbeitung benötigen, kann es vorkommen, daß das nächst folgende Paket, das in zu kurzem Abstand das Datenendgerät erreicht, von diesem nicht mehr empfangen werden kann.

Beispielsweise sehen Repeater nach IEEE 802.3 mindestens 56 Bits für die Präambel vor. Ein empfangender 10BASE-T Repeater muß manchmal mehr als 56 Bit weiterleiten, die maximale Länge der Präambel ist dann die Zahl der empfangenen Bits plus 8. Die maximale 10BASE-FB Repeater-Präambel beträgt die Zahl der empfangenen Bits plus 2.

Diesen Anstieg der einzelnen Bits durch jeden Repeater innerhalb eines Kommunikationspfades wird Segment Variability Value (SVV) genannt. Die Summe alle SVV-Werte über die extremste Verbindungsstrecke ergibt den extremsten Wert für den Path Variability Value (PVV), auch Interpacket Gap-Einschränkung genannt. Dieser Wert muß weniger als 49 Bit betragen.

Berechnung der Interpacket Gap-Einschränkung

Die Berechnung zeigt den Wert der IPG-Einschränkung, wenn ein Paket über Repeater hinweg den längsten Weg durch das Netz nimmt. Diese Einschränkung wird auch Path Variability Value (PVV) genannt und ist die Summe der SVV-Werte der linken Seite über die Verbindungsstrecken hinweg.

Für Pfade mit unterschiedlichen linken und rechten Seiten muß der PVV-Wert berechnet werden, indem das Segment mit dem höheren SVV-Wert als linke Seite angenommen wird.

Der maximale PVV-Wert, der in einem Ethernet LAN toleriert wird, beträgt 49 Bit. Ein größerer Wert schränkt die Funktion eines Netzes durch Verlust von Paketen ein. Die Werte der Komponenten sind in Tabelle 3-3 aufgelistet.

Segmentyp	Ende Sendeseite (linke Seite)	Verbindungsstrecke
Koax-Repeater (10BASE2, 10BASE5)	16	11
10BASE-FB	–	2
10BASE-FL	10,5	8
10BASE-FP	11	8
10BASE-T	10,5	8

Tabelle 3-3: SVV-Werte in Bit.

Der PVV-Wert berechnet sich aus der Summe der folgenden SVV-Werte.
   SVV linke Seite
   + SVV Verbindungsstrecke 1
   •
   •
   •
   + SVV Verbindungsstrecke x
   (rechte Seite wird nicht berücksichtigt)

   = PVV

Die SVV-Werte der linken Seite und der Verbindungsstrecke hängen vom Anschlußtyp ab. Die SVV-Werte in Tabelle 3-3 stellen den maximalen Betrag für die IPG-Einschränkung dar, der durch jeden Repeater verursacht wird. Die Summe aller SVV-Werte über eine gesamte Strecke hinweg (ohne die rechte Seite) ergibt die IGP-Einschränkung für die gesamte Strecke. Es ist sicherzustellen, daß die Berechnung auf der Seite mit dem größten SVV-Wert begonnen wird, falls sich die linke und die rechte Seite unterscheiden.

Beispiel 2: PVV-Berechnung
In diesem Beispiel erstreckt sich die längste Verbindung über vier Segmente:

- UTP-Verbindung mit 100 m von Datenendgerät A nach 10BASE-T Port von Repeater 1 (linke Seite).
- 10BASE-FL-Verbindung mit 1 km von Repeater 1 nach Repeater 2 (Verbindungsstrecke 1).
- 10BASE-FB-LWL-Verbindung mit 500 m von Repeater 2 nach Repeater 3 (Verbindungsstrecke 2).
- UTP-Verbindung mit 100 m von 10BASE-T Port von Repeater 3 nach Datenendgerät B (rechte Seite).

Der PVV-Wert wird wie folgt berechnet:

a. Linke Seite (DEE A nach Repeater 1)
10BASE-T-SVV Sendeseite = 10,5
Verbindungsstrecke 1 (Repeater 1 nach Repeater 2) 10BASE-FL-SVV = 8
Verbindungsstrecke 2 (Repeater 2 nach Repeater 3) 10BASE-FB-SVV = 2
(rechte Seite wird ignoriert)

Die Gesamtsumme aller SVV-Werte ergibt den Gesamtwert
PVV = 20,5.

Dieser liegt unter dem Maximalwert von 49 Bit, d.h. die IPG-Einschränkung des Netzes entspricht dem Standard.

Redundante Verbindungen

Redundante Verbindungen (Dual Homing oder Vermaschung) werden im wesentlichen benötigt, um im Falle einer Verbindungsunterbrechung alternative Wege schalten oder aber um Daten in großen vermaschten Netzen auf mehreren Wegen transportieren zu können. Eine redundante Verbindung besteht immer aus zwei getrennten LWL-Verbindungen, eine aktive und eine Standby-Verbindung. Wird die aktive Verbindung unterbrochen, zum Beispiel durch Kabelbruch, Partitionierung oder andere Fehler, schaltet die Hardware innerhalb von zehn Mikrosekunden auf die Standby-Verbindung um.

Bay Networks bietet sowohl Host-Module als auch Konzentratoren an, die redundante Verbindungen unterstützen. Der Aufbau von Remote-Verbindungen erfolgt bei den LWL-Komponenten von Bay Networks über ein Remote-Signal, anhand dessen der Status sowohl der Sende- als auch der Empfangsverbindung überprüft wird. Deshalb können nur LWL-Komponenten, die über eine Remote-Signalisierung verfügen, redundante Verbindungen unterstützen. Nach diesem Prinzip funktionieren die LWL-Host-Module der Konzentratoren System 3000 und System 5000.

Eine andere Möglichkeit bieten die Konzentratoren BayStack und System 2000. Diese Systeme prüfen den Verbindungsstatus nicht über ein Remote-Signal, sondern über Software, so daß auch sie für Konfigurationen mit redundanten Verbindungen geeignet sind. Wird zum Beispiel System 2000 eingesetzt, um redundante Verbindungen aufzubauen, und zeigt die LED an, daß die Hauptverbindung unterbrochen ist, schickt der Software Agent eine entsprechende Meldung an das Netzmanagementmodul, damit dieses die Umschaltung auf die zweite – redundante – Verbindung veranlaßt. Sowohl die Kupfer- als auch die LWL-Ports für Backbone- und Konzentratorverbindungen bei BayStack und System 2000 unterstützen redundante Verbindungen.

10BASE-F

10BASE-F ist der Standard für Ethernet-Systeme in Lichtwellenleitertechnik. Er ist in drei Gruppen unterteilt:

- 10BASE-FL (FL = Fiber Link) unterstützt asynchrone Verbindungen und ist kompatibel mit FOIRL. Im Unterschied zu FOIRL basiert 10BASE-FL aber auf leistungsfähigeren Empfängern und ermöglicht dadurch größere Distanzen. 10BASE-FL-Komponenten ermöglichen Datenraten von 10 Mbit/s bis 2000 m Entfernungen in Netzen mit Sterntopologie.
- 10BASE-FB (FB = Fiber Backbone) unterstützt synchrone LWL-Verbindungen, wodurch die Zahl der hintereinander geschalteten Repeater erhöht werden kann. 10BASE-FB unterstützt Datenraten von 10 Mbit/s bis zu einer Segmentlänge von maximal 2000 m, Remote-Signalisierung und Sterntopologien. 10BASE-FB-Komponenten übertragen sowohl Daten als auch Idle-Signale synchron und empfangen Daten, ohne jedes Paket erneut zu synchronisieren.
- 10BASE-FP (FP = Fiber Passive) benutzt eine passive Sterntopologie für eine busähnliche Ausführung. 10BASE-FP hat kaum Bedeutung und wird von Bay Networks deshalb nicht unterstützt.

10BASE-FL- und 10BASE-FB-Interoperabilität

10BASE-FL- und 10BASE-FB-Komponenten unterscheiden sich zum Teil in ihrer Betriebsweise. Die Host-Module von Bay Networks, die den 10BASE-FB-Standard unterstützen, untersuchen automatisch das Signal und konfigurieren sich selbst als 10BASE-FL- oder 10BASE-FB-Komponenten.

Remote-Signalisierung

Der Begriff Remote-Signalisierung wird in der Bay Networks-Terminologie verwendet, wenn von dem im IEEE 802.3-10BASE-FB-Standard spezifizierten Remote Fault Signal gesprochen wird. Da für den 10BASE-FL-Standard keine Remote-Signalisierung spezifiziert wurde, benutzt Bay Networks für einige seiner 10BASE-FL-Komponenten eine proprietäre Version der 10BASE-FB Remote Fault-Signalisierung.

Das Remote Fault Signal wird benutzt, um einen Far End Receive Failure (FERF), d.h. einen Fehler auf der Empfangsseite, zu erkennen. D.h. das Remote Fault Signal wird von einem Port über die Sendefaser ausgeschickt, wenn dieser Port über die Empfangsfaser kein Lichtsignal erhält. Reagieren beide Verbindungsenden auf die Signalisierung, kann der Benutzer sicher sein, daß die Sende- und Empfangsfasern ordnungsgemäß funktionieren.

Da die Remote-Signalisierung dazu dient, den Status der Empfangs- und Sendefaser einer LWL-Verbindung zu testen, wird sie auch für redundante Verbindungen in System 3000 und System 5000 eingesetzt.

Configuration Switching

Einige der System 5000 Host-Module verfügen über Configuration Switching-Funktionen. Unter dem Begriff Configuration oder Per-Port-Switching versteht man die Möglichkeit, einzelne Ports auf einem Host-Modul auf ein beliebiges Segment an der Rückwand des Konzentrators oder auf eines der lokalen Segmente auf dem Modul zu schalten. Die Schaltung erfolgt über Software am Netzmanagementbildschirm (Optivity), d.h. das Umstecken von Kabeln im Rangierfeld entfällt. Dies spart Zeit und Kosten für Netzänderungen.

Configuration Switching bietet folgende Möglichkeiten:

- Benutzer können beliebig zu Arbeits- oder Netzgruppen zusammengefaßt und wieder aufgelöst werden.
- Endgeräte können ohne Netzunterbrechung an das Netz angeschlossen und wieder aus dem Netzbetrieb entfernt werden.
- Systemänderungen, Systeman- und -abschaltungen erfolgen ohne Änderung der Kabelstruktur.
- Es kann die Mikrosegmentierung vereinfachen, indem Benutzer zum Beispiel beliebig in Segmente mit weniger Verkehrsaufkommen geschaltet und dadurch andere Segmente entlastet werden.

Netzmanagementaspekte

Die LAN-Komponenten von Bay Networks sind managebar. Die Agent Software ist entweder auf den Netzmanagementmodulen oder im Konzentrator implementiert.

Ethernet Agents

Mit dem Standard, Advanced und Advanded Analyzer Agent stehen drei Agent-Versionen zur Verfügung. Sie stellen in Ethernet LANs folgende Funktionen bereit:

- Redundante Verbindungen (außer System 2000-Konzentratoren).
- Verteilung der Paketgröße im Netz.
- Verkehrsmatrix zwischen Sende- und Empfangsstation.
- Remote Monitoring (RMON).

Das Ethernet-NMM Modell 5310 für den Konzentrator System 5000 ermöglicht zusätzlich zu den genannten Funktionen die gleichzeitige Überwachung von Ethernet und Token Ring LANs und stellt darüber hinaus die Bay Networks-spezifischen Managementbereiche „Find Nodes" und „Show Nodes" für alle Ethernet-Segmente bereit, ohne daß zusätzlich eine DCE installiert werden muß.

Tabelle 3-4 zeigt die unterschiedlichen Agent-Versionen, die von den Ethernet-NMM und -Konzentratoren unterstützt werden.

Agent-Typ	Version für System 5000	Version für Distributed 5000	SA-Version für System 2000/3000	Version für System 3000	Version für System 2000	Version für Bay Stack (optional NMM)
Advanced Analyzer	NMM Modell 5310 mit einer DCE ab Version 1.1	NMM Modell 5DN310 mit DCE Modell N11	Hub Modell 281xSA, NMM Modell 331xSA ab Version 1.0			BayStack SA NMM
Advanced	NMM Modell 5310 ab Version 1.1*	NMM Modell 5DN310		NMM Modell 331xA ab Version 5.2	Hub Modell 281x ab Version 5.1.1	BayStack Advanced NMM
Standard				NMM Modell 331xA ab Version 5.2	Hub Modell 281x ab Version 5.1.1	BayStack SNMP NMM

* NMM ohne DCE läuft nur mit Standard-Agent-Version.

Tabelle 3-4: Ethernet Agents, -Netzmanagementmodule und -Hubs.

Gewinnung von statistischen Daten bei System 5000

Auf den Ethernet Host-Modulen für System 5000 sind die Software Agents implementiert. Informationen bis auf Port-Ebene werden über den Common Management Bus (CMB) zur Verfügung gestellt.

Werden Probleme angezeigt, kann eine auf dem Netzmanagementmodul installierte DEC in dieses spezielle Netzsegment geschaltet werden, um genauere Analysen durchzuführen und Informationen auf den höheren OSI-Schichten zu erhalten. Die Agent-Versionen 1.1 und später überwachen Ethernet- und Token Ring-Netze gleichzeitig, d.h. jedes NMM meldet Kernstatistiken und kann Aktionen, wie Abschaltung eines Ports, durchführen.

Tabelle 3-5 listet die statistischen Daten auf, die auf Port- oder Segment-Ebene bzw. auf beiden Ebenen bereitgestellt werden.

Zähler für Statistiken pro Port- und Segment-Ebene	Zähler für Statistiken nur pro Port	Zähler für Statistiken nur pro Segment
Short event	Last source address change	Backplane collision
Late collision	Good bytes	
Jabber (very long event)	Lost media	
Backoff failure	Remote fault	
Auto partition	Standby	
Data rate mismatch		
Frame too long		
Misaligned packet		
Invalid interpacket gap		
CRC error		
Collision		
Run packet (with good CRC)		
Packet fragment		
Broadcast packet		
Multicast packet		
Good packet		
Null packet		
Alignment error		
Good octet		

Tabelle 3-5: Kernstatistiken in Ethernet LANs.

IV. Ethernet-Netze mit einem Konzentrator

Ethernet LANs, die nur aus einem Konzentrator bestehen, findet man überall dort, wo wenig Teilnehmer einen Netzzugang benötigen, zum Beispiel in kleinen Firmen oder Außenstellen mit generell wenig Beschäftigten oder in Abteilungen. Für Anwendungen mit geringer Anschlußdichte sind nichtmodulare Konzentratoren wie System 800, BayStack und System 2000 von Bay Networks eine kostengünstige und flexible Lösung. Kapitel IV zeigt Konfigurationsbeispiele, wie mit System 800, BayStack und System 2000 kleine, aus einem einzigen Konzentrator bestehende Netze aufgebaut werden können.

Die Beispiele erläutern einfache Netzkonfigurationen ohne Einsatz eines Netzmanagementsystems, wie sie für Netze mit geringer Anschlußdichte typisch sind (obwohl die Konzentratoren auch mit SNMP-Netzmanagement erhältlich sind).

Die Beispiele gehen außerdem davon aus, daß eine sternförmige Verkabelung und entsprechende Anschlußdosen bereits vorhanden sind.

System 800

System 800 verfügt über 10BASE-T-Schnittstellen zum Anschluß von bis zu 8 Endgeräten, die alle dem gleichen Segment angehören (Abbildung 4-1).

Jedes Ethernet-Endgerät wird über einen 10BASE-T Transceiver und eine Netzschnittstellenkarte (NIC) an die Verkabelung mit ungeschirmtem symmetrischem Vierdraht (UTP-Kabel) angeschlossen. Wird eine Netzschnittstellenkarte mit integriertem Transceiver verwendet, ist keine zusätzlicher externer Transceiver notwendig.

BayStack 10BASE-T Stackable Hub

Der BayStack Hub ist mit 12 oder 24 10BASE-T-Anschlüssen verfügbar (Abbildung 4-2).

Über zwei zusätzliche modular installierbare Media Device Adapter mit 10BASE-T-, 10BASE-F-, 10BASE2- oder AUI-Schnittstellen können weitere Endgeräte angeschlossen werden. In erster Linie sind die Media Device

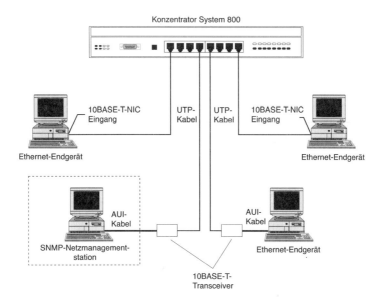

Abbildung 4-1: Ethernet-Netz mit einem System 800-Konzentrator.

Adapter allerdings für Verbindungen zu weiteren Hubs oder für Anschlüsse an das Backbone-Netz gedacht.

Die BayStack-Grundversion stellt einfache Netzmanagementfunktionen bereit, die über ein ASCII-Terminal, das an den Service Port (RS232-Port) angeschlossen wird, abgerufen werden können. An Daten und Funktionen stehen zur Verfügung: Port-Status, Ein-/Abschaltung jedes Ports, Ein-/Abschaltung bestimmter Funktionen. Für detailliertere Netzmanagementinformationen hat jeder BayStack Hub einen separaten Steckplatz für ein Netzmanagementmodul mit unterschiedlichen Agent-Versionen auf der Rückseite.

Die BayStack Hubs zeichnen sich dadurch aus, daß mit Hilfe eines speziellen Kaskadierkabels bis zu zehn Hubs hintereinander geschaltet werden und eine vorhandene Konfiguration so flexibel ausgebaut werden kann. Nähere Informationen über den Einsatz der BayStack Hubs in Netzen mit mehreren Konzentratoren erhalten Sie in Kapitel V.

System 2000

System 2000 bietet Anschlußmöglichkeiten für maximal 16 10BASE-T-Stationen (Abbildung 4-3). Auch sie werden über einen Transceiver und eine Netzschnittstellenkarte bzw. eine Netzschnittstellenkarte mit integriertem Transceiver an die UTP-Verkabelung angeschlossen.

Die Grundversion von System 2000 stellt einfache Netzmanagementfunktionen bereit, die über ein ASCII-Terminal, das an den Service-Port (RS232-Port) angeschlossen wird, abgerufen werden können. An Daten und Funktionen stehen zur Verfügung: Port-Status, Ein-/Abschaltung jedes Ports, Ein-/Abschaltung bestimmter Funktionen.

Neben dieser Grundversion steht System 2000 auch mit erweiterten Netzmanagementfunktionen, zum Beispiel den Funktionen des Standard oder Advanced Agents, zur Verfügung. Dies ist vor allem dann hilfreich, wenn der Konzentrator Teil eines größeren Netzes, zum Beispiel mit System 3000- und System 5000-Konzentratoren, ist und mit in die Gesamtnetzüberwachung integriert werden soll.

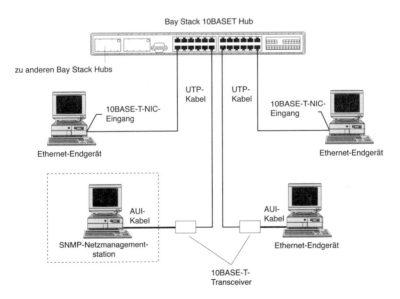

Abbildung 4-2: Ethernet-Netz mit einem BayStack 10BASET Hub.

Oft entsteht die Notwendigkeit, mehr Teilnehmer an das Netz anschließen zu müssen. Deshalb können die System 2000-Konzentratoren von Bay Networks hintereinander geschaltet werden. Die Verbindung von Konzentrator zu Konzentrator erfolgt entweder über den ersten 10BASE-T Port (MDI-X/MDI Port), den separaten AUI- oder LWL-Port für Backbone-Verbindungen oder ein spezielles Kaskadierkabel. In Anwendungen dieser Art werden in der Regel auch detailliertere Managementfunktionen gefordert. Mehr Informationen über den Aufbau von kaskadierten und managebaren Ethernet LANs mit System 2000 erhalten Sie in Kapitel V.

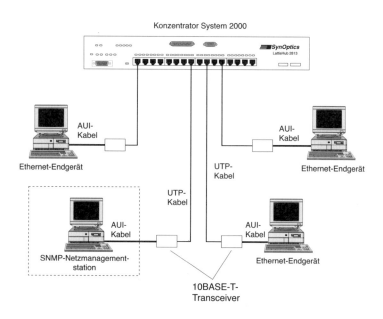

Abbildung 4-3: Ethernet-Netz mit einem System 2000-Konzentrator.

V. Ethernet-Netze mit mehreren Konzentratoren

Große Netze mit mehreren Konzentratoren und Konzentratortypen sind in der Regel als Backbone-Netze nach dem Collapsed oder Distributed Backbone-Konzept aufgebaut. Kapitel V beschreibt die beiden Backbone-Typen und zeigt Beispielkonfigurationen mit den Bay Networks-Konzentratoren System 2000, BayStack Hub, System 3000 und System 5000.

Wiederum wird vorausgesetzt, daß eine strukturierte sternförmige Verkabelung vorhanden ist.

Collapsed Backbone

Das Collapsed Backbone ist eine zentrale Backbone-Architektur, bei der alle Etagen- oder Bereichsnetze über eine jeweils separate Steigbereichsverbindung auf einen zentralen Konzentrator geführt werden. Dieser ist im Netzzentrum installiert und stellt sowohl die Verbindung zu den Arbeitsgruppennetzen, den Etagen- oder Bereichsnetzen als auch zu den im Netzzentrum installierten zentralen Ressourcen wie Server und Router her (Abbildung 5-1). Arbeitsgruppen, deren Server nicht auf der Etage, sondern im Netzzentrum stehen, können über den Hub mit dem Server verbunden werden, ohne daß ein Router zwischengeschaltet werden muß. Ein Router wird nur dann benötigt, wenn eine typische Subnetzstruktur eingeführt werden soll, zum Beispiel um den Verkehr aus den Etagennetzen aus dem Backbone-Bereich fernzuhalten, um Daten zwischen unterschiedlichen LANs, zum Beispiel zwischen den Ethernet-Etagennetzen und einem FDDI Backbone, zu transportieren, oder um einen WAN-Zugang herzustellen.

Ein Collapsed Backbone hat folgende Merkmale:

- Alle Router sind zentral im Netzzentrum installiert.
- Das gesamte Backbone-Netz beschränkt sich auf das Netzzentrum.
- Alle Server sind zentral aufgestellt.

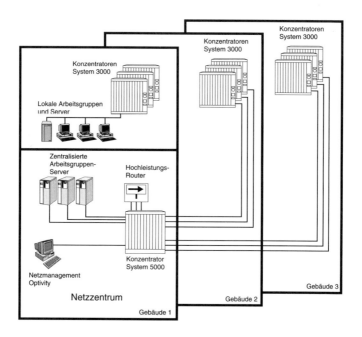

Abbildung 5-1: Ethernet Backbone mit zentraler Struktur.

Distributed Backbone

Verteilte Backbone-Strukturen findet man in der Regel in Unternehmen, in denen sich einzelne Abteilungen ein LAN in Eigenregie aufgebaut haben und dieses auch selbst verwalten. Meist sind die Abteilungen über einen Router, der ebenfalls dezentral im Abteilungsnetz installiert ist, mit dem Unternehmens-Backbone-Netz verbunden. Eine verteilte Backbone-Struktur ist typisch für Unternehmen mit einer verteilten DV- oder Ressourcen-Organisation.

In einer verteilten Backbone-Topologie übernimmt jedes Segment in einem Konzentrator im Verteilerraum die Funktion eines Backbone-Netzes (Abbildung 5-2). Die Arbeitsgruppen- und Abteilungsnetze sind über lokal installierte Internetworking-Komponenten wie Brücken und Router mit dem Unternehmens-Backbone-Netz verbunden.

Typische Kennzeichen einer verteilten Backbone-Struktur sind:

- Alle Arbeitsgruppen haben Zugang zum (lokalen) Backbone.
- Lokaler Verkehr, d.h. Verkehr, der innerhalb der Arbeitsgruppe anfällt, bleibt lokal.
- Verkehr zwischen den Arbeitsgruppen wird über das Unternehmens-Backbone transportiert, das sich alle Arbeitsgruppen und Abteilungen teilen.

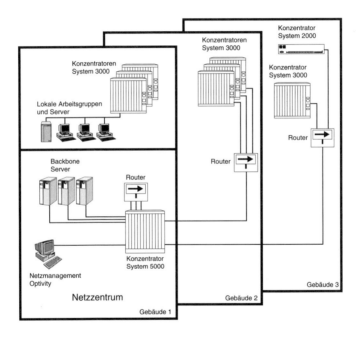

Abbildung 5-2: Ethernet Backbone mit verteilter Struktur.

Kaskadierung von Konzentratoren

Einige der Bay Networks-Konzentratormodelle, zum Beispiel System 2000, BayStack und Distributed 5000, können kaskadiert, d.h. hintereinander geschaltet werden. Kaskadierte Konzentratoren bestehen zwar aus mehreren Einzelkonzentratoren, sie verhalten sich aber bei Benutzung des speziellen

Kaskadierkabels wie ein Gesamtsystem. Sie zählen in Ethernet LANs als ein Repeater-System, so daß der Anwender flexibel Teilnehmer anschalten kann, ohne dadurch die Zahl der maximal möglichen Repeater in einem Ethernet LAN zu überschreiten. Typisch für kaskadierte Ethernet LANs ist weiterhin, daß ein Konzentrator die Managementfunktionen für alle anderen kaskadierten Hubs und die daran angeschlossenen Endgeräte bereitstellt.

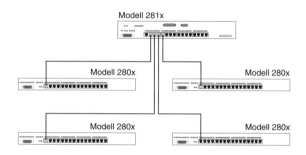

Abbildung 5-3: Kaskadierte Ethernet-Konzentratoren System 2000.

Verbindungen zwischen BayStack-Konzentratoren

Die BayStack-Konzentratoren ermöglichen Verbindungen von der Vorder- und Rückseite.

Verbindungen in einer Stack-Konfiguration

Auf der Rückseite befinden sich pro Hub jeweils zwei Schnittstellen zur Kaskadierung über ein Kaskadierkabel. Über dieses Kaskadierkabel werden

- drei separate Ethernet-Pfade,
- die Stack-Managementinformationen,
- die Informationen über die Stack-Position der Hubs

übertragen.

Jeder Hub im Stack kann entweder einem dieser drei Segmente oder einem isolierten Segment zugeordnet werden. Bei Kaskadierung der Hubs über das Kaskadierkabel zählen alle Hubs des gleichen Segments als ein Repeater. Es können bis zu zehn Hubs hintereinander geschaltet werden.

Je nach Managementanforderung sind entweder ein Hub pro Stack oder aber ein Hub pro Segment mit einem Netzmanagementmodul auszurüsten.

Verbindungen in einer Remote-Konfiguration

Zwei oder mehrere BayStack Hubs können entweder über die Media Device Adapter (MDA) oder über den MDI-X/MDI Port miteinander verbunden werden. Die beiden MDA sind modular, d.h. sie können entweder mit einer 10BASE-T-, 10BASE-FL-, 10BASE2- oder AUI-Schnittstelle bestückt werden. Diese stellen die Verbindung zu einem Backbone-Netz oder zu einem anderen Konzentrator her. Der MDI Port ist der erste 10BASE-T Port jedes BayStack-Konzentrators, der alternativ auch zum Anschluß eines Endgeräts verwendet werden kann.

Werden in einem Netz mehrere Konzentratoren eingesetzt, müssen folgende Konfigurationsregeln berücksichtigt werden:

- Keines der Segmente mit UTP-Kabel der Kategorie 3 darf länger als 100 m, mit UTP-Kabel der Kategorie 5 länger als 180 m sein.
- Die SQE-Testfunktion auf dem Transceiver, der am AUI Port des BayStack Hubs angeschlossen ist, muß ausgeschaltet sein.
- In einem Segment dürfen maximal fünf Hubs (Repeater) installiert sein (Achtung: Ein kaskadiertes System zählt nur als ein Repeater). Sollen mehr als fünf Konzentratoren miteinander verbunden werden, muß eine Brücke oder ein Router dazwischengeschaltet werden.
- Soll der erste 10BASE-T Port eines BayStack Hubs zur Verbindung mit einem anderen Konzentrator benutzt werden, muß dieser als MDI Port eingestellt sein und mit dem MDI-X Port des gegenüberliegenden Konzentrators (Port 2 bis 12 bzw. 12 bis 24) verbunden werden. Hierzu verfügt jeder Konzentrator am Port 1 über einen MDI-X/MDI-Schalter.

Mögliche Verbindungsvarianten

Es gibt mehrere Varianten, wie Bay Networks Hubs miteinander verbunden werden können: über den AUI, 10BASE-FL, 10BASE-T, 10BASE2 oder den MDI/MDI-X Port.

AUI Port-Verbindung
Jeder BayStack Ethernet-Konzentrator kann über den AUI MDA mit einer IEEE 802.3-kompatiblen Media Access Unit (MAU), zum Beispiel einem Transceiver, verbunden werden. Über den AUI Port und einen nachgeschalteten 10BASE5 Transceiver kann der Konzentrator beispielsweise an ein Koaxialkabel-Backbone-Netz angeschlossen werden. Ebenso ist es möglich, den Konzentrator über den AUI Port und eine Fiber Optic Medium Attachment Unit (FOMAU), zum Beispiel LWL-Transceiver, entweder mit dem LWL-Port eines anderen Konzentrators oder mit einem LWL-Backbone-Netz zu verbinden.

10BASE-FL-Verbindung
Bei Einsatz eines BayStack-Konzentrators mit 10BASE-FL MDA ist der Direktanschluß an ein LWL-Backbone-Netz bzw. an einen anderen Konzentrator mit LWL-Port möglich. Die LWL-Ports der beiden Konzentratoren werden über ein LWL-Verbindungskabel zusammengeschlossen, wobei die TX-Schnittstelle mit der RX-Schnittstelle verbunden wird.

10BASE2-Verbindung
Ist der MDA mit einer 10BASE2-Schnittstelle bestückt, kann der Konzentrator an ein Koaxialkabel-Backbone über einen Koax-Abzweig angeschlossen werden.

10BASE-T-Verbindung
Zwei BayStack-Konzentratoren können über den 10BASE-T MDA und ein UTP-Kabel miteinander verbunden werden. Dabei ist zu beachten, daß auf der gegenüberliegenden Seite ein MDI-X Port zur Verbindung benutzt wird. Wird die Verbindung zwischen zwei MDI Ports aufgebaut, ist ein UTP-Kreuzkabel einzusetzen.

Bei allen BayStack Hubs ist der erste 10BASE-T-Teilnehmeranschluß-Port (nicht MDA) als MDI Port konfiguriert und kann auf MDI-X-Einstellung umkonfiguriert werden.

MDI Port-Verbindung

BayStack-Konzentratoren können über den MDI/MDI-X Port miteinander verbunden werden. Jeweils der erste der insgesamt 12 oder 24 10BASE-T Ports eines BayStack-Konzentrators ist als MDI-X Port konfiguriert. Eine MDI/MDI-X-Verbindung läuft grundsätzlich vom MDI zum MDI-X Port. D.h. erfolgt die Verbindung von Port 1 (MDI Port) zu einem der Ports 2 bis 12 oder 2 bis 24 des gegenüberliegenden Konzentrators, ist keine Einstellung notwendig. Erfolgt die MDI-MDI-X-Verbindung aber von Port 1 des ersten Konzentrators zu Port 1 des zweiten Konzentrators, muß einer der beiden Ports manuell über den vorhandenen Schalter als MDI Port konfiguriert werden.

BayStack Hubs in einem Multisegment-Stack

Die BayStack Hubs können neben den oben beschriebenen Grundkonfigurationen auch mit einer Konfiguration mit verlängerter Netzwerküberwachung über mehrere Hub-Standorte eingesetzt werden (Abbildung 5-4). Hierzu erfolgt die Übertragung der Netzmanagementdaten über ein separates UTP-Kabel zwischen den Management Extension Ports auf der Hub-Rückseite.

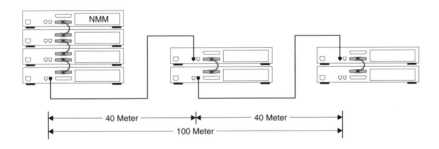

Abbildung 5-4: Stack mit verlängerter Netzmanagementüberwachung.

Bei dieser Konfiguration sind folgende Regeln zu beachten:

- Der Stack darf aus maximal zehn Hubs bestehen.
- Die Verlängerung darf insgesamt 100 m nicht überschreiten.
- Die Verlängerung zwischen den Management Extension Ports muß über ein UTP-Kabel mit RJ45-Steckern erfolgen.
- Die Verlängerung überträgt ausschließlich Netzmanagementinformationen, aber keine Netzdaten. Für Datenverkehr ist eine Hub-Verbindung, wie oben beschrieben, erforderlich.

Beispiel

Abbildung 5-5 zeigt eine BayStack-Konfiguration über mehrere Segmente und Netzmanagementverlängerung.

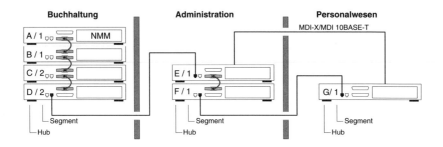

Abbildung 5-5: Multisegment-Stack mit drei Kaskaden und Netzmanagementverlängerung.

Die BayStack-Konfiguration besteht aus:

- Vier Hubs (A, B, C, D) für die Abteilung Buchhaltung, wobei in Hub A das Netzmanagementmodul für die gesamte Konfiguration installiert ist.
- Eine abgesetzte kaskadierte Hub-Gruppe in der Abteilung Administration (Hub E und F).
- Ein einzelner abgesetzter Hub (als Remote-Kaskade zu betrachten) für die Abteilung Personalwesen (Hub G).
- Eine Managementverlängerung zwischen jeder kaskadierten Hub-Gruppe.
- Eine MDI/MDI-X-Datenverbindung zwischen Gruppe E und G.

Die drei kaskadierten Gruppen des gesamten Stacks arbeiten in unterschiedlichen Räumen, 60 m und 40 m voneinader entfernt, d.h. sie halten die Entfernungsbegrenzungen ein. Entsprechend der Abbildung 5-5 sind die einzelnen Hubs unterschiedlichen Segmenten zugeordnet.

Die Verbindungen sind wie folgt aufgebaut:

- Hub A und B gehören demselben Segment an, stellen einen Ethernet Repeater dar und werden beide durch das NMM mit Advanced Agent überwacht.

- Hub C und D befinden sich im gleichen Segment, stellen einen Ethernet Repeater dar und werden beide mit dem Standard Agent überwacht.
- Die Hubs E, F und G sind im gleichen Segment (aufgrund der MDI/MDI-X-Verbindung zwischen Hub E und G), Hub E und F bilden allerdings einen Ethernet Repeater, und Hub G bildet einen weiteren Repeater. Alle drei Hubs werden mit dem Standard Agent überwacht.

Verbindungen zwischen BayStack- und System 2000-, System 3000- und System 5000-Konzentratoren

BayStack Hubs können mit anderen Bay Networks-Konzentratoren verbunden werden. Die möglichen Verbindungsvarianten werden in den folgenden Abschnitten vorgestellt.

Verbindungen zwischen System 2000-Konzentratoren

Zwei oder mehrere System 2000-Konzentratoren können entweder über den Backbone Port oder über den MDI-X/MDI Port miteinander verbunden werden. Der Backbone Port ist ein separater 10BASE-FL oder AUI Port auf der Vorderseite des Konzentrators. Der MDI Port ist der erste 10BASE-T Port des Konzentrators, der alternativ auch zum Anschluß eines Endgerätes verwendet werden kann.

Werden in einem Netz mehrere Konzentratoren eingesetzt, müssen folgende Konfigurationsregeln berücksichtigt werden:

- Keines der Segmente mit UTP-Kabel der Kategorie 3 darf länger als 100 m, mit UTP-Kabel der Kategorie 5 länger als 180 m sein.
- Die SQE-Testfunktion auf dem Transceiver, der am AUI Port von System 2000 angeschlossen ist, muß ausgeschaltet sein.
- In einem Segment dürfen maximal vier Hubs (Repeater) installiert sein. (Achtung: Ein kaskadiertes System zählt nur als ein Repeater). Sollen mehr als vier Konzentratoren miteinander verbunden werden, muß eine Brücke oder ein Router dazwischengeschaltet werden.

- Soll der erste 10BASE-T Port eines System 2000 Hubs zur Verbindung mit einem anderen Konzentrator benutzt werden, muß dieser als MDI Port eingestellt sein und mit dem MDI-X Port des gegenüberliegenden Konzentrators (Port 2 bis 16) verbunden werden. Hierzu verfügt jeder Konzentrator am Port 1 über einen MDI-X/MDI-Schalter.

Mögliche Verbindungsvarianten

Grundsätzlich gibt es drei Varianten, wie Bay Networks Hubs miteinander verbunden werden können: über den AUI, den 10BASE-FL oder den MDI/MDI-X Port.

AUI Port-Verbindung

Jeder System 2000-Ethernet-Konzentrator kann über den AUI Port mit einer IEEE 802.3-kompatiblen Media Access Unit (MAU), zum Beispiel einem Transceiver, verbunden werden. Über den AUI Port und einen nachgeschalteten 10BASE5 Transceiver kann der Konzentrator zum Beispiel an ein Koaxialkabel-Backbone-Netz angeschlossen werden. Ebenso ist es möglich,

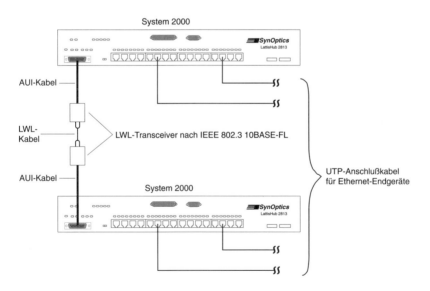

Abbildung 5-6: AUI Port-Verbindung über LWL-Backbone-Netz.

den Konzentrator über den AUI Port und eine Fiber Optic Medium Attachment Unit (FOMAU), zum Beispiel LWL-Transceiver, entweder mit dem LWL-Port eines anderen Konzentrators oder mit einem LWL-Backbone-Netz zu verbinden. Abbildung 5-6 zeigt zwei System 2000-Konzentratoren, die über ihre AUI-Schnittstelle und einen 10BASE-FL Transceiver über ein LWL-Backbone-Netz miteinander verbunden sind.

10BASE-FL-Verbindung

Bei Einsatz eines System 2000-Konzentrators mit 10BASE-FL Port ist der Direktanschluß an ein LWL-Backbone-Netz bzw. an einen anderen Konzentrator mit LWL-Port möglich. Die LWL-Ports der beiden Konzentratoren werden über ein LWL-Verbindungskabel zusammengeschlossen, wobei die TX-Schnittstelle mit der RX-Schnittstelle verbunden wird.

MDI Port-Verbindung

Zwei System 2000-Konzentratoren können über den MDI-/MDI-X Port und ein UTP-Kabel miteinander verbunden werden. Jeweils der erste der insgesamt 16 10BASE-T Ports eines System 2000-Konzentrators ist als MDI Port einstellbar, jeder zweite bis 16. Port eines System 2000-Konzentrators ist als MDI-X Port konfiguriert. Eine MDI/MDI-X-Verbindung läuft grundsätzlich vom MDI zum MDI-X Port. D.h. erfolgt die Verbindung von Port 1 (MDI Port) zu einem der Ports 2 bis 16 des gegenüberliegenden Konzentrators, ist keine Einstellung notwendig. Erfolgt die MDI-MDI-X-Verbindung aber von Port 1 des ersten Konzentrators zu Port 1 des zweiten Konzentrators, muß einer der beiden Ports manuell über den vorhandenen Schalter als MDI Port konfiguriert werden.

Verbindungen zwischen System 2000- und System 3000-Konzentratoren

Konzentratoren vom Typ System 2000 und System 3000 können jederzeit miteinander verbunden werden.

Mögliche Verbindungsvarianten

Üblicherweise wird System 2000 mit System 3000 über einen Port auf einem Host-Modul oder mit dem LWL-Port am Netzmanagement- bzw. Retiming-Modul verbunden.

AUI Port-Verbindung

System 2000 kann über den AUI Port und einen IEEE 802.3-kompatiblen LWL-Transceiver (FOMAU) mit einem LWL-Port eines LWL-Host-Moduls in System 3000 verbunden werden (Abbildung 5-7).

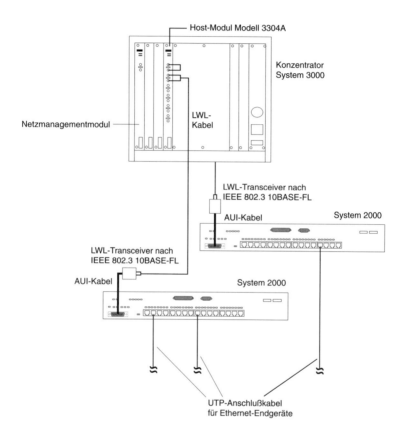

Abbildung 5-7: AUI-Verbindung von System 2000 nach System 3000.

LWL-Port-Verbindung

System 2000 kann über den 10BASE-FL Port direkt mit einem LWL-Port eines LWL-Host-Moduls in System 3000 oder mit dem LWL-Port am Netzmanagement- bzw. Retiming-Modul verbunden werden (Abbildung 5-8).

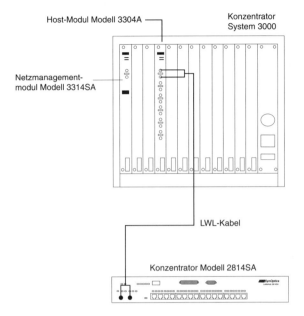

Abbildung 5-8: LWL-Verbindung von System 2000 nach System 3000.

Verbindungen zwischen System 3000-Konzentratoren

In großen hierarchisch strukturierten Netzen kommen i.d.R. mehrere Konzentratoren und Konzentratortypen, zum Beispiel System 800, BayStack, 2000, 3000 usw., zum Einsatz, die untereinander verbunden werden müssen.

Ein System 3000-Konzentrator bietet sowohl Anschlußmöglichkeiten für Endgeräte als auch für Konzentratoren. Die Verbindung von einem Konzentrator zum nächsten erfolgt auf die gleiche Art und Weise wie eine Verbindung zwischen einem Konzentrator und einer Endstation. Ein System 3000-Konzentrator auf der unteren Netzebene wird mit einem Hostport eines Konzentrators auf der nächst höheren Netzebene verbunden. Der Hostport kann sich auf einem der folgenden Module befinden:

- Retiming- oder Netzmanagementmodul,
- Host-Modul,
- Ethernet Switch-Modul,
- Ethernet Router-Modul.

Mögliche Verbindungsvarianten

Folgende zwei Verbindungsvarianten zwischen zwei System 3000-Konzentratoren werden empfohlen:

- Verbindung zwischen dem AUI Port und einer IEEE 802.3-MAU oder FOMAU zu einem Hostport im Konzentrator der nächst höheren Netzebene. Die Verbindung kann über ein 10BASE-T-, UTP-, STP- oder LWL-Kabel erfolgen.
- Verbindung zwischen dem FOIRL Port des Ausgangskonzentrators und dem FOIRL Port auf einem Modul im Konzentrator der nächst höheren Ebene.

Zur Verbindung zwischen zwei Konzentratoren können die gleichen Kabeltypen wie beim Endgeräteanschluß verwendet werden. Befinden sich die beiden Konzentratoren im gleichen Verteilerraum, kann die Verbindung der beiden Konzentratoren über ein typisches Endgeräteanschlußkabel erfolgen. Sind die beiden zu verbindenden Konzentratoren in Verteilerräumen zum Beispiel auf unterschiedlichen Etagen installiert, dient zur Verbindung der beiden die Steigbereichsverkabelung.

AUI Port-Verbindung
Wird zur Verbindung die AUI-Schnittstelle verwendet, muß, je nach vorhandenem Kabeltyp, ein 10BASE-T-, UTP-, STP- oder LWL-Transceiver eingesetzt werden (Abbildung 5-9).

LWL-Port-Verbindung
Zwei Konzentratoren können direkt über eine LWL-Strecke ohne Zwischenschaltung eines Transceivers miteinander verbunden werden. Die Verbindung läuft vom 10BASE-FL Port oder FOIRL Port eines Ethernet Retiming- oder Netzmanagementmoduls zu einem LWL-Port eines Host-Moduls (Abbildung 5-10).

Verbindungen zwischen System 3000- und System 5000-Konzentratoren

System 3000 wird vorzugsweise in den Etagen- und Gebäudeverteilern eingesetzt, während System 5000 als High-End-Konzentrator für Anwendungen im Netzzentrum konzipiert ist. In einer strukturierten Verkabelung sind die

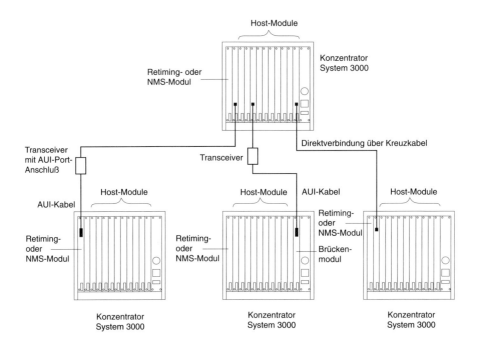

Abbildung 5-9: Verbindung von zwei System 3000-Konzentratoren über die AUI-Schnittstelle.

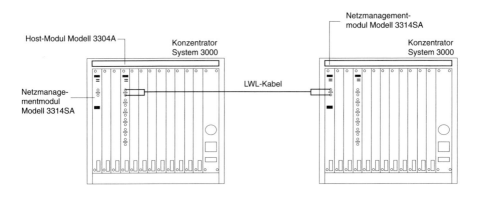

Abbildung 5-10: Verbindung von zwei System 3000-Konzentratoren über die LWL-Schnittstelle.

Etagenkonzentratoren in der Regel mit dem Konzentrator im Netzzentrum verbunden, der die Verbindung zu den zentralen Ressourcen, zu Netzen in anderen Gebäuden oder zum WAN herstellt.

Mögliche Verbindungsvarianten

Ein System 3000-Konzentrator, der in einem Verteilerraum in einem Gebäude installiert ist, wird mit System 5000 im Netzzentrum über die Steigbereichsverkabelung, die meist in LWL-Technik ausgeführt ist, angeschlossen. Die Verbindung kann auch redundant ausgeführt werden (Abbildung 5-11).

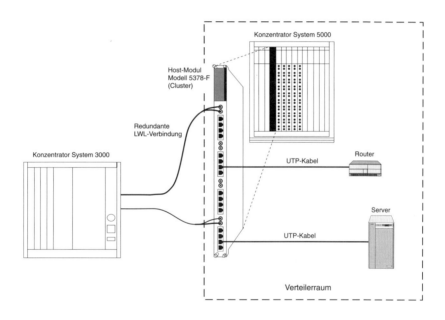

Abbildung 5-11. Redundante Verbindung zwischen System 3000 und System 5000.

Verbindungen zwischen System 5000-Konzentratoren

System 5000-Konzentratoren im Netzzentrum können miteinander verbunden werden, um große Campus-Netze zu bilden (Abbildung 5-12).

Mögliche Verbindungsvarianten

Die Kopplung von zwei System 5000-Konzentratoren, die im gleichen Netzzentrum installiert sind, erfolgt über ein LWL-Verbindungskabel, bei redundanter Ausführung über zwei LWL-Verbindungskabel (Abbildung 5-12).

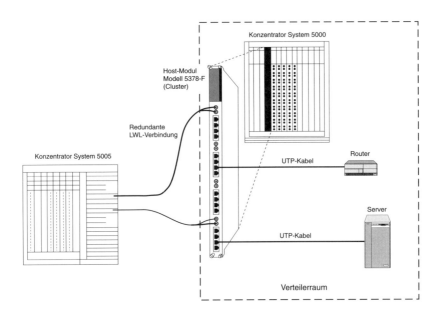

Abbildung 5-12: Redundante Verbindung zwischen zwei System 5000-Konzentratoren.

Wird statt System 5000 ein System Distributed 5000 eingesetzt, sind die gleichen Verbindungsvarianten möglich.

BayStack, System 2000, System 3000 und System 5000 in einem Netz

Die Bay Networks-Konzentratoren können gemeinsam in einem Netz eingesetzt werden.

Mögliche Verbindungsvarianten

Die Arbeitsgruppen- und Abteilungsnetze auf den Etagen, die entweder mit BayStack, System 2000 oder System 3000 realisiert sind, werden über eine jeweils separate LWL-Steigbereichsverbindung mit System 5000 im Netzzentrum verbunden.

VI. Die aufkommenden 100BASE-T-Standards

Das folgende Kapitel beschäftigt sich mit neuen Entwicklungen im Ethernet-Bereich und diskutiert Themen wie:

- Die Notwendigkeit von Ethernet LANs mit hohen Geschwindigkeiten und ihre Bedeutung in Client/Server-Umgebungen.
- Die Rolle der IEEE bei der Definition von Standards für Ethernet LANs mit hohen Geschwindigkeiten.
- Die Definition der Bitübertragungsschicht und der Mediaspezifikationen für 100BASE-T.
- Richtlinien für den Aufbau von 100BASE-T-Netzen.
- Möglichkeiten, wie 10BASE-T- in 100BASE-T-Umgebungen migrieren können.

Definition von 100BASE-T

Ethernet LANs nach 100BASE-T unterscheiden sich von herkömmlichen Ethernet-Netzen nur in der höheren Übertragungsgeschwindigkeit. Mit einer zehnfach höheren Übertragungsgeschwindigkeit als 10BASE-T-Netze verbessern sie die Bandbreite und das Antwortzeitverhalten für Anwendungen und Benutzer entscheidend. Da 100BASE-T ebenfalls das CSMA/CD-Verfahren benutzt, können 100BASE-T-Komponenten in vorhandene Ethernet-Umgebungen integriert werden, ohne daß entscheidende Veränderungen, zum Beispiel der Verkabelung, oder hohe Ausgaben notwendig werden.

100BASE-T-Umgebungen werden wie traditionelle Ethernet LANs in Sterntopologie mit den verbreiteten Kabeltypen wie ungeschirmtes symmetrisches Vierdrahtkabel (UTP), geschirmtes symmetrisches Vierdrahtkabel (STP) und Lichtwellenleiterkabel aufgebaut.

Die maximale Größe einer 100BASE-T Collision Domain liegt aufgrund der höheren Geschwindigkeit unter der einer 10BASE-T Collision Domain. Dadurch wird sichergestellt, daß alle Stationen im Netz Kollisionen trotz der höheren Datenrate erkennen können. Nachteile ergeben sich dadurch in der Regel kaum, da in den meisten Installationen heute genügend Internetworking-Komponenten vorhanden sind, die die kleineren Netzsegmente wieder zu einem Gesamtnetz verbinden.

Die Notwendigkeit von 100BASE-T

Die Nachfrage nach 100BASE-T, auch Fast Ethernet genannt, ist durch die schnelle Verbreitung leistungsfähiger Personal Computer in 10BASE-T-Netzen und der damit verbundenen Notwendigkeit der Bandbreitenerhöhung entstanden. Die Verbesserung der Prozessor- und Speichertechnik hat dazu beigetragen, daß die neuen Workstations zuverlässig und sicher arbeiten, und so auch für geschäftskritische Anwendungen eingesetzt werden können. Mit den Hochleistungsrechnern sind neue, leistungsfähige Anwendungen entwickelt worden, die schnellere Antwortzeiten in Client-Server-Umgebungen erfordern. Bildverarbeitung, Desktop Publishing, computerunterstütztes Entwickeln, Sprach- und Video-Anwendungen sind nur einige Beispiele hierfür.

Weiterhin leidet die Performance in den heutigen LANs unter der kontinuierlichen Verschlechterung des Client-Server-Verhältnisses. Studien zeigen, daß sich die Zahl der zu vernetzenden Endgeräte in den kommenden Jahren stark erhöhen, und damit mehr Bandbreite denn je benötigt wird. Je mehr Teilnehmer aber mit neuen, leistungsfähigen Workstations arbeiten, desto eher werden die heutigen 10BASE-T LANs ihre Leistungsgrenze erreichen. Server-Engpässe und schlechte Antwortzeiten sind für viele Benutzer heute schon Normalität. Deshalb lag es im Interesse von Anwendern und Herstellern, einen Standard für schnelle Ethernet LANs zu entwickeln, was mit dem 100BASE-T-Standard unter IEEE 802.3u erfolgt ist.

Da Bay Networks die 100VG-AnyLAN-Technologie, die nicht auf dem CSMA/CD-Verfahren basiert, nicht unterstützt, wird sie in den folgenden Kapiteln nicht diskutiert.

Das OSI-Modell und 100BASE-T

Abbildung 6-1 zeigt die Beziehungen zwischen den unteren Schichten des OSI-Modells und der 100BASE-T-Struktur.

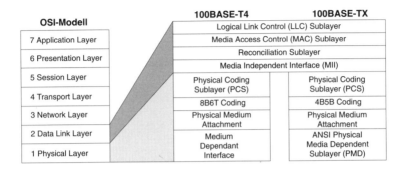

Abbildung 6-1: OSI-Modell und 100BASE-T-Standard.

MAC-Teilschicht

Beim IEEE 802.3u-Standard ist die Beibehaltung des CSMA/CD-Zugriffsverfahrens auf der MAC-Teilschicht von Schicht 2 entscheidend. Fast Ethernet reduziert lediglich die „Bitzeit", d.h. die Dauer für die Übertragung eines Bits, um den Faktor zehn. Dadurch ist eine zehnmal so hohe Übertragungsgeschwindigkeit wie in 10BASE-T-Netzen möglich. Ansonsten bleibt die MAC-Teilschicht unverändert. Die Ethernet-Paketlänge, die Mechanismen zur Fehlerkontrolle und die Managementinformationen sind in 100BASE-T- und 10BASE-T-Netzen identisch.

Media Independent Interface Sublayer

Die Teilschicht Media Independent Interface (MII) ermöglicht die Verbindung zwischen der MAC-Teilschicht der Physical-Teilschicht (PHY) und den Station Management-Einheiten (STA). Die MII-Teilschicht unterstützt Datenraten von 10 Mbit/s und 100 Mbit/s in Sende- und Empfangsrichtung.

Spezifikation der Kabelmedien

100BASE-T ermöglicht eine Übertragungsgeschwindigkeit von 100 Mbit/s über ungeschirmtes symmetrisches Vierdrahtkabel (UTP) der Kategorie 3, 4 oder 5 sowie über geschirmtes symmetrisches Vierdrahtkabel (STP, Typ 1) und Lichtwellenleiterkabel. Damit werden alle Kabeltypen abgedeckt, die auch in herkömmlichen Ethernet-Installationen zu finden sind. 100BASE-T-Komponenten können somit in nahezu jeder vorhandenen 10BASE-T-Umgebung unter Nutzung der installierten Kabelinfrastruktur eingesetzt werden. Mit 100BASE-T sind drei Kabelspezifikationen verbunden:

- 100BASE-TX,
- 100BASE-FX,
- 100BASE-T4.

Abbildung 6-2 zeigt einen Vergleich zwischen den in 10BASE-T definierten Kabeltypen und den Möglichkeiten, die 100BASE-T bietet.

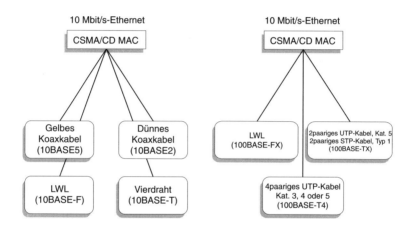

Abbildung 6-2: Vergleich der bei 10BASE-T und 100BASE-T möglichen Kabeltypen.

100BASE-TX

100BASE-TX unterstützt die Übertragung von Ethernet-Daten mit 100 Mbit/s Übertragungsgeschwindigkeiten in Sende- und Empfangsrichtung über UTP-Kabel der Kategorie 5 und Typ-1-Kabel, wobei zwei Aderpaare zur Übertragung benutzt werden. 100BASE-TX basiert auf der FDDI PMD-Spezifikation, die vom American National Standards Institute (ANSI) in X3T9.5 spezifiziert wurde.

In den meisten Installationen werden die Systeme über RJ45-Stecker an das Aderpaar angeschlossen, für den Anschluß an STP-Kabel können auch Konverter benutzt werden.

100BASE-FX

100BASE-FX entspricht der FDDI PMD-Spezifikation für LWL-Verbindungen über Multimodefasern. Die Übertragung erfolgt über zwei Fasern und nutzt das 4B/5B-Kodierungsverfahren.

Der IEEE 802.3u-Standard bevorzugt für 100BASE-FX-Verbindungen den SC-Stecker, läßt aber auch MIC- und ST-Stecker (mit Bajonett-Verschluß) zu. Die für den Anschluß des zweifasrigen Multimodekabels mit 62,5/125 µm Kern /Manteldurchmesser benutzten SC-Stecker müssen den Spezifikationen nach TIA-568SC entsprechen. Nähere Informationen erhalten Sie im Anhang A „Kabel".

100BASE-T4

100BASE-T4 richtet sich an Benutzer, die Kategorie-3, -4 oder -5-Kabel mit vier Aderpaaren einsetzen. 100BASE-T4 basiert auf einem 8B6T-Kodierungsschema, das drei Aderpaare für das Senden und Empfangen von Daten und das vierte Aderpaar für die Kollisionserkennung benutzt. Dieses Verfahren erlaubt höhere Geschwindigkeiten als die in 10BASE-T-Netzen übliche Manchester-Codierung. Als Datenstecker wird der RJ45-Stecker eingesetzt.

Regeln und Empfehlungen für den Aufbau von 100BASE-T-Netzen

Bei der Realisierung von 100BASE-T-Netzen sind zu beachten:

- Maximale Entfernungen und Einschränkungen durch das Kabel.
- Repeater-Regeln.
- Einsatz von Hubs mit Shared Media- oder Switching-Technologie.
- Kaskadierung von Switch-Systemen.

Entfernungsbegrenzungen und Kabeleinschränkungen

Um die Spezifikationen des IEEE 802.3u-Standards einzuhalten und einen fehlerfreien Netzbetrieb zu gewährleisten, müssen die in Tabelle 6-1 aufgelisteten Segmentlängen von Datenendgerät zu Datenendgerät (DEE-zu-DEE) eingehalten werden.

Mediatyp	Kabeltyp	Maximale Segmentlänge (m)
100BASE-TX	UTP, Kategorie 5	100
100BASE-FX	Multimodefaserkabel (62,5/125)	412
100BASE-T4	UTP, Kategorie 3, 4, und 5	100

Tabelle 6-1: Maximale Entfernungen zwischen zwei 100BASE-T-Datenendgeräten.

Repeater-Regeln

Der 100BASE-T-Standard definiert zwei Repeater-Typen, Klasse-1- und Klasse-2-Repeater. Repeater der Klasse 1 begrenzen die Zahl der in einer physikalischen Domain einsetzbaren Repeater auf einen, da das restliche Verzögerungsbudget für die Übersetzung zwischen unterschiedlichen Signaltypen, für die Kaskadierung von Repeatern o.ä. reserviert ist. Repeater der Klasse 1 ermöglichen die Verbindung unterschiedlicher physikalischer Signalisierungssysteme, zum Beispiel 100BASE-TX mit 100BASE-T4 oder 100BASE-FX. Nähere Informationen finden Sie im Kapitel „Berechnung der Paketumlaufverzögerung".

Werden Repeater der Klasse 2 (auch „Transparent-Repeater" genannt) verwendet, können pro Collision Domain maximal zwei Repeater eingesetzt werden, die allerdings nur Ports für ein einheitliches physikalisches Signalisierungssystem bieten (zum Beispiel entweder 100BASE-TX oder 100BASE-T4 oder 100BASE-FX).

Die 100BASE-T Hubs von Bay Networks für Shared Media LANs sind von ihrer Funktion her Klasse-1-Repeater. Sie zählen in einer kaskadierten Konfiguration als ein einziger Repeater mit mehreren Teilnehmeranschlüssen. Jeder Repeater (oder jedes Repeater Stack) kann wie eine einzige Repeater-Einheit überwacht werden. Tabelle 6-2 zeigt die maximale Entfernungen zwischen DEE und DEE in einer Collision Domain mit einem Repeater der Klasse 1.

Repeater	Kupfer	LWL	Kupfer & LWL (TX und FX)	Kupfer & LWL (T4 und FX)
Klasse 1	200 m	272 m	260,8 m	231 m

Tabelle 6-2: Max. Entfernung einer Collision Domain bei Einsatz eines Repeaters der Klasse 1.

Besteht ein Netz aus mehreren Mediatypen, zum Beispiel 100BASE-TX und 100BASE-FX, muß die Gesamtentfernung für beide Mediatypen unter Zugrundelegung der jeweils längsten Verbindung jedes Mediatyps berechnet werden. Die Gesamtentfernung beider Mediatypen darf die in Tabelle 6-2 aufgeführten Werte nicht überschreiten.

Die Begrenzung einer Collision Domain auf einen Repeater der Klasse 1 schränkt die Teilnehmerdichte eines 100BASE-T-Netzes dann nicht ein, wenn kaskadierbare Systeme eingesetzt werden. Die Bay Networks Hubs bieten in einer kaskadierten Konfiguration eine hohe Port-Dichte und zählen trotzdem nur als ein Repeater. Die meisten „Stacks" ermöglichen bis zu hundert und mehr Ports pro Repeater Stack. Werden mehrere Repeater Stacks über einen Switch hintereinander geschaltet, ist eine weit höhere Teilnehmeranschlußzahl möglich.

Kaskadierbare 100BASE-T Hubs werden deshalb in der Regel zum Anschluß von Arbeitsgruppen-Teilnehmern an das Netz eingesetzt, während 100BASE-T Switches zur Verbindung der Arbeitsgruppen in einer Collision Domain dienen.

Die maximale Ausdehnung eines 100BASE-T-Netzes ist aufgrund der zehnmal höheren Geschwindigkeit geringer als die in einem 10BASE-T-Netz. Eine Erhöhung der Übertragungsgeschwindigkeit um das zehnfache ohne entsprechende Veränderung des Zeitverhaltens hat eine Verringerung der Netzausdehnung um den Faktor 10 zur Folge. Die Begrenzung der maximalen Entfernung von Endgerät zu Engerät in einem 100BASE-T-Netz auf 100 m bleibt allerdings trotzdem erhalten. Die drei folgenden Abbildungen zeigen, wie die Netzausdehnung durch Anschluß von Repeater-Systemen an verschiedene Internetworking-Systeme über unterschiedliche Verbindungen vergrößert werden kann.

In Abbildung 6-3 wurde das Netz auf 400 m ausgedehnt. Über den Lattis-Switch Hub, der die beiden Repeater Stacks miteinander verbindet, sind zwei separate Collision Domains aufgebaut. Die maximale Entfernung jeder Collision Domain beträgt 200 m. Jede Verbindung, von Endgerät zu Repeater und von Repeater zu Switch, ist maximal 100 m lang und mit UTP-Kabel der Kategorie 5 realisiert. Der Einsatz des Switches in dieser Konfiguration ermöglicht die Ausdehnung des Netzes von 200 m auf 400 m.

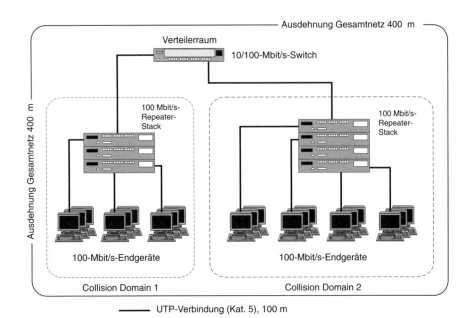

Abbildung 6-3: Aufbau einer 100BASE-T Collision Domain mit 400 m Ausdehnung.

Die Topologie in Abbildung 6-4 ist sogar auf 512,6 m Entfernung erweitert. Zwei LWL-Verbindungen mit je 160,8 m verbinden zwei Repeater mit einem Switch im Verteilerraum. Die Endgeräte und Server sind über UTP-Kabelverbindungen (Kategorie 5) mit maximal 100 m an die 100BASE-TX Repeater angeschlossen.

Eine noch größere Ausdehnung kann erreicht werden, wenn die Switches über LWL-Kabel verbunden werden. Durch Verbindung von zwei Switches entsteht ein Netz mit zwei getrennten Collision Domains. Die Gesamtausdehnung des Netzes nimmt zu, während jede Collision Domain nach dem gleichen Prinzip wie in Abbildung 6-3 und 6-4 aufgebaut werden kann. Abbildung 6-5 zeigt, wie zwei separate 100BASE-T-Netze, die jeweils unterschiedliche Arbeitsgruppen in verschiedenen Standorten versorgen, über eine 2 km lange LWL-Strecke verbunden werden. Das Netz kann mit Hilfe eines Routers mit anderen Netzen und Segmenten verbunden und dadurch weiter ausgedehnt werden.

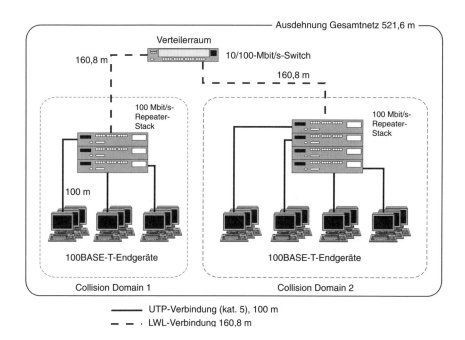

Abbildung 6-4: Aufbau einer 100BASE-T Collision Domain mit 521,6 m Ausdehnung.

Berechnung der Paketumlaufverzögerung

Die Berechnung der Paketumlaufverzögerung zwischen allen Endgeräte-Paaren in einem 100BASE-T-Netz ist die Voraussetzung dafür, daß das CSMA/CD-Zugriffsverfahren funktioniert. Die Berechnung der Paketumlaufverzögerung basiert auf der Berechnung des Path Delay Values (PDV) für die extremste Verbindung. Der extremste Weg ist im Regelfall die Verbindung

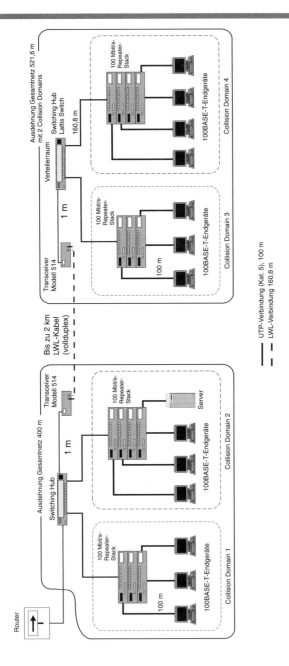

Abbildung 6-5: Verbindung von Repeater- und Switch-Systemen in mehreren Domains.

zwischen den beiden am weitesten entfernten Endgeräten, zwischen denen die Übertragung am längsten dauert.

Um die extremste Verbindung mit der größten Verzögerung zu finden, muß sichergestellt werden, daß die maximale Länge der Datenfragmente nach dem Start des Frame Delimiters weniger als 512 Bit beträgt.

Um zu wissen, ob sich die extremste Verbindung im Netz innerhalb der Anforderungen für ein 100BASE-T-Netz bewegt, müssen die Verzögerungswerte der folgenden Netzkomponenten berechnet werden:

- Segmentverzögerungswerte (Link Segment Delay Values/LSDV),
- Repeater-Verzögerungswerte,
- DEE-Verzögerungswerte,
- Sicherheitsreserve.

Mit Hilfe dieser Werte und der folgenden Formel kann der PDV-Wert der extremsten Verbindung berechnet werden:

PDV = Summe der LSDVs + Summe der Repeater-Verzögerungen + DEE-Verzögerungen + Sicherheitsreserve.

Nachdem die Einzelwerte für alle Netzkomponenten dieser Verbindung ermittelt wurden, werden diese zur Berechnung der PDV-Werte aller Verbindungen eines Netzes herangezogen. Wenn die Verzögerungswerte 512 Bitzeiten überschreiten, kann es im Netz zu Late Collisions und/oder CRC-Fehlern (Cyclic Redundancy Check) kommen. Die Berechnung der PDV-Werte kann Fehler dieser Art verhindern.

Die Berechnung des extremsten PDV-Wertes erfolgt in folgenden Schritten:

1. Bestimmung der Verzögerungswerte für jedes Segment (LSDV) einschließlich der PDV-Werte für Verbindungen zwischen Repeatern.

Der LSDV-Wert ist der Verzögerungswert für ein bestimmtes Segment im Netz. Er entspricht dem Segment Delay Value (SDV), der für die PDV-Berechnung in einem 10BASE-T-Netz benutzt wird. Im Unterschied zum SDV-Wert beinhaltet der LSDV-Wert aber nicht die Verzögerungswerte der angeschlossenen Datenendgeräte und/oder Repeater. Diese werden separat berechnet und sind ein Teil des Gesamt-PDV-Wertes. Der LSDV-Wert für ein Segment wird nach der folgenden Formel ermittelt:

LSDV = 2 (Paketumlaufverzögerung) x Segmentlänge (in Meter) x Kabelverzögerung (in Bitzeiten pro Meter) des zu berechnenden Segments

Die Gesamtsegmentlänge wird anhand der folgenden Formel berechnet:

Segmentlänge = Summe aller Kabellängen zwischen dem Port eines Repeaters und dem des entferntesten Endgerätes + Summe der Längen der Interrepeater-Verbindungen (alle Werte in Meter).

Tabelle 6-3 gibt die Paketumlaufverzögerungswerte in Bitzeiten pro Meter (bz/m) für jeden Kabeltyp in einem bestimmten Segmentteil an. Außerdem ist die Paketumlaufverzögerung in Bitzeiten angegeben. Diese Werte können benutzt werden, wenn die tatsächlichen Kabellängen oder die Ausbreitungsverzögerungswerte für jedes Segment unbekannt sind. Allerdings kann der Paketumlaufverzögerungswert von 412 Bitzeiten für LWL-Kabel für die meisten Anwendungen nicht angewandt, deshalb sollten die Werte für LWL-Verbindungen immer berechnet werden.

Kabeltyp	Paketumlaufverzögerung in Bitzeiten pro Meter (bz/m)	Paketumlaufverzögerung in Bitzeiten
UTP Kat. 3	1,14	114 (100 m)
UTP Kat. 4	1,14	114 (100 m)
UTP Kat. 5	1,112	111,2 (100 m)
STP	1,112	111,2 (100 m)
LWL	1,0	412 (412 m)

Tabelle 6-3: Kabelverzögerungswerte.

2. **Addieren der LSDV-Werte für alle Segmente der zu ermittelnden Verbindung.**

3. **Ermittlung der Verzögerung für jeden Repeater der Verbindung.**

Die Repeater-Verzögerungen werden in Bitzeiten angegeben. Der vorgegebene Verzögerungswert für einen Repeater der Klasse 1 beträgt 140 Bitzeiten. Es darf nur ein Klasse-1-Repeater in einer Collision Domain eingesetzt werden.

Achtung

Media Independent Interfaces (MII)-Kabel für 100BASE-T-Komponenten sind nicht länger als 0,5 m. Der Verzögerungswert dieser Kabel ist in den Verzögerungswerten für Repeater und DEEs berücksichtigt, so daß für die MII-Kabel keine Verzögerungswerte kalkuliert werden müssen.

4. Ermittlung der DEE-Verzögerungswerte für die Verbindung.

Die DEE-Verzögerungswerte sind in Bitzeiten angegeben. Die maximalen Verzögerungswerte für verschiedene Endgeräte in einer Verbindung sind in Tabelle 6-4 aufgeführt.

DEE-Typ	Maximale Paketumlaufverzögerung (Bitzeiten)
Zwei TX/FX DEE	100
Zwei T4 DEE	138
Ein TX/FX DEE und ein T4 DEE*	127

* *Es wurden die schlechtesten Werte angenommen.*

Tabelle 6-4: DEE-Verzögerungswerte.

5. Bestimmung einer angemessenen Sicherheitsreserve für die Verbindung.

Es wird eine Sicherheitsreserve von 4 Bitzeiten empfohlen. Diese wird benötigt, um nicht vorhersehbare Verzögerungselemente auf der Verbindung zu berücksichtigen. Falls 4 Bitzeiten für eine bestimmte Verbindung nicht passen sollten, kann eine Bitzeit zwischen 0 und 5 individuell angenommen werden.

6. Ermittlung des Gesamt-PDV-Wertes durch Einsetzen der oben errechneten Verzögerungswerte in folgende Formel:

Σ[LSDVs] + Σ[Repeater-Verzögerungen] + DEE-Verzögerung + Sicherheitsreserve

Liegt der errechnete PDV-Wert unter dem zulässigen von 512 Bitzeiten, liegt die Verbindung innerhalb der Bedingungen für die extremste Verbindung.

Einsatz von Shared Media und Switched Hubs

Ein 100BASE-T-Netz kann entweder mit Shared Media Hubs, Switched Hubs oder mit beiden Systemtypen aufgebaut werden.

Shared Media Hubs stellen in 100BASE-T LANs ein fixes Bandbreitenbudget von 100 Mbit/s zur Verfügung, das von den angeschlossenen Endgeräten geteilt wird. Das typische LAN-Kommunikationsverfahren wird beibehalten. D.h. jede angeschlossene Station hat Zugriff auf Daten, die irgendeine andere Station am Netz sendet, auch wenn sie nicht der Empfänger ist. Nur eine Station am Netz kann zur gleichen Zeit senden, alle anderen Sendestationen müssen warten, bis das Netz wieder frei ist. Shared Media Hubs eignen sich in erster Linie für Umgebungen mit geringem Verkehrsaufkommen. Die Anschlußkosten pro Port sind relativ gering.

Für Netze mit hohem Verkehrsaufkommen bieten Hubs mit Switching-Technologie eine geeignetere Lösung, da sie dedizierte Verbindungen zu jedem einzelnen Endgerät bereitstellen. In einem 100BASE-T-Netz mit Switching-Technik steht der 100-Mbit/s-Kanal allen Endstationen dediziert zur Verfügung. Der Hub regeneriert jedes Signal und filtert jedes Paket, bevor er es zur Zielstation weiterleitet. Switched Hubs können Daten von Endgeräten, die bei 10 Mbit/s und bei 100 Mbit/s arbeiten, weiterleiten. Wohingegen ein Shared Media Hub entweder nur mit 10 Mbit/s oder nur mit 100 Mbit/s arbeitet und sich alle angeschlossenen Teilnehmer die Bandbreite untereinander teilen.

Migration von 10BASE-T nach 100BASE-T

10BASE-T-Netze sind für die heutigen Anforderungen oft nicht mehr ausreichend, sei es, weil zu viele Endgeräte auf den gleichen Server zugreifen und dadurch Engpässe entstehen; sei es, weil die Bandbreite nicht mehr ausreicht, weil generell zu viele Teilnehmer am Netz angeschlossen sind oder weil mit bandbreitenintensiven Anwendungen gearbeitet wird. Dies zwingt viele Betreiber dazu, sich nach Alternativen umzuschauen.

Das folgende Kapitel beschreibt, wie einfach bestehende 10BASE-T- in 100BASE-T-Umgebungen migrieren können.

Lösung der Netzprobleme mit 100BASE-T

100BASE-T-Netze sind mit dem Ziel entwickelt worden, die Performance-Probleme der traditionellen 10BASE-T LANs zu lösen. Eines der häufigsten Probleme ist, daß ein Teilnehmer keinen Netzzugang erhält, weil gerade ein anderer sendet. D.h. das Netz ist kurzzeitig besetzt. Besetztfälle treten vorwiegend dann gehäuft auf, wenn entweder zu viele Endgeräte angeschlossen sind oder ein bzw. alle Benutzer mit Applikationen arbeiten, die sehr viele Netztransaktionen hervorrufen. Das Ergebnis sind lange Warte- bzw. Antwortzeiten und frustrierte Benutzer.

Probleme dieser Art können mit 100BASE-T gelöst werden. Die Umstellung einer vorhandenen 10BASE-T- auf eine 100BASE-T-Umgebung kann in mehreren Schritten erfolgen:

- Segmentierung des 10BASE-T LANs durch Installation eines 10/100 Mbit/s Switches.
- Installation eines 100 Mbit/s Repeaters und 100 Mbit/s-Verbindungen für spezielle Endgeräte, zum Beispiel für Benutzer mit bandbreitenintensiven Applikationen oder für Netzressourcen wie Server.
- Sukzessive Anbindung der übrigen Teilnehmer an die 100BASE-T-Umgebung innerhalb einer Collision Domain durch Installation weiterer 100 Mbit/s Repeater und deren Verbindung mit dem 10/100 Mbit/s Switch.

Alle oben genannten Migrationsschritte lassen sich mit 100BASE-T-Produkten von Bay Networks realisieren. Tabelle 6-5 zeigt, welche 100BASE-T-Variante für welche Umgebung am besten geeignet ist, und mit welchen Bay Networks-Produkten sie umgesetzt werden kann.

Beispiel 1
Mikrosegmentierung eines 10BASE-T-Netzes
Zu viele Teilnehmer am gleichen Netz können soviel Datenverkehr generieren, daß ein 10BASE-T LAN nicht mehr effektiv arbeitet. Dies liegt u.a. am CSMA/CD-Verfahren. In einem Ethernet-LAN muß jede angeschlossene Station vor einem Sendevorgang „hören", ob das Netz frei ist, d.h. ob eine eventuell vorausgegangene Übertragung beendet ist. Ist dies der Fall, kann sie ihre Daten abschicken. Senden allerdings zwei Stationen zur gleichen Zeit, kommt es zu einer Kollision. Diese wird von beiden Sendestationen re-

gistriert. Sie müssen, nach einer kurzen Wartezeit, einen erneuten Sendeversuch unternehmen. Je mehr Endgeräte nun am Netz angeschlossen sind, desto öfter kommt es zu Kollisionen und desto mehr nimmt der Netzdurchsatz ab.

Lösung

Abhilfe schafft hier ein 10/100 Mbit/s Switch, zum Beispiel LattisSwitch von Bay Networks. Mit dessen Hilfe wird das 10BASE-T-Netz segmentiert und die Bandbreite auf bestimmten Verbindungen erhöht.

Abbildung 6-6 zeigt, wie durch Einführung von LattisSwitch im Netzzentrum die vorhandene 10BASE-T-Umgebung ohne großen technischen Aufwand ausgebaut und das oben beschriebene Problem beseitigt werden kann.

Die Ethernet-Segmente des System 5000 Hubs werden mit dem Ethernet-Switch verbunden. Die zentralen Server und Router erhalten eine 100 Mbit/s-Netzschnittstellenkarte und werden direkt über eine 100 Mbit/s-Verbindung an den Ethernet-Switch angeschlossen. Somit läuft der gesamte Verkehr

	Switched 10BASE-T und 10BASE-F	Shared 100BASE-TX	Switched 100BASE-TX und 100BASE-FX
Netzumgebung:			
Datenrate	10 Mbit/s	100 Mbit/s	100 Mbit/s
Bandbreite	10 Mbit/s	100 Mbit/s	100 Mbit/s
Protokoll	CSMA/CD	CSMA/CD	CSMA/CD
Physikalische Topologie	Stern	Stern	Stern
Kabel	Kat. 3-5, STP (Typ 1) und LWL	Kat. 5, STP (Typ 1) und LWL	Kat. 5, STP (Typ 1) und LWL
Anwendung:	Client/Server Backbone	Client/Server-Hochleistungs-Arbeitsgruppe	Client/Server-Hochleistungs-Arbeitsgruppe
Bay Networks-Produkte:	BayStack Ethernet Workgroup Switch und LattisSwitch	BayStack 100BASE-T Hub	BayStack 100BASE-T Hub und LattisSwitch

Tabelle 6-5: Highspeed-Netzlösungen.

zwischen den Clients in den Etagennetzen und den zentral aufgestellten Ressourcen über Switching-Verbindungen. Es können mehr Benutzer gleichzeitig auf die zentralen Ressourcen zugreifen, und Engpässe zwischen Clients und Server werden reduziert.

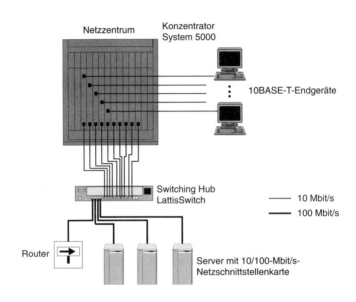

Abbildung 6-6: Mikrosegmentierung einer vorhandenen 10BASE-T-Umgebung durch Installation eines Ethernet Switches.

Beispiel 2
Dedizierte Verbindungen mit 100 Mbit/s für Nutzer mit bandbreitenintensiven Applikationen

Performance-Probleme kann es weiterhin geben, wenn in einem herkömmlichen 10BASE-T-Netz einige Benutzer mit Hochleistungs-Workstations und bandbreitenintensiven Applikationen arbeiten, die alle auf den gleichen Server zugreifen und das Netz mehrere Stunden am Tag kontinuierlich auslasten. In einer solchen Umgebung haben Benutzer, die nur selten Daten übertragen wollen, zum Beispiel E-Mail oder File Transfer, kaum eine Chance, einen Netzzugang zu erhalten.

Lösung

In diesem Beispiel wird nicht nur mehr Bandbreite auf den Server-Verbindungen, sondern auch im Segment benötigt, weshalb Switching-Komponenten nicht nur im Netzzentrum, sondern auch im Etagen- oder Bereichsverteiler zum Einsatz kommen.

Es bietet sich zum Beispiel an, die Benutzer mit bandbreitenintensiven Applikationen und die Benutzer mit herkömmlichen Anwendungen zu trennen. Erstere werden mit dedizierten 100 Mbit/s-Verbindungen an einen 100BASE-T-Repeater angeschlossen und bilden ein separates 100BASE-T-Segment. D.h. die Benutzer kommunizieren vorwiegend in ihrer eigenen Umgebung und greifen nur von Zeit zu Zeit auf die zentralen Netzressourcen zu. Letztere bleiben nach wie vor Teilnehmer in einem Shared Media LAN und nutzen nur auf der Server-Verbindung die Switching-Technologie.

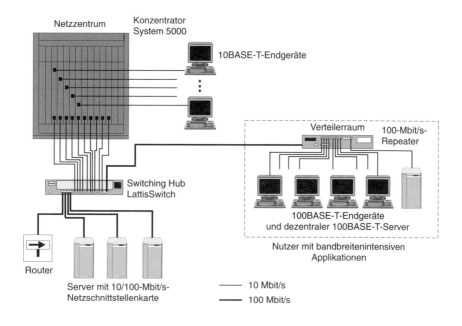

Abbildung 6-7: 10/100 Mbit/s Workgroup Switch-Verbindungen für Teilnehmer mit bandbreitenintensiven Anwendungen.

Beispiel 3
Sukzessive Anschaltung weiterer Teilnehmer an die 100 Mbit/s-Umgebung

Wächst der Bedarf an 100BASE-T-Verbindungen, können in den Etagen-/Bereichsnetzen kaskadierbare 100BASE-T Hubs installiert werden, die zusammen ein Shared Media LAN mit 100 Mbit/s bilden. Bis zu sechs BayStack 100BASE-TX Hubs können kaskadiert werden. Die Hubs zählen in einer kaskadierten Konfiguration als ein einzelner Repeater und stellen im Maximalausbau 132 Teilnehmeranschlußverbindungen bereit. Jede Repeater-Stack-Konfiguration verfügt über eine 100 Mbit/s-Verbindung zu den zentralen Ressourcen (Abbildung 6-8).

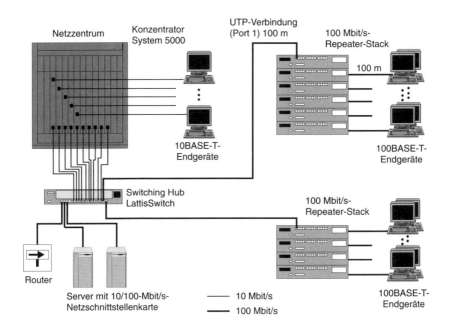

Abbildung 6-8: Sukzessive Anschaltung weiterer Teilnehmer an die 100BASE-T-Umgebung.

Weitere Ausbaumöglichkeiten ergeben sich, wenn die Stack-Konfigurationen aufgeteilt und über mehrere 100 Mbit/s-Verbindungen mit dem zentralen Ressourcen verbunden werden. In diesem Fall ist es zum Beispiel möglich, daß Nutzer mit bandbreitenintensiven Applikationen sowohl im Segment als auch zum Server über eine dedizierte 100 Mbit/s-Verbindung kommunizieren.

Oder aber es wird im Verteilerraum auf der Etage zusätzlich zu dem dort vorhandenen 100BASE-T Hub ein dezentraler LattisSwitch installiert und mit dem LattisSwitch im Netzzentrum über zwei 100 Mbit/s-Leitungen (auch Vollduplex-Betrieb möglich) verbunden. An den LattisSwitch lassen sich jetzt einzelne 100 Mbit/s-Benutzer wiederum dediziert über 100 Mbit/s-Anschlüsse anbinden.

Kaskadierung von Switches

Werden zwei LattisSwitch-Systeme kaskadiert, entstehen zwei Collision Domains. Die Verbindung der beiden Switches erfolgt über den Expansion Port auf der Vorderseite. Es gibt zwei Verbindungsmöglichkeiten:

- Direktverbindung über ein 1 m langes Kaskadierkabel, das mit jedem System zusammen ausgeliefert wird.
- Kaskadierung über ein Transceiver-Kabel und einen LWL-Transceiver (Modell 514) oder einen UTP Transceiver (Modell 515), wenn die LattisSwitch Hubs mehr als ein Meter voneinander entfernt sind.

Achtung
Bei Kaskadierung über Transceiver arbeitet die Verbindung im Vollduplexbetrieb, d.h. bei 200 Mbit/s. Die maximal mögliche Entfernung zwischen zwei Switches im Vollduplexbetrieb bei Verwendung von Multimodekabel (Typ 62,5/125) beträgt 2 km.

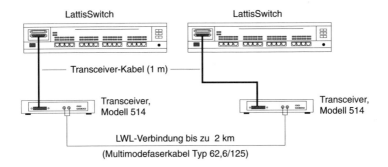

Abbildung 6-9: Kaskadierung von LattisSwitch Hubs.

Teil 3
Token Ring-Netze

VII. Token Ring-Standard IEEE 802.5

Token Ring LANs sind unter IEEE 802.5 standardisiert. Dort sind als wesentliche Kriterien eines Token Ring LANs das Token Passing-Verfahren als Netzzugriffsmethode und die logische Ringtopologie als Netzstruktur spezifiziert. In der Praxis werden Token Ring LANs physikalisch in Sternstruktur aufgebaut, die logische Ringstruktur bleibt erhalten.

Token Ring LANs arbeiten auf den ersten beiden Schichten des OSI-Modells (Abbildung 7-1). Die MAC-Teilschicht regelt den Netzzugriff über das Token Passing-Verfahren. Die Bitübertragungsschicht stellt die Schnittstelle zum Netz dar.

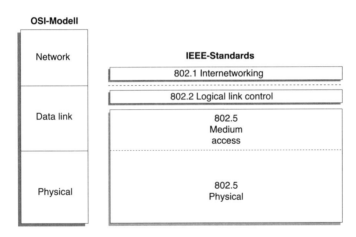

Abbildung 7-1: OSI-Modell und Token Ring-Standard nach IEEE 802.5.

Die Bitübertragungsschicht besteht aus zwei weiteren Teilschichten, dem Physical Signaling Components Sublayer (PSC) und dem Physical Media Components Sublayer (PMC). Die PMC-Teilschicht bildet die Schnittstelle zum Übertragungsmedium, indem sie Signale vom Ring empfängt und auf den Ring sendet. Außerdem regelt sie den Ringzugang. Die PSC-Teilschicht verarbeitet Signalteile von der PMC-Teilschicht, die an die MAC-Schicht gerichtet sind. Die PSC-Teilschicht übernimmt die Kodierung und Dekodierung der Signale von der PMC-Teilschicht an die MAC-Teilschicht und von der MAC- an die PMC-Teilschicht.

Token Passing

In Token Passing-Netzen kreist ein Token, ein Bitmuster mit einer Länge von 3 Byte. Die Stationen im Ring reichen den Token untereinander weiter. Der Besitz des Token versetzt eine Station in die Lage, eine Nachricht abzusenden. Solange eine Station keinen Token hat, kann sie nicht senden. Gesendet wird in eine Richtung im Ring (Abbildung 7-2). Jede Station empfängt den Token von der vorausgegangenen Station und gibt ihn an die nächste Station (Nearest Active Upstream Neighbor/NAUN) weiter. Vor der Weitergabe regeneriert jede Station die Amplitude und den Takt des Pakets und überprüft es auf Fehler. Bei Verwendung von aktiven Komponenten werden die Signale im Konzentrator aufbereitet.

Eine Station, die Daten senden will und den Token empfängt, fügt dem Token Frame neben den eigentlichen Daten weitere Informationen, zum Beispiel die Zieladresse, Routing-Informationen usw. bei, und schickt die Sendung auf das Netz. Dort wird sie von einer Station zur anderen gegeben, bis sie bei der Zielstation ankommt. Diese kopiert sich das Datenpaket, ändert sein Status-Byte um anzuzeigen, daß sie die Nachricht erhalten hat und schickt die Sendung einschließlich Bestätigungs-Byte über das Netz zur Sendestation zurück. Diese liest das Bestätigungs-Byte, entfernt die Daten vom Netz und gibt den Token wieder frei.

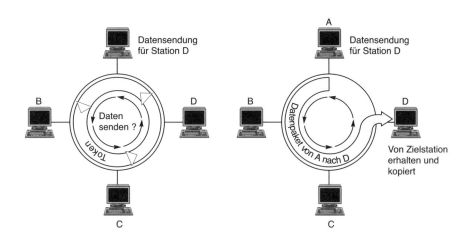

Abbildung 7-2: Token Passing-Verfahren in Token Ring LANs.

Das Token Ring-Protokoll bietet umfangreiche Fehlererkennungs- und -behebungsfunktionen. Die meisten LANs, die nach dem Token Passing-Verfahren arbeiten, basieren nur auf einem Token bzw. Frame, der gleichzeitig im Ring zirkuliert. Ringe mit 16 Mbit/s unterstützen die Early Token Release-Funktion (ETR), die gleichzeitig einen Token und mehrere Frames im Ring erlaubt. D.h. eine 16 Mbit/s-Station kann einen neuen Token freigeben, sobald sie die Übertragung abgeschlossen hat, egal, ob der von der Empfangsstation zurückgeschickte Paket-Header mit dem Status-Byte die Sendestation bereits erreicht hat oder nicht.

Topologien

Ein Token Ring-Netz besteht aus Stationen, die in einen logischen Ring eingebunden sind. Alle Daten werden von einer Station zur nächsten weitergereicht. In großen Installationen mit sehr vielen Teilnehmern sind Backbone-Strukturen üblich. Die drei in Token Ring-Umgebungen verbreitetsten Typen sind das sequentielle, das zentrale und das verteilte Backbone.

Sequentielle Backbone-Struktur

Typisch für ein sequentielles Backbone-Konzept ist, daß alle Ringe durch jeden der in den Etagenverteilern installierten Hubs laufen. Diese Backbone-Struktur hat den Vorteil, daß pro Konzentrator zwei Ringe aufgebaut werden können. Alle Stationen auf den Etagen sind an Ring 1 angeschlossen, Ring 2 ist als Backbone-Ring eingerichtet, an den nur Konzentratoren angeschlossen sind. Der Backbone-Ring läuft vom Konzentrator im Etagenverteiler 1 bis zum Konzentrator im Etagenverteiler x und wieder zurück (Abbildung 7-3). Die Verbindung wird über die Ring-In/Ring-Out Ports (RI/RO) der Konzentratoren aufgebaut.

Die Token Ring LANs auf den Etagen werden über Internetworking-Komponenten (zum Beispiel Brücken, Router, Switches) an den Backbone-Ring angeschlossen. Es können entweder externe oder in den Konzentrator integrierte Internetworking-Komponenten eingesetzt werden. Ein Sendevorgang zwischen einer Station an Konzentrator 1 zu einer Station an Konzentrator 2 läuft wie folgt ab: Die Daten fließen von der Sendestation an Konzentrator 1 in Ring 1 in die in diesem Konzentrator installiert Brücke und von dieser über den Backbone-Ring (Ring 2) zu Konzentrator 2. Dort passieren sie die in diesem Konzentrator installierte Brücke und erreichen die an Konzentrator 2 angeschlossene Zielstation.

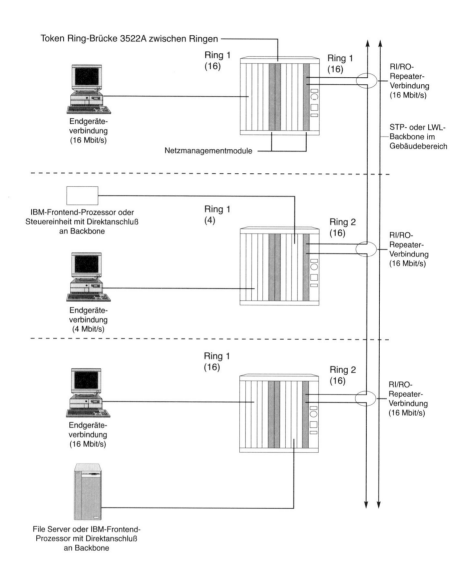

Abbildung 7-3: Sequentielles Token Ring Backbone.

In einem sequentiellen Backbone befinden sich File Server, Frontend-Prozessoren, Cluster Controller usw. in Ring 1 und haben direkten Zugang zum Backbone-Ring. Aus diesem Grund ist ein sequentielles Backbone vor allem für Umgebungen geeignet, in denen die Ressourcen zwar verteilt (dezentral) installiert sind, andere Teilnehmer aber über das Backbone ebenfalls auf diese verteilten Ressourcen zugreifen wollen.

Verteilte Backbone-Struktur

In einer verteilten Backbone-Struktur wird jeder einzelne Token Ring auf jeder einzelnen Etage über eine separate Steigbereichsverbindung mit dem zentralen Konzentrator verbunden, in dem der Backbone-Ring realisiert ist. Oft werden die Etagenringe mit 4 Mbit/s betrieben, während der Backbone-Ring mit 16 Mbit/s arbeitet. Die Anbindung eines Etagenkonzentrators an den Backbone-Konzentrator erfolgt über eine Brücke, die auf der Etage, zum Beispiel als externes Gerät im Etagenverteiler oder als Modul im Konzentrator, installiert ist (Abbildung 7-4).

Die Verbindung von der Brücke auf der Etage zum zentralen Konzentrator im Backbone ist eine übliche Token Ring Lobe-Verbindung (UTP, STP oder LWL). Von den Teilnehmern gemeinsam genutzte Netzressourcen, zum Beispiel Host, Server, sind entweder über den zentralen Konzentrator oder einen der Etagenkonzentratoren an den Backbone-Ring anzuschließen.

Verteilte Backbone-Ringe haben eine einfache Verkabelungsstruktur und „verbrauchen" nur eine geringe Anzahl von Ports in jedem Etagenkonzentrator, da für die Anbindung eines Etagenrings an den Backbone-Ring pro Etagenkonzentrator nur ein RI/RO-, Repeater- oder Host-Modul-port benötigt wird.

Zentrale Backbone-Struktur

In einer zentralen Backbone-Struktur sind die zentralen Netzressourcen (zum Beispiel Brücken, Router, Switches, Server, Host) immer im Netzzentrum installiert, und alle Teilnehmer sind an den Backbone-Ring, der im zentralen Konzentrator im Netzzentrum realisiert ist, angeschlossen. Die Steigbereichsverbindungen können in UTP-, STP- oder LWL-Technik ausgeführt sein. Ein zentrales Backbone eignet sich vor allem für Umgebungen, in denen aus Gründen der Sicherheit oder der einfacheren Wartung eine zentrale DV-Umgebung vorherrscht (Abbildung 7-5).

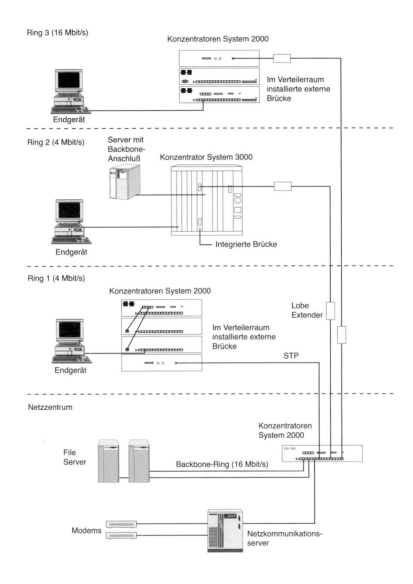

Abbildung 7-4: Verteiltes Token Ring Backbone.

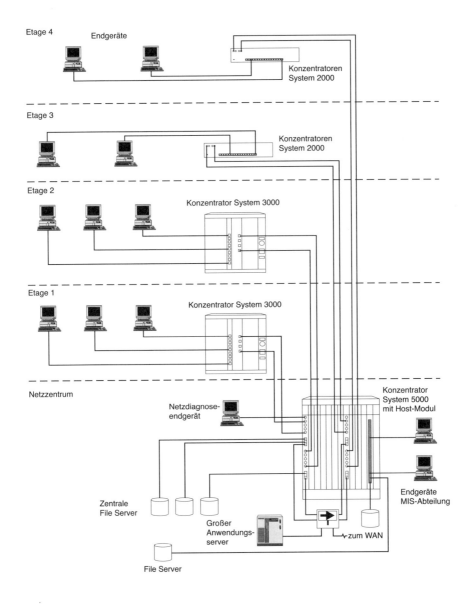

Abbildung 7-5: Zentrales Token Ring Backbone.

Ring-In-/Ring-Out-Verbindungen

Große Token Ring-Netze entstehen, indem mehrere Konzentratoren über den Ring-In/Ring-Out Port miteinander verbunden werden (Trunk-Verbindung). Die nichtmodularen Token Ring-Konzentratoren von Bay Networks, zum Beispiel System 2000, haben einen fest installierten RI/RO Port auf der Frontseite; für die modularen Konzentratoren gibt es mehrere Modultypen, die über einen RI/RO Port verfügen. Bei System 3000 und System 5000 stellen die Repeater- und Netzmanagementmodule einen RI/RO Port bereit, für System 5000 gibt es zusätzlich Host- bzw. Cluster-Module mit einem RI/RO Port.

Nur Token Ring-Konzentratoren, die über eine Trunk-Verbindung mit einem anderen Token Ring-Konzentrator verbunden werden müssen, benötigen ein RI/RO-Modul. Konzentratoren, die Stand-alone-Ringe bilden, d.h. nicht weiter mit anderen Konzentratoren verbunden sind, müssen nicht mit einem RI/RO-Modul ausgerüstet werden.

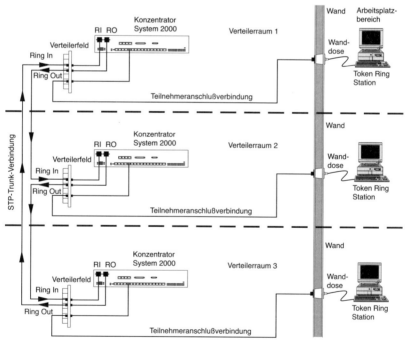

Abbildung 7-6: Große Token Ring-Netze entstehen mit Hilfe von RI/RO-Verbindungen.

Redundante Verbindungen

Token Ring LANs können, je nach Bedarf, redundant über einen Primär- und Sekundärpfad aufgebaut werden. Allerdings nicht durch Benutzung mehrere Ring-In-/Ring-Out-Verbindungen. Jede RO-Verbindung muß an demjenigen RI/RO Port abgeschlossen werden, von dem auch die RI-Verbindung ausgeht. Andernfalls kann der Port vom Ring abgeschaltet und der Ring segmentiert werden.

Aktive und passive Komponenten

Aktive Token Ring-Komponenten verfügen über Taktaufbereitungs- und -verstärkungsfunktionen. Außerdem reduzieren sie den Jitter und das Nahnebensprechen, so daß sie größere Teilnehmerentfernungen unterstützen. Passive Token Ring-Komponenten verfügen über keine dieser genannten Funktionen.

Bay Networks bietet sowohl passive als auch aktive Token Ring-Komponenten an. Bei den nichtmodularen Konzentratoren, zum Beispiel System 2000, gibt es Modelle mit und ohne Verstärkungs- und Taktaufbereitungsfunktionen. Bei den modularen Konzentratoren, zum Beispiel System 3000 und System 5000, sind die Verstärkungs- und Taktaufbereitungsfunktionen auf unterschiedlichen Modulen implementiert, zum Beispiel auf einigen Host-Modulen sowie auf den Repeater- und Netzmanagementmodulen.

Datenraten

Token Ring-Netze arbeiten entweder mit einer Übertragungsgeschwindigkeit von 4 Mbit/s oder 16 Mbit/s. Unterschiedliche Ringe können mit unterschiedlichen Datenraten betrieben werden. Innerhalb eines Ringes ist die Datenrate gleich, d.h. alle angeschlossenen Stationen arbeiten mit der gleichen Datenrate. Wird eine Station mit einer anderen Geschwindigkeit an den Ring angeschlossen, kommt es zu einem Fehler, der den Ring zum Erliegen bringen kann (Beaconing). Aus diesem Grund erkennen die Token Ring-Komponenten von Bay Networks die Ringgeschwindigkeit automatisch und stellen sich entsprechend ein.

Die Ringgeschwindigkeit der Host-Module muß jeweils mit derjenigen der Netzschnittstellenkarten in den Endgeräten übereinstimmen, und die Ringgeschwindigkeit aller Host-Module muß wiederum mit der Ringgeschwindigkeit der Netzmanagement- und Repeater-Module übereinstimmen. Die Datenrate (4 Mbit/s oder 16 Mbit/s) muß auf allen Komponenten eingestellt werden, und zwar entweder manuell über einen Schalter oder Jumper auf den Netzschnittstellenkarten und den Host-Modulen oder über die Netzmanagementsoftware vom Netzmanagementbildschirm aus. Alle Token Ring-Komponenten von Bay Networks werden werkseitig auf einen 16 Mbit/s-Betrieb eingestellt.

Phantomspannung

Wird eine Token Ring-Station eingeschaltet, sendet die Netzschnittstellenkarte im Endgerät die Phantomspannung über die Teilnehmeranschlußverbindung zum Konzentrator. Erreicht sie den Konzentrator-Port oder den Host-Modul-Port, an welchem die Teilnehmeranschlußverbindung endet, wird das Relais des Konzentrator-Ports oder Host-Modul-Ports geöffnet und dem Endgerät auf diese Weise ermöglicht, eine physikalische Verbindung zum Ring aufzubauen. Wenn die Phantomspannung vom Konzentrator-Port-/Host-Modul-Port erkannt wird, leuchtet die Phantom-LED am betroffenen Port auf. Erkennt der Konzentrator/das Host-Modul die Phantomspannung nicht, erhält das Endgerät keinen Zugang zum Ring. Dies ist der Fall, wenn:

- Die Station nicht eingeschaltet ist.
- Die Netzsoftware für das Endgerät nicht aktiviert wurde.
- Die Station veranlaßt wurde, einen Selbsttest durchzuführen und/oder vom Ring abgeschaltet wurde.
- Die Teilnehmeranschlußverbindung unterbrochen oder fehlerhaft installiert ist.

Wird die Verbindung eines Host-Moduls mit dem Bussystem an der Rückwand des Konzentrators unterbrochen, wird das Relais zwischen Bussystem und Host-Modul geschlossen. Der übrige Netzbetrieb bleibt davon unberührt. Das Relais kann auch über die Netzmanagementsoftware (wenn ein Token Ring-Netzmanagementmodul installiert wird) geschlossen werden, ohne die Verbindung zwischen Modul und Bussystem physikalisch zu unterbrechen. Die am Host-Modul angeschlossenen Stationen werden durch diesen Vorgang vom Ring an der Konzentratorrückwand (Haupt- oder Backbone-Ring) getrennt (Bypass). Da das Host-Modul aber nach wie vor an die Stromversorgung des Konzentrators angeschlossen ist, bildet es einen eigenen lokalen Ring. Die Token Ring-Komponenten von Bay Networks benutzen die Phantomspannung an den RI/RO Ports zum Beispiel auch dazu, um eine

RI/RO-Verbindung vom Netzmanagement- oder Repeater-Modul zu einem anderen RI/RO-Modul aufzubauen. Dies gilt jedoch nur zwischen Bay Networks-Komponenten.

Der Vorteil der Ausnutzung der Phantomspannung an den RI/RO Ports ist, daß eine Kabelunterbrechung oder ein Ausfall der Stromversorgung des Konzentrators automatisch erkannt und entsprechende Aktionen zur Aufrechterhaltung des Betriebs eingeleitet werden. Wird eine Verbindung zwischen zwei Konzentratoren unterbrochen, erkennt der RI/RO Port keine Phantomspannung mehr und schließt die Relais automatisch. Die unterbrochene Verbindung wird vom Ringbetrieb isoliert, indem der zweite (redundante) Kanal als Übertragungsweg geschaltet wird. Das Netz läuft während dieses Vorgangs störungsfrei. Ein automatischer Bypass als Folge der nicht mehr angelegten Phantomspannung erfolgt ebenfalls, wenn die Stromversorgung eines Konzentrators ausfällt. In beiden Fällen wird, wenn der Fehler behoben ist, der Hauptübertragungspfad automatisch wieder in Betrieb genommen.

Beaconing-Ursachen

Jeder Fehler, der von einer am Ring angeschlossenen Komponenten oder durch eine Kabelunterbrechung ausgelöst wird, verursacht ein Beaconing. In diesem Fall erkennt die Nachbarstation (Downstream Neighbor) im Ring den Fehler und sendet ein Beacon-Paket an alle anderen Stationen im Ring, um ihnen den Fehler mitzuteilen. Das Beacon-Paket enthält die Adresse der nächsten noch funktionstüchtigen Station im Ring (Nearest Active Upstream Neighbor/NAUN) oder die Adresse der Station, die auf der anderen Seite der Kabelunterbrechung liegt sowie den Fehlertyp. Einfach ausgedrückt, grenzt das Beacon-Paket den von einem Fehler betroffenen Ringteil ein und informiert die übrigen Stationen im Ring, daß die Station, die das Beaconing-Paket aussendet, nicht mehr länger gültige Token-Pakete empfängt.

Wenn die NAUN-Station acht Beacon-Pakete empfangen hat, schaltet sie sich vom Ringbetrieb ab und führt einen Selbsttest durch. Ist dieser erfolgreich, schaltet sich die NAUN-Station selbst wieder in den Ring ein und nimmt den Ringbetrieb wieder auf. Schließt sich nach einem NAUN-Selbsttest der Ring nicht von alleine, muß manuell eingegriffen werden. Eine Station kann sich nur während einer Beacon-Sequenz vom Ring abschalten und einen Selbsttest durchführen.

Man unterscheidet vier Beacon-Pakettypen: Signal Loss, Streaming Signal not Claim Token MAC Frame, Streaming Signal Claim Token MAC Frame und Ring Recovering. Jeder der Pakettypen meldet einen anderen Grund, warum ein Beacon-Signal ausgesendet wurde.

Die meisten Beaconing-Fehler kommen vor, wenn eine Station neu in den Ring eingeschaltet wird und die Ringgeschwindigkeit falsch eingestellt ist, oder wenn eine Station, die bisher normal funktioniert hat, aufgrund eines Kabelfehlers oder einer fehlerhaften Netzschnittstellenkarte ausfällt. Zum Teil werden Beaconing-Pakete auch ausgelöst, wenn der Jitter oder das Nahnebensprechen zu hoch ist, zum Beispiel weil die Kabelwerte zu schlecht sind, der Ring zu groß ist oder zu viele Teilnehmer angeschaltet sind.

Automatische Entfernung der Beacon-Station

Die Token Ring-Produkte von Bay Networks, die mit dem Token Ring Advanced Agent ausgerüstet sind, verfügen über eine Automated Beacon Removal-Funktion (ABR), die sich Bay Networks hat patentieren lassen. Dadurch erkennt die Token Ring-Netzsoftware Stationen, die ein Beaconing-Signal verursachen, automatisch und nimmt sie entweder vom Ring oder veranlaßt eine Ringsegmentierung. Das Token Ring Host-Modul, Modell 5575-F, stellt diese ABR-Funktion auch für Stationen in Remote-Netzen zur Verfügung.

Der ABR-Prozeß erfolgt in fünf Schritten:

1. **RI/RO-Abschaltung (Wrapping)**
   Zuerst stellt der ABR-Prozeß fest, ob der Ringfehler im Konzentrator oder außerhalb des Konzentrators liegt. Deshalb trennt das Netzmanagementmodul (NMM) zunächst alle RI/RO Ports vom Netz ab und prüft, ob sich das Problem daraufhin löst. Ist dies der Fall, schaltet das NMM die RI/RO Ports einen nach dem anderen wieder an das Netz an, um festzustellen, von welcher RI/RO-Verbindung das Beacon-Signal kommt. Ist/sind die Verbindung/Verbindungen gefunden, veranlaßt das NMM ihre Abschaltung vom Ring und sendet eine Fehlermeldung (Trap) zum Netzmanagementsystem. Nach einer bestimmten Zeit (einstellbar) schaltet das NMM die RI/RO-Verbindung wieder an, weil es davon ausgeht, daß der Fehler in der Zwischenzeit bereinigt wurde.
2. **Abschaltung von Ports ohne Phantomspannung**
   Stellt das NMM fest, daß die Station, die das Beacon-Signal aussendet, am Konzentrator angeschlossen ist, schaltet es diejenigen Konzentrator-

Ports ab, an denen Stationen angeschlossen sind, die gerade nicht aktiv am Netzbetrieb teilnehmen. Sie bleiben solange im Wrap-Zustand, bis der Beacon Removal-Prozeß beendet ist.
Die Ports mit inaktiven Stationen werden in erster Linie deshalb aus dem Ringbetrieb genommen, um es den Stationen während des Beacon Removal-Prozesses zu ermöglichen, sich normal am Netz anzumelden. In den meisten Token Ring-Umgebungen, in denen sich eine Station an einem Ring anmeldet, der sich im Beaconing-Zustand befindet, glaubt diese Station, daß der Ring nicht ordnungsgemäß funktioniert und meldet sich sofort wieder vom Ringbetrieb ab. In einem Ring, der mit Bay Networks-Komponenten mit ABR-Funktion realisiert ist, wird eine Station, die sich an einem Ring anmeldet, der gerade ein Beacon-Problem hat, vom Beacon-Zustand isoliert, so daß sie sich normal anmelden kann. Ist der Beacon Removal-Prozeß zu Ende, wird der Port, und damit die Station, wieder in den Ringbetrieb geschaltet.

3. Abschaltung neu angemeldeter Stationen
Etwa 95 % der Beacon-Probleme ereignen sich bei der Anmeldung von Stationen am Ring. Tritt ein Beacon-Signal auf, schaltet das NMM diejenigen Stationen aus dem Ring, die sich innerhalb der letzten fünf Sekunden am Ring angemeldet haben. Wird das Beacon-Signal dadurch aus dem Ring entfernt, schaltet das NMM die herausgenommenen Stationen nacheinander wieder in den Ring ein, bis es die fehlerhafte Station entdeckt hat.

4. Eingrenzung einer Fehlerstelle
Ist Schritt 3 nicht erfolgreich, schaltet das NMM alle Stationen vom Ringbetrieb ab, die sich in demjenigen Ringteil befinden, in dem das Beacon-Signal aufgetreten ist. Ist das Beacon-Problem beseitigt, nimmt das NMM eine Station nach der anderen wieder in den Ringbetrieb auf, um die fehlerhafte Station zu finden.

5. Abschaltung aller Module
Führt keiner der vier Schritte zum Erfolg, schaltet das NMM erst alle im Konzentrator installierten Module vom Ring ab und anschließend nacheinander wieder an den Ring an, bis das fehlerhafte Modul lokalisiert wurde. Im zweiten Schritt werden alle an diesem Modul angeschlossenen Stationen vom NMM aus dem Ringbetrieb abgeschaltet und nacheinander wieder eingeschaltet, um die fehlerhafte Station zu finden.

Wurde ein Port einmal auf diese Weise abgeschaltet, d.h. in den sog. Wrap-Zustand versetzt, bleibt er solange im Wrap-Zustand, bis die an diesem Port angeschlossene Station aus dem Ringbetrieb entfernt wurde. Danach hebt der Konzentrator den Wrap-Zustand dieses Ports wieder auf und schickt eine entsprechende Fehlermeldung zum Netzmanagementsystem. Das NMM kann auch so eingestellt werden, daß der Port permanent abgeschaltet wird, wenn die angeschlossene Station innerhalb eines ebenfalls benutzerdefinierbaren Intervalls ein oder mehrere Beacon-Signale aussendet.

Tabelle 7-1 zeigt die Dauer eines Beacon Removal-Prozesses für verschiedene Beacon-Fälle.

Beacon-Fall	Port/Domain Wrap-Zeit	Zeit für die Behebung des Zustands	ABR-Zeit gesamt
Eine Station schaltet sich in den Ring ein.	ca. 4 s (Port Wrap)	ca. 4 s	ca. 8 s
Eine Station überträgt eine bestätigte Fehler-Domain.	ca. 7 bis 9 s (Domain Wrap)	ca. 12 s	ca. 19-21 s
Eine Station überträgt keine bestätigte Fehler-Domain.			ca. 60 s
Es fallen mehrere Stationen zur gleichen Zeit aus.			ca. 25 % länger für jede zusätzliche Station

Tabelle 7-1: Zeiten für die Entfernung des Beacon-Zustands.

Kabelentfernungsfaktoren

Für Token Ring-Netze sind UTP-, STP- und LWL-Kabel geeignet. Drei Faktoren beeinflussen die Kabellänge und die Übertragungsqualität: Jitter, Dämpfung und Nahnebensprechen.

Jitter

In einem Token Ring LAN übernimmt immer eine Station die Funktion des aktiven Monitors. Eine der Aufgaben dieses aktiven Monitors ist es, den Takt für die Datenübertragung zu überwachen. Jeder Standby-Monitor, (das kann jede andere Station außer dem aktiven Monitor im Ring sein), erhält vom eingehenden Token Ring-Signal nicht nur die Daten, sondern auch den Takt. Zu Jitter kommt es, wenn der eingehende Takt mit dem eingehenden Token Ring-Signal nicht mehr übereinstimmt. Jitter wird üblicherweise in Nanosekunden pro Nanosekunde gemessen. Zum Jitter tragen die Länge des Kabels, die Kabelcharakteristika, die Jitter-Toleranz der Empfänger der Token Ring-Komponenten sowie die Jitter-Toleranz der taktgebenden Teile der Token Ring-Komponenten bei. Aktive Token Ring-Komponenten regenerieren das Token Ring-Signal und kompensieren so einen Teil des aufsummierten Jitter-Anteils.

Dämpfung

Die Dämpfung ist die Abschwächung der Signalstärke, die beim Durchlaufen eines Übertragungsmediums entsteht. Sie wird durch das verwendete Kabelmaterial und die Geometrie des Leiters, der zum Kabelaufbau notwendig ist, hervorgerufen. Die Dämpfung wird in Dezibel pro Meter (dB/m) gemessen. Jeder Kabeltyp hat typische Dämpfungswerte. Die Dämpfungswerte von UTP-Kabel sind üblicherweise höher als die von STP-Kabel. LWL-Kabel hat die niedrigsten Dämpfungswerte bezogen auf die entsprechenden Längen.

Nahnebensprechen

Das Nahnebensprechen ist als Induktion von Signalen in einem Kabel oder Steckverbinder definiert, die durch die Übertragung von Signalen in einem benachbarten Aderpaar verursacht wird. Nahnebensprechen wird in dB ausgedrückt. Das Nahnebensprechen verursacht Fehler bei der Signalerkennung und muß kompensiert werden, wenn eine fehlerfreie Übertragung sichergestellt werden soll. Generell sind die Nahnebensprechwerte eines UTP-Kabels schlechter als die eines STP-Kabels.

Maximale Kabellänge und Anzahl von Stationen

In Token Ring LANs unterscheidet man zwei Verbindungstypen: Verbindungen zwischen Konzentratoren (Trunk-Verbindungen) und Verbindungen zwischen Konzentrator und Teilnehmer (Teilnehmeranschluß- oder Lobe-Verbindung). Für beide Verbindungstypen gibt es Entfernungsbegrenzungen, die u.a. vom eingesetzten Kabel abhängen. Zudem ist in Token Ring LANs die Anzahl von Stationen begrenzt. Genauere Informationen hierzu erhalten Sie im Anhang A „Kabel".

Token Ring Bridging

Verschiedene Token Ring LANs können mit Hilfe von Brücken miteinander verbunden werden, um ein großes logisches Token Ring-Netz zu bilden. Eine Token Ring-Brücke leitet Daten von einem Ring zum andern weiter. Eine Brücke erscheint den angeschlossenen Stationen wie ein Endgerät. Es gibt drei standardisierte Bridging-Verfahren:

- Source Routing,
- Transparent Bridging,
- Source Route Transparent.

Die Token Ring-Brücken von Bay Networks unterstützen alle drei Bridging-Varianten. Detailinformationen finden Sie im entsprechenden Produkthandbuch „LattisNet Token Ring Bridge Bridging Concepts Guide".

Source Routing

Beim Source-Routing-Verfahren gibt die Sende- oder Quellstation in jedem Frame die Brücken und Ringe an, die es auf dem Weg zur Zielstation passieren muß.

Bevor eine Station die eigentlichen Daten sendet, schickt sie ein Discovery-Paket über den Ring. Befindet sich die Zielstation in diesem Ring, antwortet sie und sendet das Paket zur Quellstation zurück. Die Sendestation weiß in diesem Fall, daß sich die Zielstation im gleichen Ring befindet und schickt die Datensendung ohne weitere Routing-Information ab.

Erreicht das Discovery-Paket die Quellstation unbestätigt, schickt diese ein neues Discovery-Paket in alle weiteren Ringe. Das Paket passiert auf seinem Weg von einem Ring zum andern auch die Brücken, die dem Paket eine Routing-Information beifügen. Die Zielstation fügt dem Paket ihre Daten bei und sendet es zur Quellstation zurück. Mit der Antwort der Zielstation erhält das Discovery-Paket die komplette Wegeinformation von der Quell- zur Zielstation. Gibt es mehrere Wege von der Quell- zur Zielstation, kommen auch mehrere Antwortpakete zurück, von denen jedes einen anderen Weg beschreibt. Die Quellstation entscheidet in diesem Fall, welches der beste Weg zur Zielstation ist, fügt der zu sendenden Nachricht diese Wegeinformation bei (die bei allen weiteren Sendungen zwischen diesen beiden Stationen benutzt wird) und sendet sie zur Zielstation.

Transparent Bridging

Beim Transparent Bridging-Verfahren kann jede Station mit jeder anderen im Netz kommunizieren, als ob beide Stationen am gleichen LAN angeschlossen wären. Die gesamten Routing-Funktionen werden von den Brücken im Netz ausgeführt. Sie verwenden dabei den Spanning Tree-Algorithmus, der sicherstellt, daß die Datenpakete von der Quell- zur Zielstation nur über einen einzigen Weg laufen und daß es auf diesem Weg keine Schleifen gibt, die in Token Ring LANs zu Problemen führen könnten.

Die Transparent-Brücken unterhalten eine dynamische Datenbank, die Source Address-Tabellen, in denen sie alle Verbindungen innerhalb ihres Segment festhält. Jede Brückenschnittstelle arbeitet im „Promiscuous Mode", wo alle Pakete innerhalb des LANs auch entgegengenommen und die Quelladresse ausgelesen wird. Danach stellt die Brücke fest, ob sich für diese Quelladresse bereits die zugehörige Zieladresse in der Tabelle befindet. Ist dies der Fall, wird das Paket weggeworfen, da Quell- und Zielstation Teilnehmer im gleichen LAN-Segment sind und somit direkt, d.h. ohne über die Brücke gehen zu müssen, miteinander kommunizieren können. Findet sie die Adresse der Zielstation nicht in ihrer Datenbank, leitet sie das Paket in das andere LAN-Segment oder in den anderen Ring weiter. Dieses Verfahren nennt man auch Paketfilterung.

Source Route Transparent

Das Source Route Transparent-Verfahren (SRT) wurde entwickelt, damit Source Route- und Transparent-Systeme im gleichen Netz zusammenarbeiten können. Eine SRT-Brücke arbeitet auf dem MAC Layer. Sie stellt Source Routing-Funktionen für solche Pakete bereit, die Routing-Informationen enthalten, und arbeitet als Transparent-Brücke für Pakete ohne Routing-Informationen. Empfängt eine SRT-Brücke ein Paket, überprüft sie das Routing Information Indicator Bit (RII), das das erste Bit im Routing-Informationsfeld ist. Anhand der RII-Information erkennt die Brücke, ob es sich um ein Source Route- oder um ein Transparent Bridging-Paket handelt, woraufhin es vom entsprechenden Mechanismus innerhalb der Brücke verarbeitet wird. Das SRT-Verfahren stellt die Interoperabilität zwischen allen Komponenten im Netz sicher, gleich welchen Bridging-Mechanismus sie unterstützen.

Netzmanagement

Um Netzmanagementfunktionen ausführen zu können, sind in den Token Ring-Komponenten von Bay Networks, zum Beispiel System 2000, System 3000 und System 5000, Software Agents implementiert. Diese befinden sich bei den nichtmodularen Konzentratoren im Konzentrator und bei den modularen Konzentratoren auf den Netzmanagementmodulen. Es gibt unterschiedliche Agent-Typen: Standard, Advanced und Advanced Analyzer Agent.

Token Ring Agents

Der Advanced Agent und der Advanced Analyzer Agent stellen folgende Token Ring-spezifische Funktionen bereit:

- Automatische Erkennung der Ringgeschwindigkeit,
- Automatische Beacon-Beseitigung.

Der Standard-Agent unterstützt nur die automatische Erkennung der Ringgeschwindigkeit, nicht aber die ABR-Funktion.

Die Agent-Version 1.3 und höher für System 5000 unterstützt sowohl Ethernet- als auch Token Ring LANs.

Die Token Ring-Netzmanagementmodule Modell 3517SA und 5510 sowie der Konzentrator Modell 2715SA mit Advanced Analyzer-Funktion verfügen außerdem über RMON-Funktion nach RFC 1271 und RFC 1513.

Tabelle 7-2 zeigt die Agent-Typen und -Versionen, die von Netzwerkmanagementmodulen und Token Ring Hubs unterstützt werden.

Um alle neuesten Funktionen zu erhalten, sollte immer die aktuelle Agent-Version vorhanden sein. Optivity ist allerdings abwärtskompatibel und unterstützt auch ältere Agent-Versionen.

Statistiken bei System 5000

Die Token Ring Host-Module unterstützen wie die Netzmanagementmodule den gemeinsamen Managementbus-Zugriff (CMB) sowie die verschiedenen

Agent-Typ	System 5000	System 2000/ System 3000SA	System 3000	System 2000
Advanced Analyzer	Version 1.3 u. höher NNM Modell 5510 mit DCE	Version 1.3 u. höher Hub Modell 2715SA u. NMM Modell 3517SA		
Advanced			Version 5. NMM Modell 351x	Version 5.0 Hub Modell 271x
Standard			Version 3.5.1 NMM Modell 351x	Version 3.5 Hub Modell 271x

Tabelle 7-2: Token Ring Agents, -Netzmanagementmodule und -Hubs.

Agent-Versionen. Außerdem stellen sie Cross Media-Managementfunktionen bereit, d.h. mit einem Token Ring-NMM können gleichzeitig auch Kernstatistiken in Ethernet LANs abgefragt werden.

Die Host-Module Modell 5575-C und 5575-F, sowie die Host-Module Modell 5502, 5505 und 5505P mit zusätzlichem installiertem Modell 559 EMT messen Kernstatistiken pro Ring.

Das Modul 559 EMT wird zusätzlich auf dem Host-Modul installiert und ist vergleichbar mit der DCE. Mit einem Modell 559 EMT auf dem Host-Modul können bessere Sicherheitsmaßnahmen getroffen werden. In diesem Fall wird angezeigt, wer an welchem Port jedes Host-Modul angeschlossen ist. Außerdem wird ein EMT 559 benötigt, wenn in isolierten Ringen die Funktionen des Advanced Analyzers bereitgestellt werden sollen (in isolierten Ringen arbeiten DCEs nicht). Weitere Einsatz- und Funktionsmöglichkeiten der 559-Module sind im „Technical Reference Pocket Guide" beschrieben.

Werden über die oben beschriebenen Module Fehler gemeldet, können Netzmanagementmodule mit integrierter DCE in den entsprechenden Ring geschaltet werden, um Managementinformationen auf den höheren Schichten zu gewinnen, wie sie auch von externen Netzanalysern bereitgestellt werden. Die Netzmanagementmodule für System 5000 unterstützen Netzmanagementfunktionen in Ethernet und Token Ring LANs. Jedes NMM zeigt Kernstatistiken an und löst bestimmte Aktionen aus, zum Beispiel Abschaltung von Stationen und Ports vom Ring. Tabelle 7-3 gibt einen Überblick, welche Netzmanagementstatistiken und Software-Fehler auf Ringebene gemeldet werden.

Statistiken auf Ringebene	Soft Errors auf Ringebene
Total octets	Line errors
Total MAC octets	Internal errors
Total frames	Burst errors
Total good frames	AC errors
Total bad frames	Abort errors
Total MAC frames	Lost frame errors
Total LLC frames	Congestion errors
Total nonunicast frames	Frame copied errors
Total unicast frames	Frequency errors
Total beacon frames	Token errors
Total ring purges	
Total claim token frames	
Total soft error frames	

Tabelle 7-3: Kernmanagementstatistiken in Token Ring LANs.

VIII. Token Ring-Netze mit einem Konzentrator

Die Token Ring-Konzentratoren von Bay Networks, System 2000, System 3000 und System 5000, eignen sich für Netze jeder Größe. Die Konzentratoren unterscheiden sich in der Anzahl der unterstützten Teilnehmeranschlüsse, in der Anzahl der möglichen Ringe, in der maximal möglichen Kabelentfernung sowie in der Bereitstellung von physikalischen Schnittstellen zum Anschluß von Endgeräten.

System 2000

Der nichtmodulare Konzentrator System 2000 wird in der Regel in Netzen mit geringer bis mittlerer Teilnehmeranschlußdichte eingesetzt. Jeder System 2000-Konzentrator stellt 16 Anschlüsse für Endgeräte bereit. In einer kaskadierten Konfiguration sind bis zu 80 Teilnehmeranschlüsse möglich. Die passiven Hubs (Modell 271x oder 2702x) können entweder mit UTP- oder STP-Kabel betrieben werden; eine Kabelmischung am gleichen Hub oder im gleichen Cluster ist nicht möglich. Die aktiven Konzentratoren (Modell 2715B oder 2705B) stellen ebenfalls 16 Anschlüsse für UTP- und STP-Kabel bereit; sie können gemischt, d.h. mit UTP- und STP-Kabel am gleichen Hub bzw. im gleichen Cluster, betrieben werden.

Abbildung 8-1 zeigt eine typische Token Ring-Konfiguration, die aus einem aktiven Konzentrator, Modell 2705B besteht. Die Stationen sind in diesem Beispiel mit STP-Kabel angeschlossen, die Verwendung von UTP-Kabel oder STP- und UTP-Kabel ist ebenso möglich.

Die Endgeräte werden über Verbindungskabel an die Wanddose angeschlossen. Ist die LAN-Verkabelung mit UTP-Kabel ausgeführt und wird im Endgerät eine STP-Netzschnittstellenkarte mit Sub-D9-Stecker verwendet, muß zusätzlich ein Mediafilter installiert werden, das direkt auf die Netzschnittstellenkarte gesteckt wird. Das Filter paßt die Impedanz des STP-Kabels derjenigen des UTP-Kabels an und reduziert die Abstrahlung. Die Mediafilter von Bay Networks arbeiten mit 4 Mbit/s oder 16 Mbit/s Übertragungsgeschwindigkeit.

Im Etagenverteiler wird ebenfalls ein kurzes Verbindungs- oder Rangierkabel zwischen Verteilerfeld und Konzentrator benötigt. Die Verkabelung zwischen Verteilerfeld und Wanddose ist fix und bleibt von Anschlußänderungen unberührt.

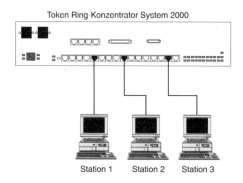

Abbildung 8-1: Token Ring, bestehend aus einem Konzentrator System 2000, Teilnehmeranschluß mit STP-Kabel.

Funktionsprinzip

Abbildung 8-2 zeigt das Funktionsprinzip eines Token Ring in einer sternförmigen Verkabelung. Der eigentliche Ring als Übertragungsweg beschränkt sich auf den Konzentrator. An die Teilnehmeranschluß-Ports sind die Stationen mit STP-Kabel angeschlossen. Der RI/RO Port des Konzentrators ist geschlossen (wrap), d.h. der Token Ring beschränkt sich ausschließlich auf diesen Hub und bietet damit bis zu 16 Anschlußmöglichkeiten.

Das Funktionsprinzip des Hubs ist für UTP- und STP-Netze gleich. Bei der Installation muß allerdings berücksichtigt werden, daß bei Verwendung von UTP-Kabel und STP-Netzschnittstellenkarten ein Mediafilter zwischengeschaltet werden muß.

Station 2 in Abbildung 8-2 ist vom eigentlichen Ringbetrieb abgeschaltet, d.h. befindet sich im Wrap-Zustand. Dafür ist einer der folgenden Gründe verantwortlich:

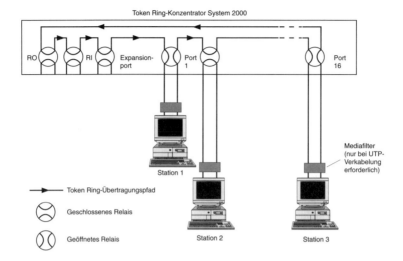

Abbildung 8-2: Token Ring-Funktionsprinzip im Konzentrator.

- Das Endgerät ist abgeschaltet.
- Die Netzsoftware der Station ist nicht in Betrieb.
- Die Station führt gerade einen Selbsttest durch oder hat sich selbst vom Ring abgeschaltet (oder beides).
- Das Netzmanagementsystem hat den Port vom Netzbetrieb abgeschaltet.
- Der Konzentrator hat festgestellt, daß das Endgerät versucht hat, sich mit der falschen Ringgeschwindigkeit an den Ring anzuschalten, und hat den Port geschlossen.
- Die Kabelverbindung zwischen Konzentrator und Endgerät ist unterbrochen oder falsch installiert.

System 3000

System 3000 eignet sich für mittlere und große Token Ring-Netze. Pro Konzentrator werden bis zu 132 Teilnehmer unterstützt. Es stehen passive und aktive Host-Module (Teilnehmeranschlußmodule) zur Verfügung. Beide Host-Modultypen unterstützen UTP- und STP-Kabel. An das passive Host-Modul (Modell 3502B) können allerdings nur entweder STP- oder UTP-Kabel angeschlossen werden. Befinden sich mehrere passive Host-Module in einem Konzentrator, sollten alle Host-Module mit einem einheitlichen Kabel, d.h. entweder UTP oder STP, betrieben werden. Bei Verwendung des aktiven Host-Moduls (Modell 3505B) können STP- und UTP-Kabel am gleichen Modul gemischt verwendet werden.

Abbildung 8-3 zeigt eine typische Token Ring-Konfiguration mit dem Konzentrator System 3000 unter Verwendung von UTP-Kabel. Da zum Anschluß der Endgeräte das aktive Host-Modul verwendet wird, können STP- oder UTP-Kabel oder beide Kabeltypen gleichzeitig eingesetzt werden.

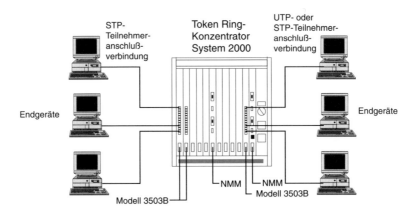

Abbildung 8-3: Token Ring, bestehend aus einem Konzentrator System 3000, Teilnehmeranschluß mit UTP- und/oder STP-Kabel.

In den Arbeitsräumen werden die Endgeräte mit Hilfe von Verbindungskabeln an die Wanddose angeschlossen. Ist das Netz mit UTP-Kabel aufgebaut, und sind einige der Endgeräte mit STP-Netzschnittstellenkarten ausgerüstet, müssen diese Endgeräte mit einem Mediafilter versehen werden, der direkt auf die Netzschnittstellenkarte gesteckt wird. Das Mediafilter reduziert die Abstrahlung des Kabels und paßt die Impedanz dem UTP-Kabel an. Einige auf dem Markt befindliche Token Ring-Komponenten sind TRIL-zertifiziert, d.h. sind mit einem internen Mediafilter versehen, und können deshalb bei Verwendung von Verbindungskabeln der Kategorie 5 direkt an die UTP-Wanddose angeschlossen werden. TRIL (Token Ring Interoperability Lab) ist ein Zusammenschluß verschiedener Firmen, die sich auf freiwilliger Basis zu gemeinsamen Interoperabilitätstests bereiterklärt haben.

Im Steckplatz 12 des Konzentrators in Abbildung 8-3 befindet sich ein Netzmanagementmodul, Modell 3513, das so konfiguriert wurde, daß es an den Ring 1 des Konzentrators angeschlossen ist. In Steckplatz 6 befindet sich ein zweites Netzmanagementmodul 3513, das auf Ring 2 an der Konzentratorrückwand zugreift. An beiden Netzmanagementmodulen sind die RI/RO Ports geschlossen, da es sich um einen Token Ring handelt, der nur aus einem Konzentrator besteht. Im Konzentrator selbst sind zwei Ringe realisiert, die jeweils aus einem Netzmanagementmodul und mehreren Host-Modulen bestehen. Auch diese beiden Ringe werden unabhängig voneinander betrieben, d.h. es besteht keine Verbindung zwischen Ring 1 und Ring 2, da kein Internetworking-Modul, zum Beispiel eine Brücke oder ein Router, installiert ist. Die Netzmanagementmodule überwachen jeweils den Ring, auf den sie an der Rückwand zugreifen. Sie stellen statistische und Fehlerinformationen auf Ring- und Port-Ebene bereit.

Funktionsprinzip

Das Funktionsprinzip des Token Rings ist bei Verwendung von STP- und UTP-Kabel gleich. Ist das Netz mit UTP-Kabel aufgebaut, muß an jedem Endgerät ein Mediafilter eingesetzt werden.

Werden die Endgeräte über ein Host-Modul 3502B an den Konzentrator angeschlossen, hat dieses die gleiche Funktion wie eine passive Multimedia Access Unit (MAU). Bei Verwendung des Host-Moduls Modell 3505B werden die Daten an jedem Port aufbereitet, wenn das Host-Modul Daten zum Endgerät schickt. In beiden Fällen schickt bei Aktivierung der Netzsoftware im Endgerät die Netzschnittstellenkarte die Phantomspannung zum Host-Modul im Konzentrator. Die Phantomspannung öffnet das Relais an dem Port des Host-Modules im Konzentrator, an dem das Endgerät angeschlossen ist und nimmt das Endgerät dadurch in den Ringbetrieb auf. Am entsprechenden Port leuchtet die Phantomspannungs-LED auf.

Diejenigen Ports, deren Phantomspannungs-LED nicht leuchtet, nehmen am aktiven Ringbetrieb nicht teil. Gründe hierfür können sein:

- Das Endgerät ist nicht eingeschaltet.
- Die Netzsoftware der Station ist nicht in Betrieb.
- Die Station führt einen Selbsttest durch oder hat sich selbst vom Ring abgeschaltet (oder beides).

- Die Kabelverbindung zwischen Konzentrator und Endgerät ist unterbrochen oder falsch installiert.
- Das Netzmanagementsystem hat den Port abgeschaltet. In diesem Fall leuchten zwei LEDs, die NM Wrap LED am zugehörigen Netzmanagementmodul und die NM CONTROL LED am Host-Modul.

Jedes UTP Host-Modul hat eine Statusanzeige. Diese leuchtet, wenn das Host-Modul mit Strom versorgt wird. Zusätzlich gibt es zwei Anzeigen für Ring 1 und Ring 2. Leuchtet die LED für Ring 1, bedeutet dies, daß das Modul auf Ring 1 zugreift usw.

Wird ein Host-Modul vom Ringbetrieb an der Rückwand abgeschaltet, schließt sich das Relais zwischen Host-Modul und Ring. Alle weiteren Module im Konzentrator und der übrige Ringbetrieb bleiben von diesem Vorgang unbetroffen. Das Relais zwischen Rückwandring und Host-Modul kann auch über das Netzmanagementsystem geschlossen oder geöffnet werden, ohne daß dabei das Host-Modul manuell vom Ring abgetrennt oder eingefügt werden muß.

Die so erfolgte Abtrennung eines Host-Moduls vom Ringbetrieb nennt man Bypass. Da das Host-Modul nach wie vor vom Konzentrator mit Strom versorgt wird, kann es weiterarbeiten, d.h. die Stationen, die an diesem Host-Modul angeschlossen sind, formen einen internen oder lokalen Ring, über den sie untereinander weiterkommunizieren können. Sie sind allerdings vom Ringbetrieb in der Konzentratorrückwand, d.h. vom allgemeinen Ring, auf den die anderen Host-Module im Konzentrator zugreifen, abgetrennt. Bei diesem Betriebszustand leuchtet die Bypass LED auf dem betroffenen Host-Modul.

System 5000

System 5000 wird in sehr großen Token Ring- bzw. Client/Server-Umgebungen als Hub im Netzzentrum oder als High-end-Hub in den Verteilerräumen eingesetzt. Aufgrund der extrem hohen Flexibilität von System 5000 kann schon eine Konfiguration, die nur aus einem Hub besteht, sehr komplex sein. Abbildung 8-4 zeigt ein Token Ring LAN, das aus einem einzigen Konzentrator System 5000 besteht. Im Konzentrator sind zwei Token Ring-Segmente realisiert. An jeden Ring sind mehrere Server und ein Router angeschlossen. Die Konfiguration setzt sich aus folgenden Komponenten zusammen:

Physikalische Schicht

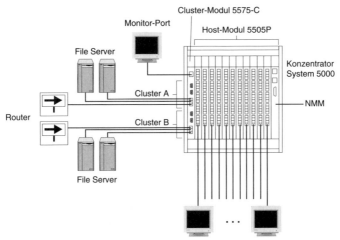

Logische Schicht

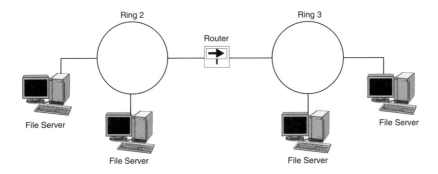

Abbildung 8-4: Token Ring LAN mit einem Konzentrator System 5000.

- einem Token Ring Host-Modul, Modell 5575-C,
- fünf aktive Host-Module, Modell 5505P mit je 20 Ports und Konfigurations-Switching-Funktionen pro Port,
- einem Netzmanagementmodul, Modell 5510, auf dem eine Data Collection Engine (DCE), Modell 5511, installiert ist,
- vier File Server mit Verbindung zum Router,
- 100 Endgeräte.

Im Konzentrator sind zwei Ringe realisiert, an jeden Ring sind dedizierte Server angeschlossen, die Ringe sind über Router miteinander verbunden. Das im Konzentrator installierte Host-Modul 5575-C unterstützt zwei voneinander unabhängige Cluster. Die Konfiguration bietet folgende Möglichkeiten:

- Cluster A auf dem Host-Modul 5575-C greift auf Ring 2 in der Konzentratorrückwand zu. An dieses Cluster sind zwei File Server und ein Router angeschlossen.
- Cluster B greift auf Ring 3 im Konzentrator zu und unterstützt ebenfalls zwei File Server und einen Router.
- Die 100 Endgeräte sind über mehrere Host-Module vom Typ 5505-P angeschlossen. Jedes Endgerät/jeder Host-Modul-Port kann beliebig und ohne Kabel verändern zu müssen entweder auf Ring 2 oder Ring 3 geschaltet werden.
- Das Netzmanagementmodul Modell 5510 mit integrierter DCE Modell 5511 liefert Statistiken über Performance, Fehler, Topologie, Auslastung und Protokoll für beide Ringe.

IX. Token Ring-Netze mit mehreren Konzentratoren

Die Konzentratoren von Bay Networks, System 2000, System 3000 und System 5000, können auch zum Aufbau von großen Token Ring-Netzen eingesetzt werden. Dieses Kapitel beschreibt Beispielkonfigurationen, wie die Bay Networks Hubs zusammen in einem Netz arbeiten und wie andere Multistation Access Units (MAU), zum Beispiel von IBM, in das Netz integriert werden können.

Es wird vorausgesetzt, daß eine strukturierte sternförmige Verkabelung vorhanden und ordnungsgemäß installiert ist.

System 2000

Mehrere System 2000-Konzentratoren können über ihre Ring-In/Ring-Out Ports zu einem großen physikalischen Ring zusammengeschaltet werden. Neben Verbindungen zwischen Konzentratoren (Trunk-Verbindungen) werden die RI/RO Ports zur Cluster-Bildung benötigt.

Ring-In-/Ring-Out-Verbindungen

Über den RI/RO Port können Konzentratoren miteinander verbunden und dadurch größere Ringe aufgebaut werden, als dies mit einem einzigen Konzentrator möglich ist. Für Verbindungen zwischen den Konzentratoren werden in der Regel entweder Lichtwellenleiter- oder STP-Kabel verwendet.

Abbildung 9-1 zeigt, wie Hubs, die in drei verschiedenen Verteilerräumen installiert sind, miteinander verbunden werden.

Funktionsprinzip

Abbildung 9-2 zeigt den Verlauf des Übertragungspfades der Netzkonfiguration in Abbildung 9-1.

Die vom RI/RO Port abgehende Trunk-Verbindung kann in LWL- oder STP-Technik ausgeführt sein. Das Kabel bietet zwei Übertragungspfade, den Sekundär- und Primärpfad. Der Sekundärpfad wird als Backup-Weg (redundante Verbindung) benutzt, wenn die Hauptverbindung ausfällt. Jede STP RI/RO-Verbindung besteht aus zwei geschirmten Aderpaaren, eines für Senden, das andere für Empfangen. LWL-RI/RO-Verbindungen bestehen aus zwei Fasern, einer Sende- und einer Empfangsfaser.

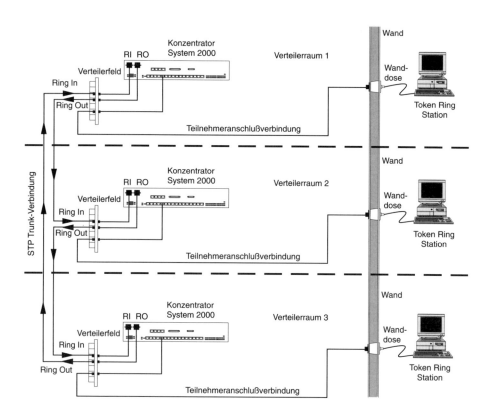

Abbildung 9-1: Mehrere System 2000-Konzentratoren bilden einen Token Ring.

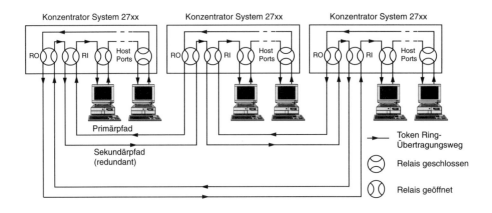

Abbildung 9-2: Übertragungspfad in einem Ring mit mehreren Konzentratoren.

Zwei miteinander verbundene RI/RO Ports tauschen untereinander die Phantomspannung aus, wenn der Schalter am RI/RO Port auf der Position „SynOptics" steht. Diese Betriebsweise wird über die LED am RI/RO Port auf der Hub-Vorderseite angezeigt. Der Hauptvorteil der Phantomspannung liegt darin, daß ein Ausfall der RI/RO-Verbindung automatisch erkannt und behoben wird. Wird die RI/RO-Verbindung beispielsweise unterbrochen, erkennen die RI/RO Ports auf beiden Seiten der RI/RO-Verbindung die Phantomspannung nicht mehr und schließen automatisch ihre Relais. Dadurch wird der Primärpfad vom Ringbetrieb isoliert; die Relais schalten auf den Sekundärpfad um, so daß das Netz weiter funktioniert.

Der gleiche Mechanismus läuft ab, wenn der Strom im Konzentrator ausfällt. In diesem Fall fällt die Phantomspannung ab, der Hub wird vom Ringbetrieb isoliert und automatisch wieder angeschaltet, wenn der Fehler behoben ist.

Die Relais am RI/RO Port können auch über das Netzmanagementsystem geöffnet und geschlossen werden. Dies ist vor allem nützlich, wenn vorübergehend Übertragungsfehler auftauchen und behoben werden müssen. Der Operator kann vom Netzmanagementbildschirm aus die Fehlerstelle isolieren, indem er die Relais an den RI/RO Ports schließt.

Connectivity Guide

Cluster-Konfiguration

Die Konzentratoren System 271x verfügen neben dem RI/RO- und den Teilnehmeranschluß-Ports über vier zusätzliche RJ45-Erweiterungs-Ports. An diese Erweiterungs-Ports können bis zu vier System 2000 Token Ring-Konzentratoren hintereinander geschaltet, d.h. ein Cluster mit fünf Konzentratoren, gebildet werden. Jeder Erweiterungs-Port hat eine Bypass-LED, die anzeigt, daß der Port, wenn er benutzt wird, vom Hauptring abgetrennt ist. Jeder Erweiterungs-Port hat außerdem eine Status-LED. Diese zeigt den Status der Datenverbindung zu demjenigen Hub an, der über den Erweiterungs-Port angeschlossen wurde. Die Konzentratoren System 271x überwachen außerdem das komplette Cluster.

Eine Cluster-Konfiguration besteht aus einem Konzentrator Modell 271x, an den über spezielle Erweiterungskabel bis zu vier Token Ring Hubs System 270x angeschlossen werden können. Die kaskadierten Konzentratoren werden entweder an den RI/RO Port des Konzentrators Modell 271x oder an die Erweiterungs-Ports von Modell 271x angeschlossen. Welcher Port für die Kaskadierung verwendet wird, hängt davon ab, welche Konzentratoren in Reihe geschaltet werden:

- Ein in Reihe geschalteter Konzentrator, Modell 270x, wird an den Erweiterungs-Port des Hauptkonzentrators angeschlossen.
- Ein in Reihe geschalteter Konzentrator, Modell 271x, wird an den RI/RO Port des Hauptkonzentrators angeschlossen.

Benutzen Sie die Erweiterungs-Ports, um Konzentratoren vom Typ 2715x mit Konzentratoren vom Typ 2705x zu verbinden und um Konzentratoren vom Typ 2712x mit Konzentratoren vom Typ 2702x zu verbinden. Die numerierten „Expansion LEDs" am Konzentrator Modell 270x zeigen an, welcher Erweiterungs-Port angeschlossen ist. Bilden Sie ein Cluster mit Hilfe der Erweiterungs-Ports, sind die RI/RO Ports der Hubs deaktiviert.

Abbildung 9-3 zeigt eine typische Cluster-Konfiguration mit einem Konzentrator Modell 271x und vier Konzentratoren vom Typ 270x.

Arbeitsweise eines Hubs in einem Cluster

Konzentratoren in einer Cluster-Konfiguration arbeiten anders als alleinstehende Konzentratoren, und zwar deshalb, weil beim Hauptkonzentrator (zum Beispiel Modell 271x) der RI/RO Port dazu benutzt wird, um die anderen Konzentratoren anzuschließen, bei den vier hintereinandergeschalteten Konzentratoren die RI/RO Ports aber deaktiviert sind. Dies gilt nur in einem gemischten Cluster mit diesen Modellen. Werden Konzentratoren vom Typ 271x hintereinander geschaltet, wird der RI/RO Port benutzt.

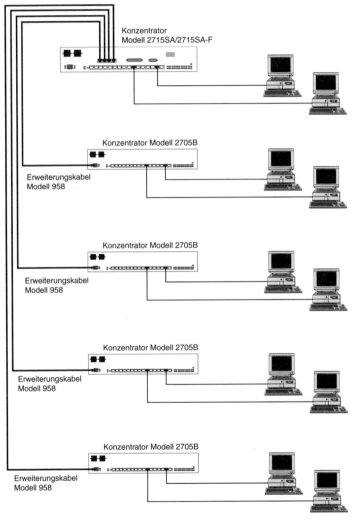

Abbildung 9-3: Typische Cluster-Konfiguration mit einem Konzentrator Modell 271x und vier Konzentratoren vom Typ 270x.

Funktionsprinzip

Die Funktionsweise des hier beschriebenen Clusters ist bei Verwendung von UTP- oder STP-Kabel gleich. Ist die Verkabelung in UTP-Technik ausgeführt, und sind die Endgeräte mit STP-Netzschnittstellenkarten ausgerüstet, wird ein Media-Filter notwendig. Beachten Sie, daß der Konzentrator Modell 271x nur einen Kabeltyp pro Cluster unterstützt, d.h. alle Teilnehmeranschlüsse müssen entweder in STP- oder UTP-Technik ausgeführt werden. Nur die aktiven System 2000 Modelle 2715B und 2705B erlauben Teilnehmeranschlüsse mit gemischten Kabeln.

Abbildung 9-4 zeigt den Verlauf des Übertragungsweges der in Abbildung 9-3 beschriebenen Konfiguration. Mit Hilfe von Token Ring-Erweiterungskabeln sind ein Konzentrator Modell 271x und vier Konzentratoren des Typs 270x hintereinandergeschaltet. Der Hauptkonzentrator stellt Netzmanagementfunktionen für die in Reihe geschalteten vier Modell 270x-Konzentratoren, d.h. für bis zu 80 Teilnehmer, bereit. Der RI/RO Port des Hauptkonzentrators dient als RI/RO Port für das gesamte Cluster.

Wird die Token Ring-Netzsoftware in einem Endgerät gestartet, gibt die Netzschnitttellenkarte die Phantomspannung auf die Teilnehmeranschlußverbindung. Die Spannung öffnet das Relais des Hub Ports, an welchem das Endgerät angeschlossen ist, und nimmt dadurch das Endgerät in den aktiven Ringbetrieb auf. Die Phantomspannungs-LED des entsprechenden Hub Ports leuchtet.

Die Stationen 2 und 3 in Abbildung 9-4 befinden sich im Wrap- oder Schleifenzustand. Folgende Gründe kommen hierfür in Frage:

- Station 2
  - Das Endgerät ist abgeschaltet. Die Phantomspannungs-LED am Konzentrator ist aus.
  - Die Netzsoftware im Endgerät wurde deaktiviert. Die Phantomspannungs-LED am Konzentrator ist aus.
  - Die Station führt gerade einen Selbsttest durch oder hat sich selbst vom Ring abgeschaltet (oder beides). Die Phantomspannungs-LED am Konzentrator ist aus.
  - Das Netzmanagementsystem hat den Port in den Wrap-Zustand versetzt. In diesem Fall leuchtet die Wrap-LED. Die Phantomspannungs-LED am Konzentrator leuchtet ebenfalls.

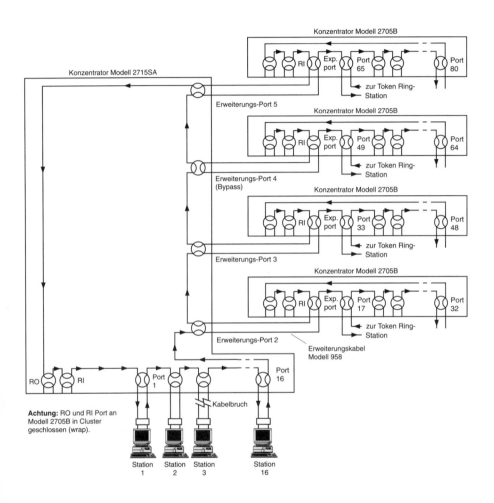

Abbildung 9-4: Übertragungsweg in einer Cluster-Konfiguration bestehend aus einem Hauptkonzentrator, Modell 2715SA, und vier in Reihe geschalteten Konzentratoren, Modell 2705B.

- Der Schaltkreis für automatische Geschwindigkeitserkennung hat die Station aus dem Ring genommen. Die Phantomspannungs-LED und die Wrap-LED am Konzentrator leuchten.
- Station 3
- Die Teilnehmeranschlußverbindung ist unterbrochen oder abgeschaltet. Die Phantomspannungs-LED am Konzentrator ist aus.

In Abbildung 9-4 ist der Konzentrator Modell 270x, der mit dem Erweiterungs-Port 4 des Konzentrators Modell 271x verbunden ist, vom Cluster isoliert. Dies kann verschiedene Gründe haben:

- Der Konzentrator, Modell 270x ist abgeschaltet. (Die Host Status LED des am Erweiterungs-Port 4 angeschlossenen Endgeräts ist aus).
- Das Netzmanagement hat den Expansion Host 4 vom Ringbetrieb abgeschaltet. (Die Host Status LED des am Erweiterungs-Port 4 angeschlossenen Endgeräts ist aus, die Bypass-LED an). Der isolierte Hub Modell 270x arbeitet als Standalone-Konzentrator weiter.
- Die Konzentratoren Modell 270x, Gruppe 2 bis 5, können auch vom Cluster-Netz abgeschaltet werden, indem das Erweiterungskabel demontiert wird. Die Relais am Erweiterungs-Port des Hubs, Modell 271x und 270x schließen, Konzentrator Modell 270x ist als 16-Port-Konzentrator weiter betriebsbereit.

Verbindungen zwischen System 2000- und System 3000-Konzentratoren

System 2000- und System 3000-Konzentratoren können über ihre RI/RO Ports miteinander verbunden werden. RI/RO Ports stellen in System 3000 entweder das Netzmanagement- oder ein Repeater-Modul zur Verfügung, d.h. der Konzentrator muß mit einem der beiden Module bestückt werden.

Die aktiven Modelle der System 2000-Serie regenerieren und verstärken den Takt an jedem Teilnehmeranschluß-Port sowie am RO Port der Primär- und am RI Port der Sekundärverbindung. Dies gilt nur für Ringe mit 16 Mbit/s Übertragungsgeschwindigkeit; in Ringen mit 4 Mbit/s wird das Signal verstärkt, aber nicht aufbereitet. Daher müssen, je nach Ringgeschwindigkeit, bei der Konfiguration unterschiedliche Regeln beachtet werden.

Abbildung 9-5 zeigt ein Token Ring-Netz, das aus einem Konzentrator System 2000 und einem Konzentrator System 3000 mit Netzmanagementmodul besteht.

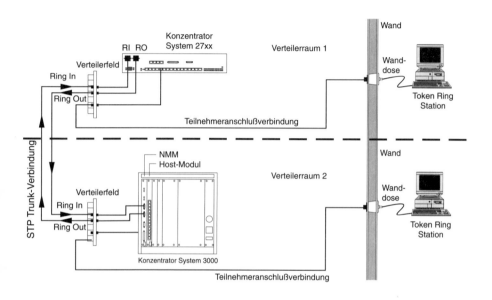

Abbildung 9-5: Verbindung zwischen System 2000 und System 3000.

Verbindungen zwischen System 3000-Konzentratoren

Um System 3000-Konzentratoren über RI/RO Ports miteinander zu verbinden, müssen sie entweder mit einem Netzmanagement- oder einem Repeater-Modul bestückt werden. Da ein System 3000-Konzentrator maximal zwei Token Ringe unterstützt, können pro Konzentrator zwei Module mit RI/RO Ports installiert sein, von denen jedes auf einen der beiden Token Ringe an der Rückwand des Konzentrators zugreift. D.h. jedes RI/RO-Modul ist Teilnehmer in einem separaten logischen Ring.

Token Ring-Netz mit mehreren Konzentratoren und einem Ring

In einem Netz, das zwar aus mehreren Konzentratoren, aber nur aus einem Ring besteht, werden die RI/RO-Module dazu benutzt, die Konzentratoren zu einem physikalischen Ring zusammenzuschließen. In der Beispielkonfiguration in Abbildung 9-6 wird LWL-Kabel für die Trunk-Verbindungen verwendet, es könnte ebenso STP-Kabel eingesetzt werden. Die Teilnehmer können mit UTP-, STP- oder LWL-Kabel an den Konzentrator angeschlossen werden. Abbildung 9-6 zeigt ein Token Ring-Netz, das sich über drei Konzentratoren in drei Verteilerräumen erstreckt.

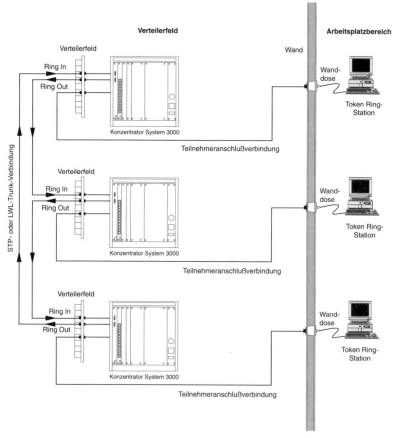

Abbildung 9-6: Verbindung zwischen mehreren Token Ring-Konzentratoren System 3000.

In jedem Konzentrator, und damit Verteilerraum, ist ein Repeater-Modul installiert. Alle Endgeräte und am Netz angeschlossenen Systeme sind auf die gleiche Ringgeschwindigkeit eingestellt. Der RI Port des Repeater-Moduls in Konzentrator 1 wird mit dem RO Port des Repeater-Moduls in Hub 2 usw. verbunden.

Funktionsprinzip

In Abbildung 9-7 ist das Funktionsprinzip der Konfiguration von Abbildung 9-6 schematisch dargestellt. Die Darstellung zeigt die Funktionsweise der RI/RO-Module und ihre Wechselwirkung mit den Trunk-Verbindungen, die die Hubs untereinander verbinden.

Eine Trunk-Verbindung besteht in der Regel aus STP- oder LWL-Kabel. In beiden Fällen stellt das Kabel den Primär- und Sekundärpfad bereit. Bei Normalbetrieb wird der Primärpfad für die Datenübertragung (Senden und Empfangen) benutzt. Der Sekundärpfad ist als Backup- oder redundante Verbindung geschaltet und übernimmt im Falle eines Fehlers oder einer Unterbrechung die Funktion des Primärpfades. Jede STP Trunk-Verbindung besteht aus zwei geschirmten Aderpaaren, eines für Senden, eines für Empfangen. Eine LWL-Trunk-Verbindung besteht aus zwei LWL-Fasern (für Senden und Empfangen).

Die RI/RO-Module sind über das Token Ring-System an der Konzentratorrückwand mit den anderen installierten Modulen im Konzentrator verbunden. Die Status-LED am RI/RO-Modul und die LED für Ring 1 oder Ring 2 sowie die Status-LED der Host-Module leuchten. Bei einem RI/RO-Modul schickt der RI (RO) Port an den gegenüberliegenden RO (RI) Port die Phantomspannung, wenn der entsprechende Schalter auf beiden Modulen auf die Position „SynOptics" gestellt wurde. Wurde diese Betriebsweise gewählt, leuchtet die LED zur Anzeige der Phantomspannung an jedem RI- und RO Port auf.

Der Hauptvorteil der Phantomspannung besteht darin, daß eine Unterbrechung der Trunk-Verbindung automatisch erkannt und die Ports auf der Gegenseite isoliert werden. Bricht eine Trunk-Verbindung, liegt am RI und RO Port keine Phantomspannung mehr an. Daraufhin schließen beide Ports ihre Relais und schalten auf den Sekundärpfad um (Abbildung 9-7). Der Netzbetrieb wird aufrechterhalten.

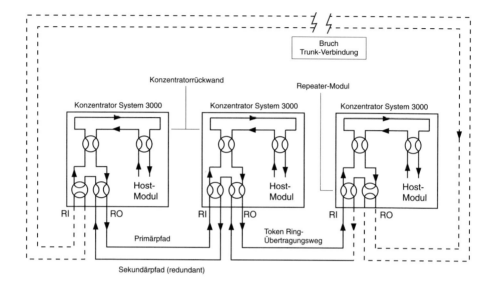

Abbildung 9-7: Übertragungsweg in einem Token Ring mit mehreren Konzentratoren bei einer unterbrochenen Trunk-Verbindung.

Kommt es zu einem Stromausfall eines Konzentrators, liegt ebenfalls keine Phantomspannung mehr an, und der Konzentrator wird vom Netzbetrieb abgeschaltet (Bypass) (Abbildung 9-8). In beiden Fällen wird der Primärpfad automatisch wieder zur Datenübertragung benutzt, wenn der Fehler behoben ist.

Die Relais der RI/RO-Module können auch über das Netzmanagementsystem geöffnet und geschlossen werden (wenn ein Token Ring-Netzmanagementmodul im gleichen Hub installiert ist und beide Module, Netzmanagement- und RI/RO-Modul, Teilnehmer am gleichen logischen Ring sind). Dies ist vor allem nützlich, wenn vorübergehend ein Fehler im Netz gesucht werden muß. In diesem Fall kann der Operator vom Netzmanagementbildschirm aus die Fehlerstelle isolieren, indem er die betroffenen Relais der RI/RO-Module schließt. Der Übertragungsweg in diesem Beispiel gleicht den Übertragungswegen in Abbildung 9-7 und 9-8.

Über das Netzmanagementsystem kann auch das RI/RO-Modul vom Ring an der Rückwand des Konzentrators System 3000 abgeschaltet werden (sofern ein Token Ring-Netzmanagementmodul im Hub installiert ist). Die Token Ring Host-Module, die Teilnehmer am gleichen Ring wie das Netzmanagementmodul sind, sind in diesem Fall vom Trunk-Ring isoliert.

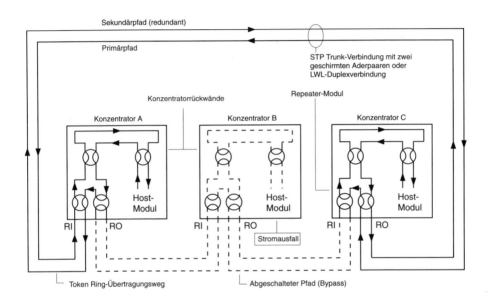

Abbildung 9-8: Übertragungsweg in einem Token Ring mit mehreren Konzentratoren bei Ausfall der Stromversorgung eines Konzentrators.

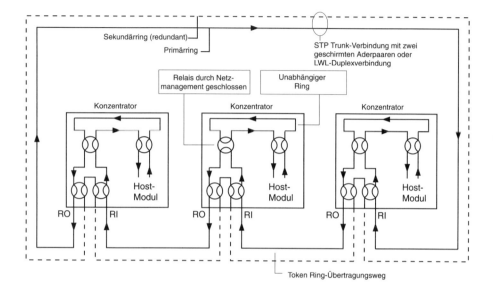

Abbildung 9-9: Übertragungsweg in einem Token Ring mit mehreren Konzentratoren bei Abschaltung eines RI/RO-Moduls vom Backplane-Ring.

Token Ring-Netz mit mehreren Konzentratoren und zwei Ringen

Abbildung 9-10 zeigt ein Token Ring-Netz mit zwei Token Ringen, die unabhängig voneinander arbeiten und über mehrere Konzentratoren System 3000 aufgebaut sind. Jeder Ring arbeitet völlig getrennt vom anderen. Deshalb können sie logisch mit Hilfe einer Brücke oder eines Router zu einem großen Token Ring LAN zusammengeschlossen werden.

Die RI/RO-Module greifen auf jeweils getrennte Token Ring-Systeme an der Konzentratorrückwand zu. Die Einstellung muß bei der Erstinstallation über den entsprechenden Schalter auf dem Modul manuell vorgenommen werden. Die beiden Ringe an der Rückwand können entweder bei 4 Mbit/s oder bei 16 Mbit/s arbeiten. Die Ringgeschwindigkeit wird auf den Netzschnittstellenkarten der Endgeräte und in der Netzsoftware eingestellt. Schließen Sie niemals eine 4 Mbit/s-Station an einen 16 Mbit/s-Ring an.

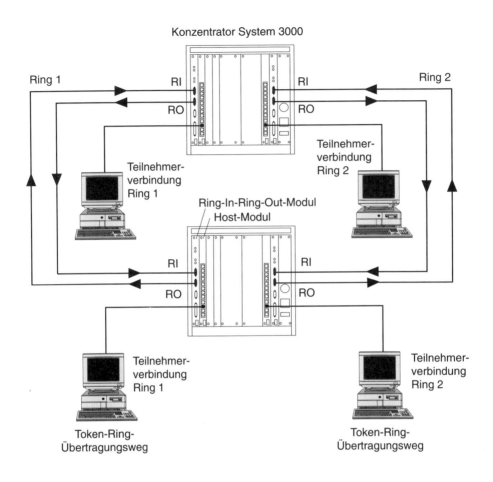

Abbildung 9-10: Zwei unabhängige Ringe in mehreren Hubs.

Funktionsprinzip

Abbildung 9-11 zeigt die beiden voneinander unabhängigen Token Ring-Pfade, die über mehrere Konzentratoren aufgebaut sind.

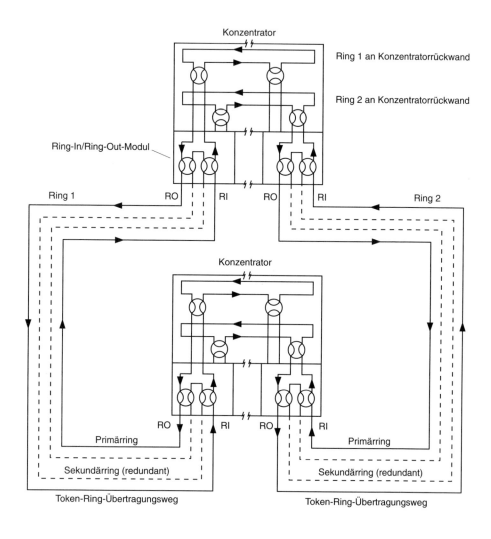

Abbildung 9-11: Token Ring-Übertragungsweg in einem Netz mit mehreren Konzentratoren und zwei unabhängigen Ringen.

Verbindungen zwischen System 2000-, System 3000- und System 5000-Konzentratoren

Ring-In-/Ring-Out-Verbindungen können auch zwischen Konzentratoren System 2000, System 3000 und System 5000 aufgebaut werden. Abbildung 9-12 zeigt eine entsprechende Konfiguration.

Im Konzentrator System 5000 sind zwei Ringe realisiert, die über einen Router miteinander verbunden sind. Jeder Ring kann entweder mit 4 Mbit/s oder mit 16 Mbit/s Ringgeschwindigkeit betrieben werden. In der Beispielkonfiguration in Abbildung 9-12 wird Ring 2 mit 4 Mbit/s und Ring 1 mit 16 Mbit/s betrieben. Die Ringgeschwindigkeit des System 2000-Konzentrators und des Cluster-Moduls (Port B) in System 5000 muß gleich, d.h. auf 4 Mbit/s, eingestellt sein. Ebenso muß der Konzentrator 3000 sowie Port A des Cluster-Moduls für 16 Mbit/s konfiguriert werden. Der Router stellt die Verbindung zwischen dem 4 Mbit/s- und 16 Mbit/s-Ring her.

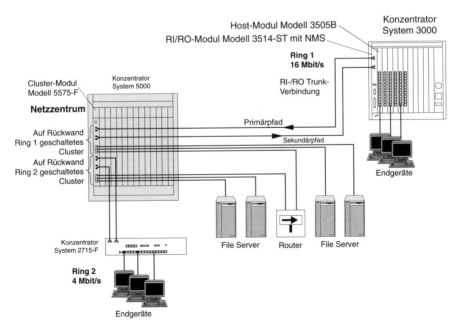

Abbildung 9-12: Token Ring mit System 5000, System 3000 und System 2000.

Funktionsprinzip

Die RI/RO-Verbindungen in Abbildung 9-12 führen vom RI/RO-Modul, Modell 3514-ST im Konzentrator 3000 und vom Konzentrator 2715-F zu den RI/RO Ports des Cluster-Moduls 5575-F im Konzentrator System 5000. Alle RI/RO-Verbindungen sind in LWL-Technik ausgeführt und stellen einen Primär- und Sekundärpfad bereit. Cluster A auf dem Modul 5575-F greift auf Ring 1, Cluster B auf Ring 2 an der System 5000-Rückwand zu. Jedes Cluster besteht aus einer RI/RO-Verbindung und vier aktiven STP/UTP Ports zum Anschluß von Endgeräten und Netzressourcen. In jedem Cluster sind an diese Ports jeweils zwei File Server und ein Router angeschlossen. Die Netzressourcen gehören zum gleichen logischen Ring wie die an den Konzentrator System 2000 oder System 3000 angeschlossenen Endgeräte, d.h. entweder zu Ring 1 oder Ring 2, obwohl sie im Netzzentrum installiert sind. Der Vorteil dieser Konfiguration ist, daß durch die zentrale Aufstellung der File Server und Router eine schnellere und einfachere Wartung möglich ist, und die Netzressourcen in einem gesicherten Raum aufgestellt werden können. Die File Server und Router können mit beliebigen Kabelmedien, zum Beispiel STP, UTP, an die Ports des Cluster-Moduls angeschlossen werden. Auch eine Kabelmischung ist möglich.

Verbindungen zu IBM Token Ring-Netzen

Die Konzentratoren von Bay Networks sind zusammen mit Media Access Units (MAUs), zum Beispiel IBM 8228, einsetztbar. IBM 8228 MAUs und Bay Networks-Konzentratoren können über STP Trunk-Verbindungen verbunden werden. Dabei muß an den RI/RO Ports der Bay Networks-Komponenten die Betriebsweise „non-SynOptics" eingestellt werden.

Die IBM MAU ist ein Token Ring Hub, der bis zu acht Teilnehmeranschlüsse pro Ring ermöglicht. Die Endgeräte werden über Lobe-Verbindungen mit geschirmtem symmetrischen Vierdrahtkabel (Typ 1) und IEEE 802.5-Datensteckern an die MAU angeschlossen. Die MAU stellt außerdem einen RI/RO Port für Verbindungen zu anderen MAUs oder kompatiblen Token Ring-Konzentratoren zur Verfügung.

An jedem Teilnehmeranschluß-Port der MAU befindet sich ein Relais, das den Port schließt und öffnet. Das Relais ist geschlossen (Bypass), wenn

- kein Endgerät angeschlossen ist,
- das Endgerät ausgeschaltet ist, oder nicht funktioniert,
- die Lobe-Verbindung unterbrochen ist.

Die IBM MAU ist ein passives Gerät ohne Stromversorgung. Die Relais an den Teilnehmeranschluß-Ports werden nur durch die Phantomspannung aktiviert, die von den angeschlossenen Endgeräten über die Teilnehmeranschlußverbindung zu den Lobe Ports geschickt wird. Liegt keine Spannung durch das Endgerät an, sind die Relais der MAU Lobe Ports geschlossen.

ACHTUNG
Da die IBM 8228 MAU selbst keine Phantomspannung unterstützt, müssen die Schalter an den STP RI/RO Ports der Bay Networks-Komponenten auf „non-SynOptics"-Betrieb eingestellt werden, da in einer reinen Bay Networks-Konfiguration beide RI/RO Ports einer Trunk-Verbindung die Phantomspannung liefern.

Fällt ein Kabel oder ein Gerät, das an einem der RI/RO Ports einer IBM MAU 8228 angeschlossen ist, aus, isoliert die ABR-Funktion das fehlerhafte Segment vom Netz.

Genauere Informationen finden Sie in den entsprechenden IBM-Handbüchern.

Die IBM MAU 8228 und die Bay Networks-Konzentratoren unterscheiden sich in ihrer Funktionsweise in Token Ring-Netzen in folgenden Punkten:

- Eine MAU unterstützt bis zu acht Teilnehmer. Bei mehr als acht an den Ring anzuschließenden Endgeräten müssen mehrere MAUs über ihre RI/RO Ports verbunden werden.
- Die Relais der Lobe Ports der MAU werden ausschließlich durch die an den Ports angeschlossenen Endgeräte geöffnet bzw. geschlossen, d.h. die Relais können nicht durch die MAU selbst oder über das Netzmanagementsystem geöffnet oder geschlossen werden.
- Ein Ausfall der MAU 8228 Trunk-Verbindung kann nur manuell behoben werden, indem das fehlerhafte Segment vom Ring abgeschaltet wird.

Abbildung 9-13 zeigt eine gemischte Token Ring-Umgebung mit Komponenten von Bay Networks und IBM, wie sie in der Praxis noch zu finden ist. In zwei Verteilerräumen sind System 2000-Konzentratoren, in einem Verteilerraum zwei IBM 8228 MAUs installiert, die über ihre RI/RO Ports zu einem Token Ring LAN verbunden sind.

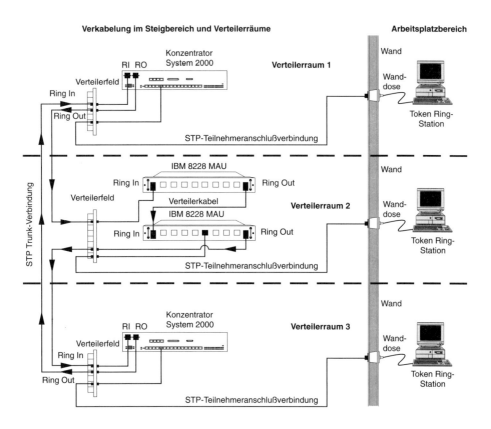

Abbildung 9-13: Token Ring-Netz mit System 2000 Hubs und IBM 8228 MAUs.

Auf den Hubs bzw. RI/RO-Modulen müssen die einzelnen RI/RO Ports auf „SynOptics" oder „non-SynOptics"-Betrieb eingestellt werden.

In Abbildung 9-13 ist der RI Port des Konzentrators in Verteilerraum 1 mit dem Konzentrator in Verteilerraum 3 und der RO Port mit der MAU in Verteilerraum 2 verbunden.

Im Verteilerraum 1 ist der RI Port des Konzentrators mit einem STP-Verbindungskabel an das Verteilerfeld an diejenige Dose angeschlossen, an der die RO-Verbindung vom Konzentrator aus Verteilerraum 3 aufliegt. Im Verteilerraum 3 ist der RI Port des System 2000 Hubs über das Verteilerfeld und die Steigbereichsverkabelung mit dem RO Port der ersten MAU in Verteilerraum 2 verbunden. Der RI Port der ersten MAU ist über ein Verbindungskabel an den RO Port der zweiten MAU im Verteilerraum 2 angeschlossen. Der RI Port der zweiten MAU ist über das Verteilerfeld im Verteilerraum 2 und die Steigbereichsverkabelung mit dem RO Port des Konzentrators im Verteilerraum 1 verbunden. Damit ist der Ring geschlossen.

Die Token Ring-Endgeräte sind an die Bay Networks-Konzentratoren und an die IBM MAUs angeschlossen.

Funktionsprinzip von heterogenen Netzen

Aus Netzsicht nehmen die Konzentratoren und die MAU die gleichen Funktion wahr: sie schließen Endgeräte über die Teilnehmeranschlußkabel an den Ring an und bilden über die RI/RO Trunk-Verbindungen ein gemeinsames Token Ring-Netz.

Abbildung 9-14 zeigt das Funktionsprinzip eines aus Bay Networks-Konzentratoren und IBM 8228 MAUs bestehenden Netzes. Die Teilnehmeranschlußverbindung zum Endgerät 2 ist unterbrochen, und das Relais an diesem Port ist geschlossen.

Obwohl, generell gesehen, die Konzentratoren und die MAUs die gleichen Basisfunktionen im Netz bereitstellen, gibt es in der Arbeitsweise doch Unterschiede, vor allem deshalb, weil die Bay Networks-Konzentratoren zusätzliche Funktionsmerkmale, vor allem, was Performance, Verfügbarkeit und Management anbelangt, bereitstellen. Beispielsweise können mit den Konzentratoren von Bay Networks aufgebaute RI/RO-Verbindungen im Fehlerfall durch die Technik der Phantomspannung abgeschaltet (Bypass) werden. Da die IBM MAU passiv ist, und somit an den RI/RO Ports der MAU keine Spannung anliegt (diese deshalb auch keine Relais haben), können die RI/RO-Verbindungen einer MAU nicht als Bypass-Verbindung geschaltet werden.

Daher müssen auch die Schalter 2 und 3 an den RI/RO Ports der Bay Networks-Konzentratoren auf die entsprechende Einstellung gebracht werden, wenn am anderen Ende der Verbindung ebenfalls ein Bay Networks-Konzentrator installiert ist, und in die jeweils andere Stellung gebracht werden, wenn am anderen Ende eine MAU installiert ist. Ein ordnungsgemäßer Betrieb zwischen Konzentrator und MAU ist nur dann gewährleistet, wenn die Schalter in der richtigen Position stehen.

Abbildung 9-15 zeigt ein Netz, in dem das RI/RO-Segment zwischen zwei IBM MAUs unterbrochen ist. In diesem Fall bringt die ABR-Funktion die RI/RO Ports, die die MAU mit dem Bay Networks-Konzentrator verbinden, in den Wrap-Zustand. Das MAU-Segment bleibt solange unterbrochen, bis die Kabel, die an den RI/RO Port angeschlossen sind, manuell entfernt werden.

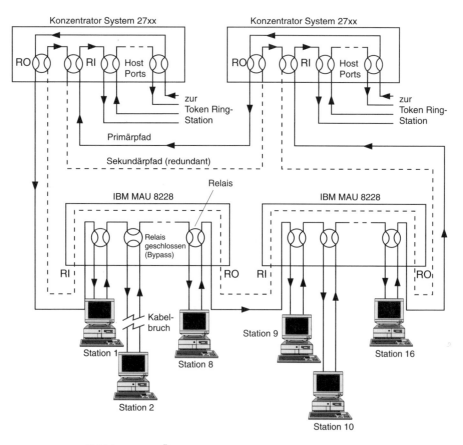

Abbildung 9-14: Übertragungsweg zwischen Hubs und MAUs.

Das Bay Networks-Segment arbeitet dagegen weiter. Nach Entfernung der Kabel unterbricht die RI-Verbindung der MAU und der RO-Datenstecker die Primärverbindung und schalten auf die Sekundärverbindung um. Der Netzoperator muß die RI/RO Ports, die die Verbindung zur MAU herstellen, wieder anschalten, d.h. den Wrap-Betrieb aufheben. Der Ringbetrieb wird über beide Pfade, sekundär und primär, wieder aufgenommen, während das unterbrochene Segment isoliert bleibt. Im Vergleich dazu wird in einer reinen Bay Networks-Konfiguration das unterbrochene Segment automatisch rekonfiguriert.

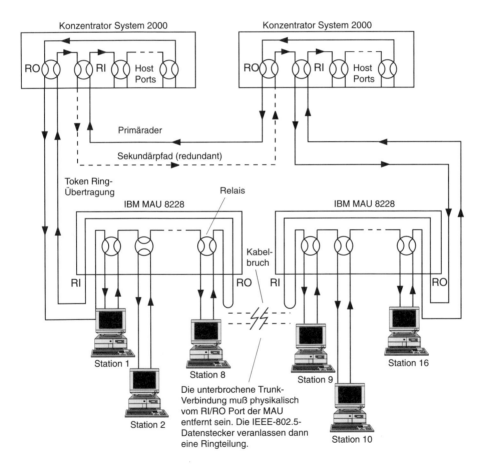

Abbildung 9-15: Übertragungweg in einem Netz aus mehreren Konzentratoren und MAUs.

Teil 4
FDDI-Netze

X. FDDI-Protokoll

FDDI-Netze (Fiber Distributed Data Interface) basieren auf dem Token Passing-Protokoll. Sie werden in der Regel mit Lichtwellenleiterkabel aufgebaut und arbeiten mit einer Übertragungsgeschwindigkeit von 100 Mbit/s. Neben der hohen Datenrate und der Möglichkeit, große Datenmengen über weite Entfernungen zu übertragen, zeichnen sich FDDI-Netze durch eine hohe Zuverlässigkeit und Fehlertoleranz aus, so daß sie bevorzugt im Backbone-Bereich, zum Beispiel zur LAN-WAN-Verbindung, eingesetzt werden. FDDI ist unter ANSI X3T9 standardisiert. In diesem Kapitel werden die Grundprinzipien von FDDI sowie die Standardisierung unter ANSI X3T9 besprochen.

FDDI-Grundprinzip

Ein FDDI-Netz besteht aus Endgeräten oder Netzsystemen, die über ein Lichtwellenleiterkabel miteinander verbunden sind. Die Stationen können nur nacheinander senden und müssen vor einem Sendevorgang auf einen freien Token warten. Der Token zirkuliert von einer Station zur anderen im FDDI-Ring. Eine sendewillige Station nimmt den Token vom Netz, fügt ihm die Daten bei und schickt die Sendung auf den Ring. Nach Abschluß der Sendung gibt die Sendestation den Token wieder frei. Einer der wesentlichen Unterschied zu Token Ring-Netzen nach IEEE 802.5 liegt in der Erzeugung des Frei-Token. In FDDI-Netzen gibt die Sendestation unmittelbar nach der Absendung des letzten Datenpakets den Token wieder frei, während in herkömmlichen Token Ring-Netzen der Token erst dann freigegeben wird, wenn die Datensendung von der Zielstation wieder bei der Sendestation angelangt ist. In FDDI-Netzen können mehrere Pakete gesendet werden, in Token Ring LANs nur eines.

Ringe

FDDI-Netze sind logisch als gegenläufiger Doppelring realisiert. Netzsysteme wie Konzentratoren und Router sind in der Regel an den Primärring angeschlossen, während der Sekundärring bei Ausfall des Primärrings als Ersatzweg geschaltet wird. Verliert eine am Primärring angeschlossene Station ihre Verbindung zum Netz, zum Beispiel aufgrund eines Kabelfehlers, teilt sich der Ring automatisch, indem er die Fehlerstelle umgeht oder isoliert (wrap). Aus dem gegenläufigen Doppelring wird durch die Teilung ein

Einfachring, der den Ringbetrieb trotz Kabelbruch aufrechterhält. Durch das Prinzip des gegenläufigen Doppelringes sind FDDI-Netze sehr ausfallsicher und fehlertolerant.

Außerdem ist es in FDDI-Netzen möglich, einen dritten – sog. lokalen – Ring zu realisieren. Dieser läuft unabhängig vom Primär- und Sekundärring. Er ist einerseits der Übertragung von Netzmanagement-, Diagnose- und physikalischen Topologieanpassungsdaten vorbehalten und unterstützt andererseits die störungsfreie Aufnahme neuer Stationen in den Ring. Genauere Informationen hierzu finden Sie in Kapitel XI „Anschluß von FDDI-Stationen und -Konzentratoren an den Ring".

Datenpfade

Entsprechend dem Konzept der drei Ringe hat jeder FDDI-Konzentrator von Bay Networks drei Datenpfade.

- Primärpfad:
  Der Primärpfad dient bei Normalbetrieb der Datenübertragung.
- Sekundärpfad
  Der Sekundärpfad wird üblicherweise als Backup-Übertragungspfad benutzt, um Fehler (zum Beispiel Kabelbrüche) auffangen und den Netzbetrieb ohne Unterbrechung fortsetzen zu können. Der Sekundärpfad kann allerdings auch als zweiter Datenübertragungsweg genutzt werden, wenn auf Redundanzen verzichtet wird.
- Lokaler Pfad:
  Der lokale Pfad nimmt Stationen, die sich am Ring an- oder vom Ring abmelden, in den Ringbetrieb auf bzw. entläßt sie aus dem Ringbetrieb, ohne den Netzbetrieb zu unterbrechen oder zu stören. Außerdem dient er der Übertragung von Informationen über die physikalische Topologie und deren dynamische Anpassung an die vorhandenen Strukturen.

In FDDI-Netzen unterscheidet man zwei Stationstypen: Dual Attachment Stations und Single Attachment Stations. Dual Attachment Stations (DAS) sind mit beiden LWL-Ringen, dem Primär- und Sekundärpfad, verbunden. Single Attachment Stations (SAS) sind nur an den Primärpfad angeschlossen. Die Verbindung einer SAS mit dem Primärring erfolgt in der Regel nicht direkt, sondern indirekt über einen Konzentrator. Detailliertere Informationen erhalten Sie in Kapitel XI „Anschluß von FDDI-Stationen und -Konzentratoren an den Ring".

Einschränkungen

Auch für FDDI-Netze gelten Entfernungseinschränkungen. Die maximale Ausdehnung eines FDDI-Rings beträgt 200 km. Da beide Übertragungspfade berücksichtigt werden müssen, ist die maximale Ausdehnung pro Ring 100 km. Die maximale Teilnehmeranschlußentfernung, d.h. die Verbindung zwischen einem Konzentrator und einem an ihn angeschlossenen Endgerät, ist bei Verwendung von Einmodenfasern auf maximal 10 km, bei Verwendung von Mehrmodenfasern auf maximal 2 km begrenzt. Tabelle 10-1 zeigt die wesentlichen Spezifikationen und Einschränkungen eines FDDI-Netzes.

Spezifikation	Technische Daten
Kabel	LWL-Kabel (Single- und Multimodefasern), STP- oder UTP-Kabel
Datenrate	100 Mbit/s
Maximale Paketgröße	4500 Byte
Kodierverfahren	4B/5B/MLT-3
Maximale Ringausdehnung	200 km
Maximale Teilnehmeranschluß-entfernung	100 m/2 km
Maximale Teilnehmeranzahl	500 pro Ring
Topologie	Gegenläufiger Doppelring
Optische Wellenlänge	1300 nm

Tabelle 10-1: FDDI-Spezifikationen.

FDDI-Standard ANSI X3T9

Der FDDI-Standard wurde vom X3T9-Komitee des American National Standards Institute (ANSI) erarbeitet. Er besteht aus vier Sektionen, von denen jede Sektion als eigener Standard oder Spezifikation verabschiedet wurde (Tabelle 10-2).

Abbildung 10-1 verdeutlicht die Beziehung zwischen den vier FDDI-Sektionen und dem ISO-Referenzmodell (OSI-Modell). FDDI betrifft nur die unteren beiden Schichten des OSI-Modells.

FDDI-Sektion	Standard*
Physical Medium Dependent (PMD)	ISO 9314-3 PMD
Physical Protocol (PHY)	ISO 9314-1 PHY
Media Access Protocol (MAC)	ISO 9314-2 MAC
Station Management (SMT)	ANSI FDDI X3T9.5 SMT-Spezifikation

* ISO: International Standardization Organization
ANSI: American National Standards Institute

Tabelle 10-2: FDDI-Standards.

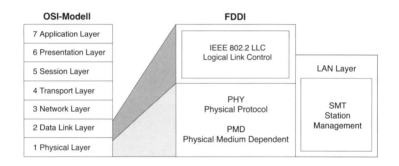

Abbildung 10-1: OSI-Modell und FDDI-Standard.

FDDI-Netze arbeiten auf den unteren beiden Schichten des OSI-Modells.

- Die Bitübertragungsschicht (Physical Layer) als unterste Schicht des OSI-Modells stellt die elektrische und mechanische Schnittstelle zum Übertragungsmedium sowie die notwendigen Dienste zur Sicherungsschicht (Data Link Layer) bereit. Die Bitübertragungsschicht besteht aus den zwei Teilschichten Physical Medium Dependent (PMD) und Physical Protocol Sublayer (PHY).
- Die Sicherungsschicht (Data Link Layer) übernimmt die Übertragung, die Paketierung und führt Funktionen der Fehlerkontrolle auf der Verbindung aus. Schicht 2 ist in die beiden Teilschichten Media Access Control (MAC) und Logical Link Control (LLC) geteilt. FDDI definiert das Protokoll für MAC-Betrieb. Darauf setzt die Original-LLC-Schicht nach IEEE 802.2 auf. Das OSI-Modell berücksichtigt außerdem eine Schichtenmanagement-Einheit entsprechend der Station Management-Funktion (SMT).

Bitübertragungsschicht

FDDI-Netze arbeiten auf zwei Teilschichten der Bitübertragungsschicht: der PMD- und der PHY-Teilschicht.

PMD-Teilschicht

Der Physical Medium Dependent Sublayer (PMD) legt die Spezifikationen für das Übertragungsmedium und die an das Übertragungsmedium angeschlossene Hardware fest, d.h. für das Lichtwellenleiterkabel, die optischen Stecker, die optischen Transmitter und Empfänger sowie den optischen Bypass-Schalter. Der ANSI-Standard deckt auch die PMD-Teilschichten für andere Kabeltypen, zum Beispiel geschirmtes und ungeschirmtes symmetrisches Vierdrahtkabel (STP, UTP), ab.

Derzeit gibt es folgende PMD-Standards; drei davon sind komplett abgeschlossen, der vierte wird gerade erarbeitet:

- Physical Medium Dependent (PMD) X3.166.
  In X3.166 wird als Basisübertragungsmedium für FDDI-Netze bis 2 km Entfernung Multimode-Lichtwellenleiterkabel (MMF) spezifiziert.
- Single Mode Fiber Physical Medium Dependent (SMF-PMD) X3.184.
  Die SMF PMD-Spezifikation legt Singlemode-LWL-Kabel (SMF) als Übertragungsmedium für FDDI-Netze fest und dehnt die maximale Entfernung von 2 km auf 60 km aus. Außerdem ist die Anbindung von SMF- an bestehende MMF-Netze möglich.
- Twisted Pair Physical Medium Dependent (TP-PMD) Rev. 2.1.
  Hier wird UTP-Kabel der Kategorie 5 als Übertragungsmedium für FDDI spezifiziert, wobei die maximale Entfernung zwischen den Stationen auf ca. 100 m begrenzt ist.
- Low Cost Fiber Physical Medium Dependent (LCF-PMD) Rev. 2.0.
  Der LCF-PMD-Standard ist noch in Arbeit. Ziel ist es, Spezifikationen für die Verwendung von kostengünstigem LWL-Kabel für die FDDI-Übertragung vorzugeben.

Detailliertere Informationen über alle LWL-Kabel finden Sie im Anhang A „Kabel".

Sender und Empfänger

Der PMD-Standard definiert die Anforderungen, die die Sender und Empfänger bei der Datenübertragung über LWL- und Kupferkabel auf der Bitübertragungsschicht erfüllen müssen. Die Sender konvertieren die elektrischen Signale, die sie von einer Station erhalten, zur Übertragung auf dem LWL-Kabel in optische Signale. Der Empfänger an der Zielstation wandelt die optischen Signale wieder in elektrische zurück und schickt sie an die PHY-Teilschicht zur Verarbeitung und Synchronisation.

Im PMD- und LCF PMD-Standard ist festgelegt, daß der optische Sender eine Leuchtdiode (LED) zur Aussendung der Signale über das Kabel benutzt. SMF-PMD sieht für die optische Übertragung Laserdioden vor. Die korrekte Funktion des Empfängers (LED oder Laser) hängt von der Stärke des optischen Signals ab, das ihn erreicht und das er in ein elektrisches Signal wandeln muß (Empfängerempfindlichkeit). Ist das am Empfänger angekommene Signal zu schwach, zum Beispiel weil die maximale Entfernung zwischen Sende- und Empfangsstation überschritten wurde, arbeitet der Empfänger nicht mehr korrekt und die Signale gehen verloren.

Mediafilter

Im TP PMD-Standard sind Mediafilter als zusätzliche Hardware-Komponenten spezifiziert, um ein UTP FDDI Host-Modul bzw. eine UTP FDDI-Netzschnittstellenkarte an eine STP-Verkabelung anzuschließen. Diese werden hauptsächlich zur Impedanzanpassung des UTP- an das STP-Kabel benötigt. Weitere Änderungen betreffen das Scrambling- und MLT-3-Kodierverfahren und haben die Reduzierung der Abstrahlung auf dem UTP-Kabel zum Ziel. Wird eine STP-Kabelanlage für TP PMD-Anwendungen angepaßt, werden auf beiden Seiten, d.h. am Konzentrator und an der angeschlossenen Endstation, Mediafilter benötigt. Die Mediafilter passen das RJ45-Format dem Format des IBM-Datensteckers an und nehmen einen Impedanzausgleich zwischen dem UTP- (100 Ohm) und STP-Kabel (150 Ohm) vor. Es sollte beachtet werden, daß die FDDI-Produkte, die noch auf dem STP FDDI-Interimsstandard (SDDI) basieren, mit TP PMD-basierenden Produkten nicht kompatibel sind.
Nähere Informationen erhalten Sie im Anhang A, Teil „Lichtwellenleiterkabel und -stecker".

Stecker und Schalter

Der PMD-Standard spezifiziert die Hardware-Anforderungen für die physikalische Anbindung von FDDI-Stationen an das Kabelmedium. Es sind zwei

Steckertypen spezifiziert: der Media Interface Connector (MIC) und der RJ45-Stecker.

Media Interface Connector
Der MIC-Stecker wird benutzt, wenn FDDI-Stationen über LWL-Kabel an den FDDI-Ring angeschlossen werden. Der MIC-Stecker gleicht die Sende- und Empfangssignale von und zu den Stationen sowie zum Netz ab. Außerdem prüft er die Polarität und verhindert inkorrekte Verbindungen. MIC-Stecker lassen sich auf einen der folgenden MIC-Typen kodieren: A-Port-, B-Port-, M-Port- und S-Port-MIC.

Optischer Bypass-Schalter
Die PMD-Schicht schließt auch die Spezifikation des optischen Bypass-Schalters einschließlich Dämpfung, Isolation zwischen den Kanälen, Umstellzeit und Unterbrechungszeit ein. Wird die Station abgeschaltet, stellt sich der Schalter in die Position „Bypass". Bei der Verwendung optischer Bypass-Switches in FDDI-Netzen müssen bestimmte Dinge berücksichtigt werden, zum Beispiel die maximale Anzahl der Stationen, die gleichzeitig im Bypass-Mode betrieben werden können, und die Entfernung zwischen zwei Stationen, wenn eine Station dazwischen abgeschaltet ist.

Nähere Informationen über Stecker und Schalter finden Sie im Anhang A, Teil „Lichtwellenleiterkabel und -stecker".

PHY-Teilschicht
Der Physical Protocol Sublayer (PHY) definiert die Mechanismen zur Taktsynchronisation, die Signalkodierung und -dekodierung sowie die dem FDDI-Übertragungsmedium angepaßte aktuelle Taktrate und Signalform.

Taktsynchronisation
FDDI-Netze haben ein verteiltes Taktsystem, das alle Stationen im Netz miteinbezieht. Jede Station hat einen eigenen Takt, um Daten zu senden und zu empfangen. Empfängt eine Station ein Signal vom Ring, überprüft sie das Paket, synchronisiert es entsprechend ihrem eigenen Takt und sendet es zurück auf den Ring. Dadurch wird bei jeder Übertragung die Taktfrequenz exakt beibehalten.

Kodierung/Dekodierung
Die über das Kabel übertragenen Signale werden kodiert und dekodiert. Wie in allen lokalen Netzen werden die Bits als Eins-Null-Folge übertragen. Die

PHY-Teilschicht konvertiert die Informationen, die sie von der MAC-Teilschicht erhält, in einen kodierten Bitstrom aus Nullen und Einsen.

Die PHY-Teilschicht verwendet die 4B/5B-Kodierung sowie das NRZI-Verfahren (Non Return to Zero Invert) für die „1"-Kodierung, um die Übertragungsqualität sicherzustellen und Fehler zu reduzieren. Dabei packt das 4B/5B-Verfahren jedes 4-Bit-Symbol in ein entsprechendes 5-Bit-Symbol und garantiert so die Übertragung von einem logischen Bit, zumindest aber von fünf Datenbits in Folge. Ein 5-Bit-Symbol kann nicht mehr als drei Nullen in Folge haben, um so den Takt aufrechtzuerhalten und Taktprobleme am Empfangsende auszuschließen.

Da das 5-Bit-Symbol dann als NRZI-kodiertes Signal übertragen wird, erfolgt ein Signalübergang bei jedem logischen Bit, garantiert aber nach jedem fünften Datenbit. Der garantierte Signalübergang nach jedem fünften Datenbit wird von der Taktbaugruppe der Nachbarstation vorausgesetzt, um mit der Übertragungsfrequenz synchron zu gehen. Der Signalzustandswechsel ist außerdem notwendig, um den Gleichstromanteil am Empfänger auszurichten und das Signalrauschen zu minimieren.

Für FDDI-Netze auf UTP-Basis ist das MLT-3-Kodierverfahren spezifiziert. Es benutzt eine zusätzliche Entzerrung, um Unregelmäßigkeiten der Kabelanlage auszugleichen und ein Scrambling-Verfahren (Stream Ceipher), um die elektromagnetische Abstrahlung durch eine Verteilung der Signale auf der Leitung nach dem Zufallsprinzip zu minimieren.

Link Error Monitor
In jedem Konzentrator-Port befindet sich ein Link Error Monitor (LEM), der die Fehlerrate einer aktiven Verbindung überwacht und Verbindungen mit einer unakzeptablen Bitfehlerrate (zum Beispiel aufgrund der schlechten Übertragungsgüte des Kabels) oder nicht sachgerecht installierten Steckern, anzeigt. Die LEM-Funktion wird für alle Verbindungen bereitgestellt, auch wenn eine MAC-Einheit auf der gleichen Verbindung ebenfalls Fehler erkennt. Im folgenden werden die LEM-Funktionen erklärt.

LEM_Ct (Link Error Monitor Count): LEM_Ct ist eine Fehlererkennungsfunktion, die ungültige Verbindungsübergänge erkennt und zählt. Ein ungültiger Übergang kann sich über eine Anzahl von PHY-Einheiten fortsetzen (und gezählt werden), bis die MAC-Teilschicht erreicht wird. Diese breitet den ungültigen Verbindungsübergang nicht weiter aus (sie ersetzt die gültigen Symbole durch ungültige). Findet in der Mitte einer Bitsequenz ein ungültiger Übergang statt, wird dieser in der Lost_Ct-Statistik der ersten MAC-Teilschicht der nächsten Station nach der Verursachung ebenfalls gezählt.

Große Sprünge in der LEM_Ct-Statistik resultieren von verlorenen Paketen und Übertragungsverzögerungen, die beide zu Zeitverzögerungen im Netz führen. Tritt ein LEM-Zähler mit hohem Wert auf, sollte die physikalische Schnittstelle zwischen dem Port, an dem der hohe Zählerwert angezeigt wird, und der ersten Upstream-MAC, an der der hohe Zählerwert zum letzten Mal auftritt, überprüft werden.

LER_Est: LER_Est ist die durchschnittliche Bitfehlerrate, gemessen über eine längere Zeit. LER-Schätzungen werden gemeldet als Zahl zwischen 4 (unbrauchbar) und 15 (perfekt), was einer LER von 10^{-4} und 10^{-15} entspricht.

LEM_Reject_Ct (Link Error Monitor Reject Count): Er zeigt an, wie oft eine Verbindung aufgrund von LER_Cutoff-Fehlern, d.h. Fehlern, die den Schwellwert überschreiten, vom Netzbetrieb abgeschaltet wurde.

LER_Cutoff (Link Error Rate Cutoff): Die LER_Cutoff-Rate gibt die Fehlerrate an, bei der eine Verbindung als fehlerhaft gekennzeichnet wird. Die LER_Cutoff-Wert liegt zwischen 10^{-4} und 10^{-15}. Der eingestellte LER_Cutoff-Wert ist 10^{-7}.

LER_Alarm (Link Error Rate Alarm): Der LER_Alarm-Wert ist der Wert, bei dem eine Verbindung einen voreingestellten Alarm-Schwellwert überschreitet. Er kann zwischen 10^{-4} und 10^{-15} liegen. Der voreingestellte Wert ist 10^{-8}.

Sicherungsschicht

Die Sicherungsschicht (Data Link Layer) ist in FDDI-Netzen für die Übertragung, Paketierung und Fehlerkontrolle auf einer Verbindung zuständig. Sie ist in die beiden Teilschichten Media Access Control (MAC) und Logical Link Control (LLC) entsprechend IEEE 802.2 geteilt.

MAC-Teilschicht

Die MAC-Teilschicht definiert das Protokoll der Sicherungsschicht, das zur Kommunikation zwischen den Stationen, einschließlich Paketformat, Medienzugang, Token-Umlaufprotokoll, Asynchron- und Synchron-Zugriff sowie Ringüberwachung, benutzt wird.

Token

Der Token ist ein einzelnes Paket (Frame), das einer Station Zugang zum Ring verschafft. Es gibt zwei Token-Klassen in FDDI-Netzen: Token mit Einschränkung und Token ohne Einschränkung. Ein Token ohne Einschränkung wird bei Normalbetrieb benutzt. Ein Token mit Einschränkung wird benutzt, wenn eine Station versucht, einen Dialog zu starten, der den größten Teil der zur Verfügung stehenden Bandbreite aufbrauchen würde. Die MAC-Teilschicht regelt die Wegnahme des Token vom Ring und das Zurückgeben des Token an den Ring. Abbildung 10-2 zeigt das Token-Format und das Paketformat.

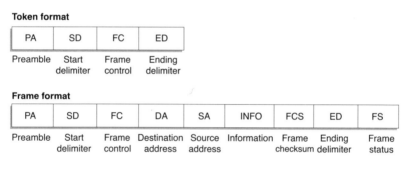

Abbildung 10-2: Token- und Frame-Format in FDDI-Netzen.

Paket

Ein FDDI-Paket besteht aus der Präambel, der Start Delimiter-Sequenz, einer Sequenz mit MAC-Steuer- und Dateninformationen und dem Frame Delimiter am Ende. Der Aufbau eines FDDI-Pakets (Frame) ist in Abbildung 10-2 dargestellt. Sendet eine FDDI-Station neue Informationen an eine andere Station, fügt sie dem Paket die Adresse der Zielstation bei. Das FDDI-Paket läuft von einer Station zur anderen über den Ring, wobei jede Station die Zieladresse im Paket überprüft. Nur die Station mit der gleichen Adresse erkennt die Sendung als an sie gerichtet. Erhält die Sendestation ihr eigenes Paket zurück, nimmt sie es vom Ring.

Adressierung

Die Felder für die Ziel- und Quelladresse können entweder 16 Bit oder 48 Bit aufnehmen. Von allen Stationen am Ring wird erwartet, daß sie die Pakete mit einer 16-Bit-Adresse unterstützen, daß sie alle 48 Bit-Pakete verstärken und die 48 Bit-Claim-, Beacon- und Broadcast-Pakete unterstützen. Die Konzentratoren von Bay Networks werden werkseitig auf 48 Bit-Adressen eingestellt.

Timer

Die MAC-Teilschichten benutzen drei Timer und einen Zähler, um den Ringbetrieb zu regulieren. Der Token Holding Timer (THT) kontrolliert, wie lange eine Station asynchrone Pakete senden darf. Der Valid Transmission Timer (VTT) wird benutzt, um im Ring vorübergehende Fehler zu beheben. Der Token Rotation Timer (TRT) kontrolliert die Ringzeit während des Normalbetriebs und erkennt und behebt schwerwiegende Ringfehler.

Claim Token-Prozeß

Jede Station, die eine Notwendigkeit sieht, den Ring neu zu initialisieren (zum Beispiel wenn eine Station neu an den Ring angeschaltet wird), sendet einen Claim Token. Dieser zirkuliert im Ring, während die Station die eingehenden Claim Frames beobachtet und den angestrebten Token-Rotationszeitwert (Target Token Rotation Time/TTRT) im Informationsfeld überprüft. Der kleinste Wert gewinnt den Claim-Prozeß. Dabei werden die folgenden Regeln angewandt:

- Ist der eingehende TTRT-Wert unter dem der Station, übernimmt die Station den eingehenden Wert.
- Ist der eingehende TTRT-Wert gleich dem TTRT-Wert der Station, und ist die Quelladresse größer als die der Station, übernimmt die Station den eingehenden Wert.

Empfängt die Station ihren eigenen Frame, setzt sie die Ringinitialisierung fort. Alle Stationen speichern den angestrebten TTRT-Wert derjenigen Station, die den Claim-Prozeß gewinnt.

Ringinitialisierung

Die Station, die den Claim-Prozeß für sich entschieden hat, löst einen Token ohne Einschränkungen aus. Umkreist der Token den Ring ein Mal, ohne daß er von einer anderen Station vom Ring genommen wird, schaltet der Ring vom Initialisierungs- in den Betriebsstatus um.

Beacon-Prozeß

Der Beacon-Prozeß zeigt einen Fehler während des Claim-Prozesses an (zum Beispiel wenn eine Ringwiederherstellung durch den Claim-Prozeß scheitert). Der Beacon-Prozeß wird ausgelöst, indem eine Station kontinuierlich Beacon-Pakete aussendet. Die Stationen senden die Beacon Frames bis zur letzten Station unmittelbar vor der Station, die den Beacon erstmals generierte (Upstream Neighbor). Die einzige Station, die nach dem Beacon-Prozeß in der Regel übrig bleibt, ist die nächste Station nach der Fehlerstelle.

Eine MAC, die acht Sekunden lang im Beaconing-Zustand war, löst die Station Management TRACE-Funktion aus, damit der Beacon-Prozeß beendet und die Ringfunktion wiederhergestellt wird. Die TRACE-Funktion veranlaßt alle Stationen in einer bestimmten Fehler-Domain, den Ring zu verlassen und einen Selbsttest erfolgreich durchzuführen. Hat die Station oder der Konzentrator den Selbsttest abgeschlossen, fügt sie/er sich selbst wieder in den Ringbetrieb ein. Dadurch wird die fehlerhafte Station lokalisiert.

Smooth Insertion-Prozeß

Stationen können in einen FDDI-Ring eingefügt werden, ohne daß der Ring neu initialisiert werden muß. Dieser Prozeß wird „Smooth Insertion" oder „Gracefull Insertion" genannt. Er verhindert, daß bei jeder Stationsaufnahme in den aktiven Ring der Claim Token-Prozeß gestartet wird. Bei der „Smooth Insertion" wird die Station, die sich neu am Ring anmeldet, zunächst in den lokalen Pfad des FDDI-Konzentrators aufgenommen, bevor sie in den aktiven Ringbetrieb des Primärpfades geschaltet wird. Dadurch werden Instabilitäten bei der Startphase ausgeschaltet, bzw. vom Hauptring ferngehalten. Nähere Informationen erhalten Sie in Abschnitt „Smooth Insertion" in Kapitel XI „Anschluß von FDDI-Stationen und -Konzentratoren an den Ring".

Erklärung der wichtigsten Fehlerereignisse

Um zur Problembestimmung und Fehlerlokalisierung beitragen zu können, zählt jede MAC-Schnittstelle und jede PHY-Schnittstelle in jeder Station alle Frames und alle Fehler, die sie wahrgenommen hat. Die folgende Zusammenstellung beschreibt die verbreitetsten Performance-Statistiken und erklärt, wie diese zu interpretieren und zu nutzen sind.

Frame_Ct (Frame Count): Dieser Zähler zählt alle Pakete im Netz, die von der MAC gesehen werden. Um als Paket gezählt zu werden, muß eine Bitfolge einen Starting Delimiter (JK) haben, einer anderen Paketklasse als der Token angehören, null oder mehr zusätzliche Symbole sowie einen End Delimiter enthalten. Bitfolgen, die durch ein Idle-Symbol abgeschlossen werden, oder ungültige Symbole werden nicht gezählt.

Error_Ct (Error Count): Er zählt Pakete mit CRC-Fehlern (Cyclic Redundancy Check), die von der MAC für ihre Station, nicht aber für die vorherige Station erkannt werden. Zusätzlich zur Fehlerzählung setzt die MAC den Frame Status Error-Indikator (ER=s) im End Delimiter des Frames. Frames, die empfangen werden und deren Frame Status Error-Indikator (ER=s) gesetzt ist, werden von einer anderen Station nicht als Fehler-Frame gezählt, da sie weiß, daß dieses Paket von derjenigen Station, die den Indikator gesetzt hat, bereits als Fehler gezählt wurde.

Lost_Ct (Lost Count): Dieser Zähler registriert Fehler, die in einer MAC während des Empfangs eines Pakets oder Tokens auftreten und die dazu Anlaß geben, den korrekten Empfang dieses Frames oder Pakets in Frage zu stellen (zum Beispiel wenn das Paket ein ungültiges Symbol enthält). In diesem Fall nimmt die MAC den Fehler in die Lost_Ct-Statistik auf und entfernt den Rest des Pakets vom Ring (indem sie es durch Idle-Symbole ersetzt). Nimmt eine andere Station diesen Vorgang im Ring wahr, nimmt sie ihn nicht in die Lost_Ct-Statistik auf, da sie anhand der Idle-Symbole erkennt, daß das Problem bereits behoben wurde.

Da die Lost_Ct-Statistik Fehler an jeder MAC zählt, zeigt sie Port-Probleme an. Erreicht ein inkorrekter Datenstrom eine MAC-Einheit, klärt die MAC das Problem und nimmt es in der Lost_Ct-Statistik auf.

Ring_op: Dieser Zähler registriert den Zustandswechsel des Ringes, d.h. er zählt, wenn der Ring vom Zustand „Nicht in Betrieb" in den Zustand „In Betrieb" wechselt. In einem Netz, das in Betrieb ist, zirkuliert ständig ein Token. Wird ein Frame innerhalb der festgelegten Übertragungszeit nicht gesehen, oder wird der Token innerhalb der zweifachen Token Rotation Time (TRT) nicht gesehen, wird der Ring als „Nicht in Betrieb" deklariert und der Claim Token-Prozeß gestartet. Der Claim Token-Prozeß endet mit der Neuinitialisierung des Ringes und der Generierung eines neuen Token; ab dem Zeitpunkt wird der Ring wieder als „In Betrieb" angesehen.

Die Ring_op-Statistik nimmt zu, wenn sich Stationen vom Ring abschalten. Wenn die Ring_op-Statistik kontinuierlich wächst, kann die Verbindung, die diesen Wertezuwachs veranlaßt, dadurch gefunden werden, daß die Lost_Ct Error_Ct-Statistik oder aktive Zählerstatistik für jeden am Netz angeschlossenen Port überprüft wird.

Not_Copied Ct: Registriert die Anzahl der Frames, die an eine MAC-Einheit adressiert, von dieser aber nicht in den Empfangsspeicher kopiert wurde. Der Grund für diesen Fehler kann eine Überlastung des lokalen Speichers sein.

LLC-Teilschicht

FDDI benutzt den in IEEE 802.2 definierten Logical Link Control-Standard für Übertragungen zwischen zwei Endstationen und stellt so den zuverlässigen Betrieb des FDDI-Rings sicher. Obwohl LLC in einem separaten Standard spezifiziert wurde und nicht Teil des FDDI-Standards ist, wird er mit FDDI in Verbindung gebracht, wenn es um die Zuverlässigkeit und Sicherheit des Kommunikationsablaufes zwischen den Stationen geht.

Station Management

Der Bereich Station Management (SMT) ist ein integraler Bestandteil der FDDI-Standardisierung. Er legt die Netzmanagementschnittstelle für jede FDDI-Protokollschicht fest. Das Station Management umfaßt die Beobachtung der Stationsaktivitäten sowie die Überwachung der Stationsfunktionen, zum Beispiel:

- Performance-Beobachtung,
- Fehlererkennung,
- Fehlerbehebung.

Im folgenden Abschnitt sind die SMT-Layer-Managementfunktionen beschrieben.

Frame-basierendes Management

Managementfunktionen auf Frame-Basis sammeln Informationen über das FDDI-Netz und ermöglichen seine Steuerung. Die SMT Frames werden zur Übertragung von Informationen über die Konfiguration und die Betriebsparameter der Stationen benutzt. Es gibt unterschiedliche Frame-Typen, zum Beispiel :

- Frames zur Übertragung von Statusinformationen,
- Frames zur Übertragung von Informationen über die benachbarte Station,
- Frames zur Übertragung der Managementparameter,
- Frames zur Übertragung der Statusreports.

Ringmanagement

Managementfunktionen auf Ringebene überwachen die Komponenten auf der MAC-Teilschicht sowie die Ringe, zu denen diese Komponenten logisch gehören.

Connection Management

Das Connection Management betrifft die Komponenten der PHY-Teilschicht und ihre Verbindungen. Es benutzt außerdem die MAC- und PHY-Einheiten innerhalb einer Station, um den logischen Zugang der Station zum Ring zu erfassen. Das Connection Management ist in drei Bereiche unterteilt:

- Das Entity Coordination Management (ECM) überwacht die Kabelschnittstelle des FDDI-Netzes sowie die Aktivitäten aller Ports einschließlich des zu einer Station oder zu einem Konzentrator gehörenden optischen Bypass-Schalters.
- Das Physical Connection Management (PCM) initialisiert die Verbindungen zu benachbarten Ports und überwacht die Signalisierung zwischen den Ports. Das PCM ist für die gesamte Signalisierung zur Initialisierung der Verbindungen, für die Aufrechterhaltung sowie für die Unterhaltung einer Verbindung zuständig.
- Das Configuration Management (CFM) verbindet die PHY- mit der MAC-Einheiten, um Ports und MACs innerhalb eines Knotens zu initialisieren. Das CFM baut Verbindungen unter Zuhilfenahme der Informationen des CFM auf. Das CFM stellt Konfigurationsüber-wachungfunktionen für folgende Stationstypen zur Verfügung: DAS, SAS, DAC und SAC.

Das CFM beschreibt die interne Konfiguration der Ports und MACs in einem Konzentrator oder einer Station. Da die Anzahl der Ports in einem Konzentrator je nach Implementation differieren kann, ist das CFM über alle technischen Einheiten in diesem Knoten verteilt. Stationen und Konzentratoren können einen A-Port und einen B-Port, einen M-Port oder S-Port enthalten. Ein Knoten ist als mindestens eine MAC, ein oder mehrere PHYs, ein oder mehrere PMDs und exakt eine SMT definiert. Außerdem enthält ein Konzentrator einen oder mehrere M-Ports zum Anschluß von Stationen oder Konzentratoren.

XI. Anschluß von FDDI-Stationen und FDDI-Konzentratoren an den Ring

In FDDI-Netzen gibt es zwei unterschiedliche Stations- bzw. Anschlußtypen: Dual Attachment Stations (DAS) und Single Attachment Stations (SAS). Im folgenden werden die verschiedenen Konzentartortypen und unterschiedlichen Anschlußmöglichkeiten von Stationen sowie die dafür notwendigen Ports beschrieben. Das Kapitel gibt einen Überblick über die Topologie von FDDI-Netzen und beschreibt, wie Netze fehlertolerant aufgebaut werden können. Näher erläutert werden:

- Ports,
- Stationen,
- Konzentratoren,
- Topologien,
- Fehlertoleranz,
- Path Switching Element,
- Smooth Insertion-Prozeß.

FDDI Ports und -Stationen

Der folgende Abschnitt erläutert die verschiedenen Port-Typen in FDDI-Netzen und die Verbindungen, die sie entsprechend dem Standard ermöglichen.

A- und B-Ports

Jeder Dual Attachment Concentrator (DAC) und jede Dual Attachment Station (DAS) verfügt über ein A- und B-Port-Paar, das für folgende Anschlußvarianten verwendet werden kann:

- Anschluß eines DAC oder einer DAS an den FDDI-Ring:
  - A-Port: Dient als Primär-In- (PI) und Sekundär-Out (SO)-Port. Stellt die Verbindung zum B-Port der Nachbarstation her.
  - B-Port: Dient als Sekundär-In- (SI) und Primär-Out (SO)-Port. Stellt die Verbindung zum A-Port der Nachbarstation her.
- Anschluß an einen M-Port eines Konzentrators auf der höheren Ebene der Baumtopologie.

- DACs und DASs sind in einer Dual Homed-Konfiguration mit einem oder zwei Konzentratoren auf der höheren Ebene verbunden. Detailliertere Informationen über eine solche Konfiguration erhalten Sie im Abschnitt „Fehlertoleranz" dieses Kapitels (S. 215).
- SACs benutzen entweder den A- oder B-Port für Verbindungen mit einem Konzentrator der höheren Ebene.

In Umgebungen mit einem Null Attachment Concentrator (NAC), d.h. in einem FDDI-Netz mit nur einem FDDI-Konzentrator, gibt es keine A- und B-Port-Verbindungen. Die A- und B-Ports bleiben in einem Stand-alone-Netz unbenutzt.

Master Port

Als Master Port (M-Port) wird ein Port an einem Konzentrator der höheren Ebene bezeichnet, an den ein Konzentrator auf der unteren Netzebene angeschlossen ist. Ein System auf der unteren Netzebene kann wie folgt mit einem M-Port verbunden werden:

- durch Anschluß des S-Ports einer Single Attachment Station (SAS) an den M-Port,
- durch Anschluß der A-, B- oder S-Ports einer SAC an den M-Port,
- durch Anschluß der A- und B-Ports eines DAC oder einer DAS in eine Dual Homed-Konfiguration an den M-Port.

Slave Port

Der Slave Port (S-Port) einer SAS ist entweder mit einem M-Port eines Konzentrators oder mit einem anderen S-Port (in einem Ring mit zwei Stationen) verbunden.

FDDI-Konzentratoren

Nachstehend werden die drei Verbindungstypen, die von einem FDDI-Konzentrator ausgehen können, im Detail beschrieben.

ACHTUNG

Die Diagramme sollen die Konfiguration eines Konzentrators in der beschriebenen Situation veranschaulichen. Auch wenn ein Konzentrator in einem der Beispiele für einen Dual-Attachment-Anschluß konfiguriert ist, kann er auch Dual-, Single- und Null-Attachment-Anschlüsse bereitstellen.

Port	Typ	Verwendung
A	Primär-In/Sekundär-Out (PI/SO)	Aufbau von Trunk-Verbindungen zwischen Dual Attachment-Systemen.
B	Primär-Out/Sekundär-In (PO/SI)	Aufbau von Trunk-Verbindungen zwischen Dual Attachment-Systemen.
M	Master PHY-IN/PHY-OUT	Reiner Konzentrator-Port.
S	Slave Primär-In/Primär-Out (PI/PO)	Zum Anschluß von Single Attachment Stationen (SAS).

Tabelle 11-1: Port-Typen in FDDI-Netzen.

Dual Attachment Concentrator

Ein Dual Attachment Concentrator (DAC) wird über zwei FDDI Ports, den A- und B-Port, an den FDDI-Doppelring angeschlossen (Abbildung 11-1). Am A-Port kommen die Daten vom Upstream Neighbor des DAC im Primärring (Primär-In) an. Über den B-Port leitet der DAC Daten an seinen Downstream Neighbor (Primär-Out) weiter. Der A- und B-Port wird auch für Verbindungen zum Sekundärring benutzt. Normalerweise ist der Primärring der Hauptring, über den die Datenübertragung erfolgt. Der Sekundärring wird in der Regel als „Hot-Standby"-Ring betrieben, d.h. er dient als Backup-Weg bei Ausfall des Primärrings.

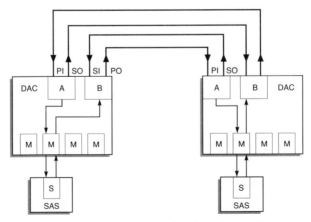

Abbildung 11-1: Port-Verwendung bei einem Dual Attachment Concentrator (DAC).

Stationen oder Konzentratoren, von denen Dual Attachment-Verbindungen abgehen, werden als „Root"-Konzentrator oder „Root"-Station bezeichnet. Sind beide Ports eines Root-Systems aktiv, spricht man von einer THRU-Konfiguration, d.h. es gehen Daten an einem Port ein und am anderen Port aus. Fällt eine der Verbindungen eines Root-Systems aus, schaltet der DAC – oder die DAS – in den Wrap-Zustand um, d.h. Primär- und Sekundring werden logisch miteinander verbunden. Der Wrap-Mechanismus ermöglicht es auch dem Root-Konzentrator einen logischen Ring zu betreiben, wenn ein Verbindungsfehler aufgetreten ist.

Single Attachment Concentrator

Ein Single Attachment Concentrator (SAC) ist mit einem FDDI-Konzentrator der höheren Ebene nur über einen Port verbunden, und zwar entweder über einen A-, B- oder S-Port. Abbildung 11-2 zeigt einen DAC, der als SAC konfiguriert ist, und dessen B-Port mit einem M-Port des Konzentrators der höheren Ebene verbunden ist. Stationen, die an einen SAC angeschlossen sind, haben Zugang zu einem FDDI-Ring, meist dem Primärring.

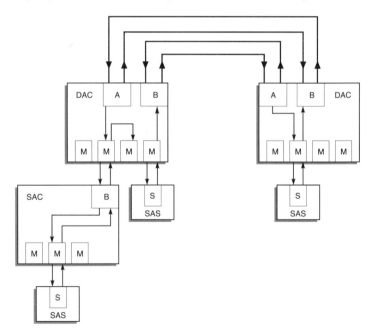

Abbildung 11-2: Port-Verwendung eines Single Attachment Concentrators (SAC).

Null Attachment Concentrator

Ein Null Attachment Concentrator ist nicht mit FDDI-Konzentratoren der höheren Ebene verbunden, d.h. A- und B-Port bleiben unbenutzt. Ein NAC dient als Root-Konzentrator innerhalb einer Baumtopologie. Abbildung 11-3 zeigt einen DAC, der als NAC konfiguriert ist.

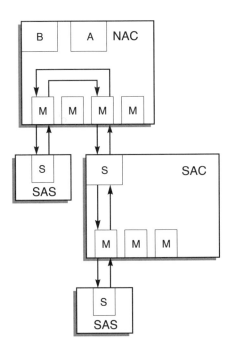

Abbildung 11-3: Port-Verwendung bei einem Null Attachment Concentrator (NAC).

ACHTUNG
Vergleichen Sie die SACs in Abbildung 11-2 und Abbildung 11-3. Der SAC in Abbildung 11-2 ist als DAC eingerichtet und wird in diesem Beispiel als SAC benutzt. Der SAC in Abbildung 11-3 ist als SAC hergestellt und hat nur einen einzigen S-Port. Bay Networks stellt keine speziellen SACs her, da jeder Bay Networks-Konzentrator als SAC konfiguriert werden kann.

Tabelle 11-2 gibt einen Überblick, welche Port-Verbindungen zwischen DAS, SAS und Konzentratoren möglich bzw. erlaubt sind.

Verbindung	Bewertung	Beschreibung
A nach B oder B nach A	möglich	Typische Peer-Verbindung zwischen zwei DAS an einem Trunk-Ring.
M nach S oder S nach M	möglich	Typische Verbindung zwischen Konzentrator und einer SAS in einer Baumstruktur.
A nach M oder M nach A	möglich	Verbindung zwischen Konzentrator und DAS; typisch für Dual Homing-Konfigurationen.
B nach M oder M nach B	möglich	Verbindung zwischen Konzentrator und DAS; typisch für Dual Homing-Konfigurationen.
S nach S	möglich	Verbindung zwischen zwei SAS; baut einen isolierten Ring auf und wird nur in Ausnahmesituationen benutzt.

Tabelle 11-2: Mögliche Port-Verbindungen.

Topologie-Übersicht

In einem FDDI-Netz sind üblicherweise zwei Topologien zu finden; eine Ringtopologie, bestehend aus einem Doppelring (Trunk-Ring oder Backbone-Ring), und eine Baumstruktur zur Anbindung der Stationen.

- Doppelring: Der Ring wird durch Verbindung der DACs und DASs in einer Schleife gebildet. Die Daten fließen von einem System zum anderen, d.h. umkreisen den Ring in einer Richtung. In einer Doppelringkonfiguration wird der Primärring in der Regel für die Datenübertragung und der Sekundärring als Backup-Ring genutzt. FDDI-Netze bestehen aus zwei gegenläufigen Doppelringen, d.h. die Daten fließen in jedem Ring in die entgegengesetzte Richtung.
- Baumstruktur: Eine Baumstruktur entsteht, wenn an die DACs des Doppelringes weitere FDDI-Systeme angeschlossen werden. Dies können beispielsweise Single Attachment Stations (SAS) oder weitere DACs sein.

Ein Doppelring mit Baumstruktur (Dual Ring-of-Trees) kann ein sehr großes Netz sein, in dem mehrere DACs und DASs über eine große Entfernung miteinander verbunden sein können. An diese wiederum können weitere DAC oder SAS angeschlossen sein. Ein DAC, der direkt an den Doppelring angeschlossen ist, wird Root-Konzentrator genannt. Er bildet die oberste Ebene des FDDI-Netzes und den Ausgangspunkt für die Baumstruktur. Systeme, die vom Root-Konzentrator abzweigen, können SASs und DASs, SACs und DACs sein. In Abbildung 11-4 sind SASs und DASs mit einem FDDI-Konzentrator Modell 291x verbunden, der als DAC konfiguriert ist. Der DAC ist mit einem anderen DAC über den Doppelring verbunden.

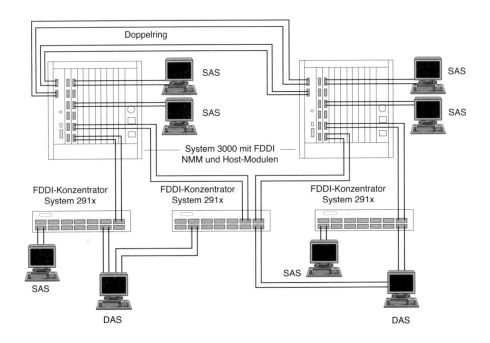

Abbildung 11-4: Ein mit einem Konzentrator System 3000 und System 2000 aufgebauter Doppelring mit Baumstruktur.

Fehlertoleranz

Die für FDDI-Netze typische hohe Ausfallsicherheit wird entweder durch Ringteilung (Wrap) im Fehlerfall oder durch den Anschluß der Konzentratoren oder Stationen in Dual Homing-Konfiguration erreicht. Beide Betriebsweisen werden im folgenden diskutiert.

Ringteilung

In einem Doppelring wird der Hauptring zur Datenübertragung und der Sekundärring als Backup-Ring benutzt. Üblicherweise sind die Systeme am Primärring angeschlossen. Jedes System empfängt Daten von seinem Upstream Neighbor, verstärkt sie und gibt sie an seinen Downstream Neighbor. Der Sekundärring fungiert als Standby-Ring für den Fall, daß der Primärring ausfällt. Tritt ein Fehler im Hauptring auf, teilt sich der Hauptring an der Fehlerstelle (Wrap) und bildet mit dem Sekundärring einen gemeinsamen Ring. Dadurch wird die Fehlerstelle isoliert und der Netzbetrieb wird aufrechterhalten.

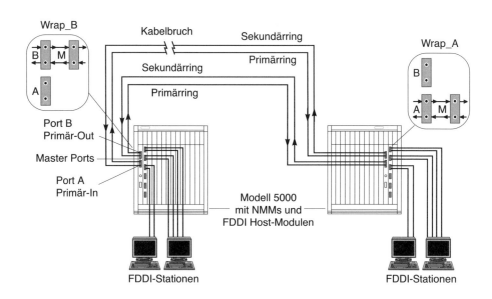

Abbildung 11-5: Ringteilung in einem Doppelring.

Die Dual Attachment Concentrators (DACs) sind physikalisch an den Primärund Sekundärring angeschlossen; die Single Attachment Stations (SASs) haben über den DAC Zugang zum Primärring. Fällt eine Verbindung aus, rekonfiguriert der DAC das Netz, indem er Primär- und Sekundärring zusammenschaltet. Abbildung 11-5 zeigt einen Kabelbruch, der zu einer Ringteilung (Wrap) an beiden vom Bruch betroffenen Konzentratoren führt.

Wenn Sie ein FDDI-Netz konfigurieren, sollten Sie darauf achten, daß alle Systeme am Doppelring immer mit eingeschalteter Stromversorgung an den Doppelring angeschlossen werden. Sind der Primär- und Sekundärring geteilt, besteht das Netz nur noch aus einem Ring. Jedes System am Einzelring muß Daten empfangen und verstärken können, um eine weitere Ringteilung oder -Segmentierung zu verhindern.

Dual Homing

Alle FDDI-Systeme, die besonders ausfallsicher sein müssen, sollten an den Primär- und Sekundärring angeschlossen werden. Sie werden als Dual Homed-Systeme, d.h. Systeme mit Doppelanschluß, bezeichnet. Bei einer Station mit Dual Homing erhält der B-Port Vorrang vor dem A-Port. Eine Station oder ein Konzentrator mit Dual Homing hat zwei separate Verbindungen zu einem Konzentrator der höheren Netzebene (Abbildung 11-6).

Dual Homing-Anschlüsse werden immer in Zusammenhang mit Baumtopologien eingesetzt. Sie sind ausfallsicherer als normale Einfachanschlüsse. Eine DAS oder ein DAC hat einen Dual Homed-Anschluß, wenn sein A- oder B-Port mit einem M-Port eines anderen Konzentrators verbunden ist (Abbildung 11-7).

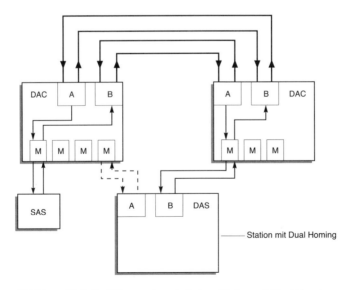

Abbildung 11-6: Port-Verwendung bei einer Station mit Dual Homing.

Ein System mit einem Dual Homing-Anschluß hat eine Primär- (Port B nach Port M) und eine Standby-Verbindung (Port A nach Port M). Laut FDDI-Standard ist die Verbindung zwischen Port B und M aktiv, d.h. die Primärverbindung. In diesem Fall ist die Verbindung A nach M entweder abgeschaltet, oder sie wird zur Übertragung von Physical Connection Management-Daten (PCM) in Betrieb gehalten. Beide Physical Connection Management-Einheiten sind aktiv und geben nur bestimmte Informationen an die Bitübertragungsschicht, schalten die Standby-Verbindung jedoch nicht in den aktiven Betrieb um, wie dies in Abbildung 11-7 (DAC Wrap_B) dargestellt ist.

Fällt die Primärverbindung in einer Dual Homed-Konfiguration aus (beispielsweise aufgrund eines Kabelbruches oder einer zu hohen Fehlerrate), wird die Verbindung zwischen A nach M als aktive Verbindung geschaltet. Die PCM-Einheit ist weiter aktiv. Nach Behebung des Problems wird die ursprüngliche Konfiguration (B-nach-M-Verbindung) wiederhergestellt.

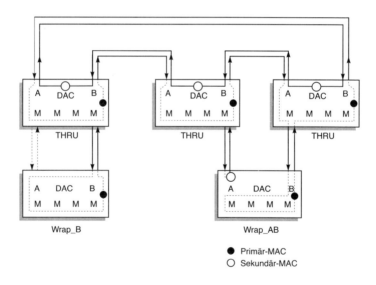

Abbildung 11-7:

Die FDDI-Netzmanagementmodule (NMM) von Bay Networks haben einen Mechanismus für ausfallsicheres Dual Homing implementiert. Ist ein NMM in einem System 3000- oder System 5000-Konzentrator über eine Dual Homing-Verbindung angeschlossen, ist sowohl die Primär- als auch die Sekundärverbindung aktiv geschaltet, und beide Verbindungen sind über das Ringgeschehen, beispielsweise erkennen und tauschen sie Network Information Frame (NIF) aus, informiert. Dadurch kann die Sekundär-MAC die Integrität der Standby-Verbindung konstant beobachten. Abbildung 11-7 verdeutlicht die Aktivität auf der Standby-Verbindung; Port A und B des DAC befinden sich im Wrap-Zustand. Nur Systeme mit dedizierten Sekundär-MACs können ausfallsichere Dual Homing-Anschlüsse realisieren (d.h. ein DAC ohne MAC im Sekundärring kann eine Standby-Verbindung nicht zur aktiven Verbindung umschalten).

Path Switching Element

Der Begriff Path Switching Element (PSE) wird nur von Bay Networks verwendet. Im FDDI-Standard sind Configuration Control Elements (CCE) spezifiziert, die allerdings deutlich weniger Funktionen als die PSE bereitstellen.

Die PSE sind in die Port-Schaltkreise der FDDI-Konzentratoren von Bay Networks integriert. Sie ermöglichen die Zuordnung einzelner Ports zu einem

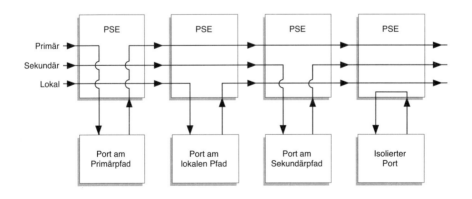

Abbildung 11-8: Port-Zuordnung mit Hilfe der Path Switching Elements (PSE).

Pfad von einer Remote-Station aus, auf der die Netzmanagementsoftware von Bay Networks installiert ist (Abbildung 11-8). Die PSE bieten zudem die Möglichkeit, Pfade umzuschalten, d.h. beliebig zu rekonfigurieren. Dabei werden „Roving MACs" unterstützt. Darunter versteht man spezielle Managementfunktionen zur Minimierung von Netzunterbrechungen bei der Anmeldung von Stationen am FDDI-Netz.

Smooth Insertion

Um Stationen in den Ring integrieren zu können, ohne daß der Ringbetrieb beeinträchtigt wird, hat Bay Networks einen Prozeß für die Anschaltung von Stationen an den Primär- und Sekundärring entwickelt, der in mehreren Stufen abläuft.

Soll ein Port an einem Bay Networks-System in den aktiven Ringbetrieb geschaltet werden, wird zunächst das PSE an diesem Port so konfiguriert, daß der Port zunächst in den lokalen Ring geschaltet wird. Dadurch wird das an diesem Port angeschlossene Netzsystem sowie die lokale MAC des Konzentrators in den gleichen Pfad geschaltet. Die lokale MAC verifiziert daraufhin die Betriebsparameter des anzuschaltenden Netzsystems und entscheidet, ob es entsprechend dem Smooth Insertion-Prozeß in den Ringbetrieb aufgenommen wird. (Beispielsweise wird zuerst geprüft, ob die anzuschaltende Station eine geringere Target Token Rotation Time als der Rest des Ringes hat. Falls ja, muß der Ring neu initialisiert werden.)

Wurde entschieden, daß der Port über den Smooth Insertion-Prozeß angeschaltet werden soll, wird die MAC des Zielpfads (Primär- oder Sekundärpfad) angewiesen, den Token vom Ring zu nehmen. Während sie den Token hält, sendet die MAC leere Frames (VOID Frames) auf den Ring. Dadurch wird verhindert, daß der Timer für die definierte und für alle Stationen am Ring gültige Übertragungszeit überschritten wird. Danach entfernt die lokale MAC den Token vom lokalen Pfad und das Path Switching Element der anzuschaltenden Station wird auf die Betriebsweise „Anschaltung an den aktiven Pfad" gestellt.

Kommt es bei der Anschaltung zu einer Unterbrechung des Datenflusses im aktiven Ring, sind dadurch nur die leeren Frames, die vom Konzentrator generiert werden, betroffen. Nach der Anschaltung wird der Token wieder auf den Ring geschickt, und der normale Datenfluß wird wieder aufgenommen. Während einer Smooth Insertion können bis zu 200 leere Frames vom Konzentrator generiert werden (was ca. 500 Mikrosekunden dauert).

XII. FDDI-Netze mit einem und mehreren Konzentratoren

Mit System 2000, System 3000 und System 5000 verfügt Bay Networks über ein breites Spektrum von FDDI-Konzentratoren, die für Netze unterschiedlicher Komplexität und Anschlußdichte geeignet sind. Im folgenden werden Beispiele vorgestellt, wie die Konzentratoren in Stand-alone-Konfigurationen – oder zusammen mit anderen FDDI-Systemen – eingesetzt werden können.

System 2000

Der nichtmodulare FDDI-Konzentrator System 291x kann in FDDI-Netzen mit einem und mehreren Konzentratoren eingesetzt werden.

Stand-alone-Konfiguration

In einer Stand-alone-Konfiguration stellt System 291x den Root-Konzentrator oder Null Attached Concentrator (NAC) dar, an den weitere Konzentratoren oder Endstationen in Baumstruktur angeschlossen werden können. Der Root-Konzentrator ist nicht weiter mit einem FDDI-Doppelring verbunden. Abbildung 12-1 zeigt eine entsprechende Konfiguration aus einem NAC, an dem eine SAS und eine DAS angeschlossen sind.

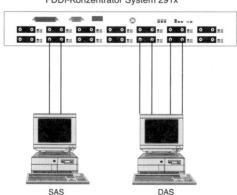

Abbildung 12-1: FDDI Stand-alone-Konfiguration mit Konzentrator Modell 291x.

Verbindungen zwischen System 2000-Konzentratoren

Es gibt zwei Varianten, wie FDDI-Konzentratoren miteinander verbunden werden können,

- als Dual Homing-Anschluß oder
- in einer kaskadierten Baumstruktur.

Dual Homed-Konfiguration

Dual Homed-Anschlüsse aus Redundanzgründen sind auf zwei Netzebenen möglich.

- Auf Konzentratorebene. In diesem Fall wird der gesamte Konzentrator redundant abgesichert, indem Port A und Port B des Ausgangskonzentrators mit zwei Konzentratoren auf der höheren Netzebene über deren M-Port verbunden werden. Die von Port B abgehende Verbindung fungiert als Primärpfad, die von Port A abgehende als Backup-Verbindung.
- Auf Port-Ebene, d.h. die von einem Port abgehende Verbindung wird redundant ausgelegt, indem Port A und Port B des Ausgangskonzentrators mit zwei M-Ports eines Konzentrators auf der höheren Netzebene verbunden werden.

Abbildung 12-2 zeigt eine entsprechende Konfiguration. Der Konzentrator auf der linken Bildseite ist redundant mit den beiden anderen Konzentratoren verbunden. Zusätzlich sind die drei FDDI-Stationen über Dual Homing-Verbindungen abgesichert.

Kaskadierte Konzentratoren

Größere Netze entstehen u.a. durch Kaskadierung von FDDI-Konzentratoren. Kaskadierte Konzentratoren können ebenfalls über Dual Homing-Anschlüsse abgesichert werden.

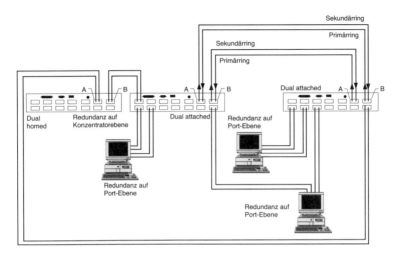

Abbildung 12-2: FDDI Dual Homing-Anschlüsse mit Konzentrator System 291x.

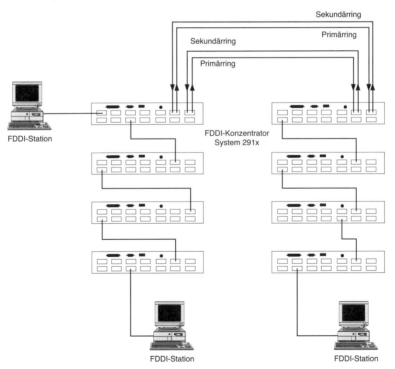

Abbildung 12-3: Kaskadierte Konzentratoren System 291x.

Connectivity Guide 225

Verbindungen zwischen System 2000- und System 3000-Konzentratoren

System 2000- und System 3000-Konzentratoren können zusammen in FDDI-Ringen oder FDDI-Doppelringen mit Baumstruktur installiert werden. Abbildung 12-4 zeigt eine Konfiguration mit einem Konzentrator Modell 291x, der mit einem Konzentrator System 3000 verbunden ist und zusammen mit einem weiteren System 3000-Konzentrator einen FDDI-Doppelring bildet. Der Anschluß an System 3000 erfolgt über ein FDDI-Netzmanagementmodul mit FDDI Port. Eine solche Basiskonfiguration kann der Ausgangspunkt für ein großes FDDI-Netz, bestehend aus einem FDDI Backbone-Ring und einer oder mehreren FDDI-Baumstrukturen, sein.

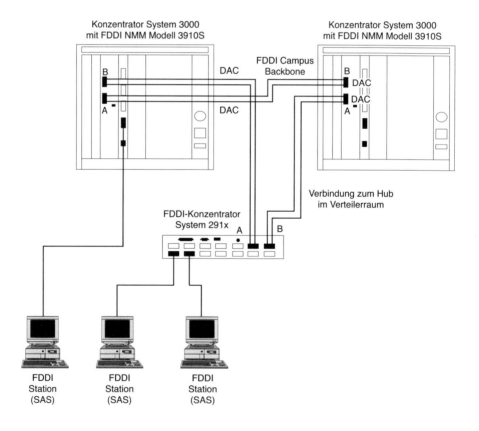

Abbildung 12-4: Doppelringkonfiguration mit System 2000 und System 3000.

FDDI Backbone-Lösungen

In großen FDDI-Netzen mit Backbone-Struktur sind Konzentratoren von Vorteil, die flexibel ausbaubar sind und ausreichend Sicherheitsfunktionen bieten, wie beispielsweise die modularen Konzentratoren von Bay Networks System 3000 und System 5000. Wegen ihrer nahezu beliebigen Ausbaubarkeit mit Host-, Netzmanagement- und Internetworking-Modulen und da sie in allen kritischen Systembereichen (zum Beispiel Stromversorgung, Speicherung der Konfigurationsdaten) Redundanzen bieten, sind sie ideal für große Backbone-Netze geeignet.

Sie können in zentralen und verteilten Backbone-Netzen eingesetzt werden.

Verteiltes Backbone

FDDI-Netze kommen häufig in verteilten Backbone-Strukturen vor. Typischerweise sind dabei die wichtigen Netzressourcen wie Server oder Internetworking-Komponenten auf die einzelnen Etagen verteilt. Die Etagenkonzentratoren werden über einen FDDI-Ring miteinander verbunden. Vorteilhaft ist, daß verteilte Backbone-Strukturen – im Gegensatz zu zentralen Backbone-Strukturen – keine Stelle mit erhöhtem Ausfallrisiko aufweisen (Abbildung 12-5).

Verbindungen zwischen System 3000-Konzentratoren

Die Konzentratoren System 3000 unterstützen drei interne FDDI-Pfade zum Aufbau eines FDDI-Netzes mit einem Primär- und Sekundärring und einem lokalen Ring für Diagnose- und Testzwecke. Im folgenden werden besprochen:

- FDDI-Topologie mit Doppelring und Baumstrukturen,
- Dual Homing-Anschlüsse,
- Kaskadierung,
- Stand-alone-Konzentrator mit Baumstruktur,
- fehlertolerante Doppelringkonfiguration.

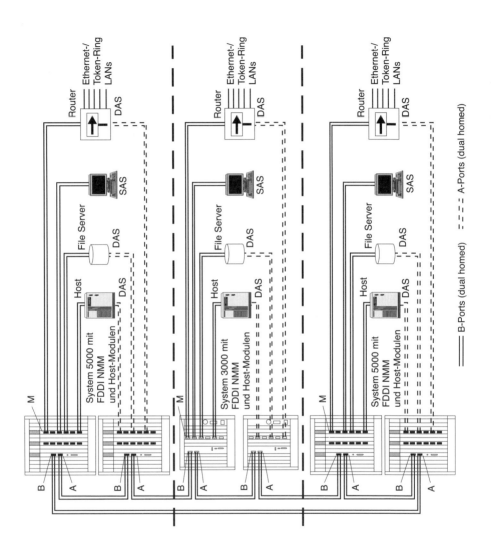

Abbildung 12-5: Verteilte Backbone-Struktur.

Doppelring mit Baumstrukturen

Ein Doppelring mit Baumstrukturen (Dual Ring-of-Trees) besteht in der Regel aus mehreren DACs und DAS, die miteinander verbunden sind und den Doppelring bilden. An sie angeschlossen sind ein oder mehrere Stationen oder Konzentratoren. Auf diese Weise können große FDDI-Netze aufgebaut werden. Ein DAC, der direkt an den FDDI-Ring angeschlossen ist, fungiert als Root-Konzentrator oder bildet den Ausgangspunkt für eine an ihn angeschlossene Baumstruktur mit einer oder mehreren SAS, DAS, SAC und DAC. Abbildung 12-7 zeigt Single und Dual Attached Stations, die an einen Dual Attached Concentrator System 3000 angeschlossen sind.

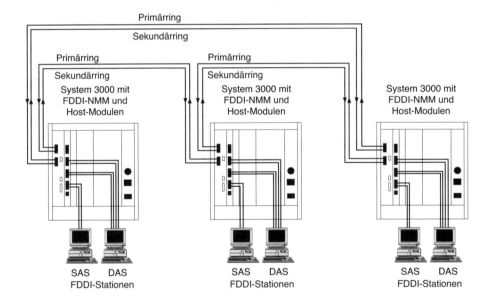

System 12-6: System 3000 in einer Dual Ring-of-Trees-Konfiguration.

Dual Homing-Anschlüsse

In einer Dual Homing-Konfiguration sind Stationen nicht direkt an den Doppelring angeschlossen, sondern haben nur indirekt über einen Konzentrator Zugang zum FDDI-Doppelring. Konfigurationen dieser Art bieten eine höhere Ausfallsicherheit und einen stabileren Netzbetrieb als Strukturen, in denen die FDDI-Stationen direkt an den Ring angeschlossen sind. Mit System 3000 und System 5000 sind Doppelanschlüsse auf zwei Netzebenen möglich:

- Auf Konzentratorebene. In diesem Fall wird der Konzentrator redundant abgesichert, indem Port A und B des Ausgangskonzentrators mit zwei Konzentratoren auf der höheren Netzebene über deren M-Port verbunden werden. Die von Port B abgehende Verbindung fungiert als Primärpfad, die von Port A abgehende als Backup-Verbindung.
- Auf Port-Ebene, d.h. die von einem Port abgehende Verbindung wird redundant ausgelegt, indem Port A und B des Ausgangskonzentrators mit zwei M-Ports eines Konzentrators (wenn möglich auf unterschiedlichen Host-Modulen) auf der höheren Netzebene verbunden werden.

In Abbildung 12-7 sind die beiden ersten Konzentratoren über Doppelanschlüsse und die drei FDDI-Stationen auf Port-Ebene redundant über Dual Homing abgesichert.

Kaskadierte Konzentratoren

Größere FDDI-Netze können auch gebildet werden, indem mehrere Konzentratoren System 3000 hintereinander geschaltet werden (Abbildung 12-8).

Stand-alone-Konzentrator mit Baumstruktur

Zum Aufbau von Stand-alone-Netzen kann ein System 3000-Konzentrator als Root- oder Null Attachment Concentrator (NAC) konfiguriert werden. Er bildet den Hauptring alleine, d.h. er ist nicht weiter mit anderen Konzentratoren im Doppelring verbunden. Der Doppelring wird ausschließlich im Root-Konzentrator über dessen Primär- und Sekundärpfad realisiert. An den Root-Konzentrator sind SAS und DAS angeschlossen.

Abbildung 12-9 zeigt einen NAC System 3000, an den zwei FDDI-Stationen, eine SAS und eine DAS, angeschlossen sind.

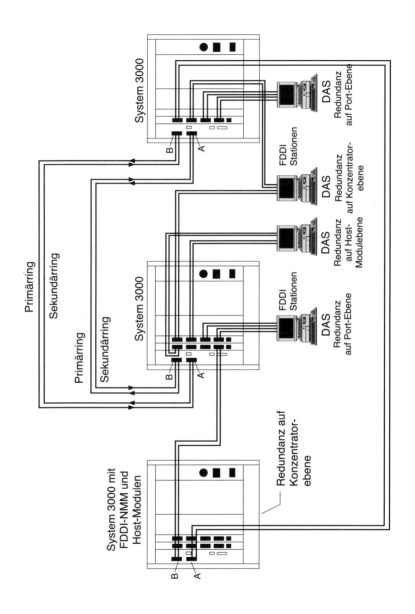

Abbildung 12-7: FDDI Dual Homing-Anschlüsse mit Konzentrator System 3000.

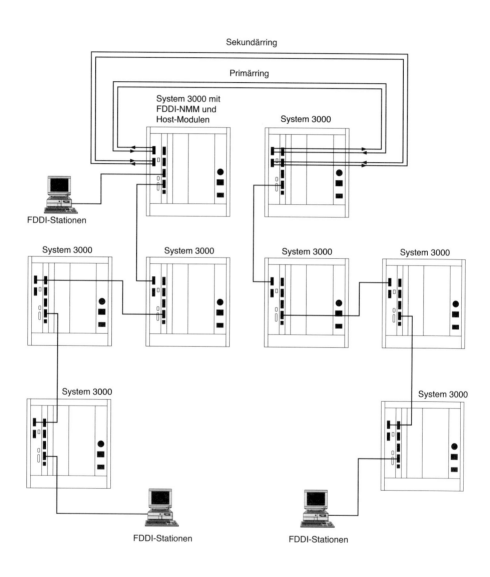

Abbildung 12-8: Kaskadierte Konzentratoren System 3000.

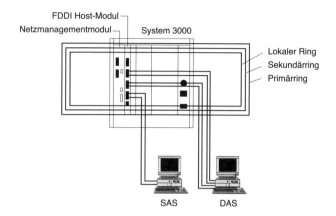

Abbildung 12-9: System 3000 als Ausgangspunkt für ein FDDI-Netz mit einem Konzentrator und von ihm abgehender Baumstruktur.

Fehlertolerante Konfiguration

Für Backbone-Netze ist eine FDDI-Struktur mit Doppelring am ausfallsichersten, da sich der Doppelring im Fehlerfall automatisch zu einem Einfachring konfiguriert und alle Dual Attached Stations (DAS) betriebsbereit bleiben. Selbst wenn einer der am Doppelring angeschlossenen Konzentratoren ausfallen sollte, zum Beispiel durch einen Stromausfall, arbeitet der übrige Ring weiter.

In Abbildung 12-10 ist die DAS (ein Router) an einen M-Port auf dem Host-Modul in Konzentrator System 3000 und an einen M-Port auf dem Host-Modul in Konzentrator System 5000 redundant angeschlossen. Die Konzentratoren selbst sind wiederum über ihre A- und B-Ports redundant miteinander verbunden. Dadurch hat die DAS, selbst bei Ausfall eines der Konzentratoren oder eines Netzmanagementmoduls, immer eine aktive Verbindung zum Netz.

SAS haben nur Zugang zu einem der Ringe und haben dadurch keine Wrap-Möglichkeit, wenn das Netz ausfällt. Ein Verbindungsausfall zwischen einer SAS und einem Konzentrator hat immer die Isolierung der SAS zur Folge.

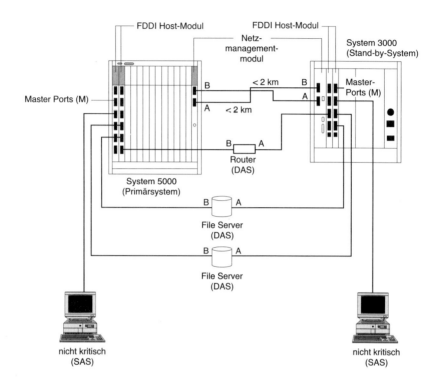

Abbildung 12-10: Fehlertolerante Konfiguration mit System 3000.

Verbindungen zwischen System 5000-Konzentratoren

System 5000 kann in folgenden Konfigurationen eingesetzt werden:

- Stand-alone-Konfiguration.
- Kaskadierung.
- Doppelanschluß mit einem Konzentrator System 5000.
- Doppelanschluß mit mehreren Konzentratoren System 5000.

Stand-alone-Konfiguration

In einer Stand-alone-Konfiguration fungiert der System 5000 als Root-Konzentrator. SAS und DAS sind über einem M-Port des Konzentrators an das Netz angebunden (Abbildung 12-11).

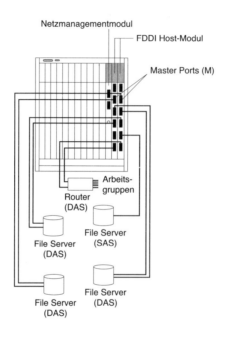

Abbildung 12-11: System 5000 in einer Stand-alone-Konfiguration.

Kaskadierung

In einem kaskadierten FDDI-Netz bildet ein Konzentrator System 5000 den Root-Konzentrator, an welchen alle weiteren Konzentratoren angeschlossen sind. Die Ausgangssituation ist damit die gleiche wie in einer Stand-alone-Konfiguration. Die Unterschiede zwischen einer Stand-alone- und einer Kaskade-Konfiguration liegen im Typ der an den Root-Konzentrator angeschlossenen Systeme. In einer Stand-alone-Konfiguration sind nur SAS und DAS an den Konzentrator angeschlossen. Eine Kaskade schließt neben SAS und DAS auch DAC und SAC mit ein (Abbildung 12-12).

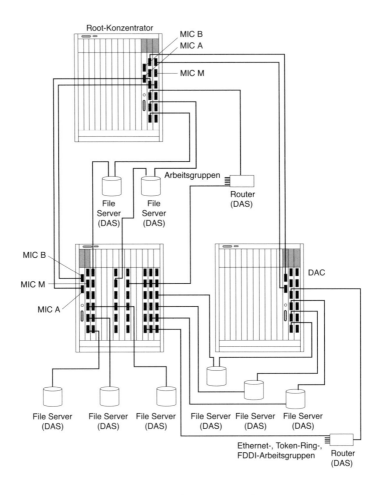

Abbildung 12-12: Kaskadierte System 5000-Konzentratoren.

Zwei Konzentratoren System 5000 in einem Doppelring mit Baumstruktur

Der FDDI-Doppelring wird mit zwei Konzentratoren aufgebaut. Er stellt das Backbone-Netz für die in Baumstruktur angeschlossenen SAS, DAS, SAC und DAC dar.

Abbildung 12-13 zeigt ein Beispiel. Der Doppelring wird von zwei Konzentratoren System 5000 gebildet, indem die MIC A- und MIC B-Ports auf den Netzmanagementmodulen miteinander verbunden sind. Die DASs und der DAC sind über Doppelanschlüsse an die beiden Konzentratoren im Backbone angeschlossen.

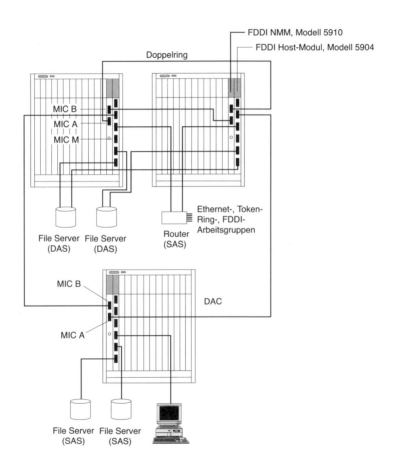

Abbildung 12-13: Doppelring mit zwei Konzentratoren System 5000.

FDDI-Netze mit System 2000-, System 3000- und System 5000-Konzentratoren

Der folgende Abschnitt zeigt, wie die Konzentratoren von Bay Networks zusammen in großen FDDI-Netzen eingesetzt werden können.

In Abbildung 12-14 sind auf der ersten und dritten Etage in Gebäude B System 2000-Konzentratoren installiert und mit dem Konzentrator System 3000 im Verteilerraum auf der zweiten Etage verbunden. Dieser wiederum ist an den Hub im Netzzentrum (Etage 3) in Gebäude A angeschlossen. Der FDDI Campus Backbone-Ring ist als Doppelring zwischen System 5000 und System 3000 aufgebaut. Fällt der Primärring aus, übernimmt der Sekundärring den Datentransport zwischen den beiden Gebäuden. System 2000-Konzentratoren werden in einer Baumstruktur kaskadiert.

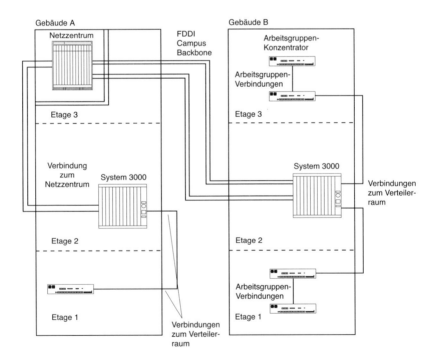

Abbildung 12-14: FDDI-Netz mit System 2000, System 3000 und System 5000.

Netzmanagement

Bei der Planung von FDDI-Netzen mit Netzmanagement sollten folgende Aspekte berücksichtigt werden:

- Agent-Unterstützung,
- Pfad-Einschränkungen bei Konzentratoren von Bay Networks,
- Dual Homing und Netzmanagement,
- Auslastungsmessungen mit System 5000.

Agent-Unterstützung für SMT

In welchem Umfang die Komponenten von Bay Networks die SMT-Funktionen unterstützen, hängt von der eingesetzten Version der Software Agents ab. Tabelle 12-1 gibt einen Überblick über die Software Agents und welche SMT-Version sie unterstützen.

System	Agent-Version	Unterstützte SMT-Version	Managementaspekte
System 2000	1.4	Version 6.3	Keine Autotopology-Unterstützung
System 3000	1.4	Version 6.3	Keine Autotopology-Unterstützung
System 2000	1.5	Version 6.3	Keine Autotopology-Unterstützung
System 3000	1.5	Version 6.3	Keine Autotopology-Unterstützung
System 2000	2.1	Version 7.3	Autotopology-Unterstützung ab Optivity 5.0
System 3000	2.0	Version 7.3	Autotopology-Unterstützung ab Optivity 5.0
System 5000	1.0	Version 7.3	Autotopology-Unterstützung ab Optivity 5.0
System 5000	1.1	Version 7.3	Autotopology-Unterstützung ab Optivity 5.0

Tabelle 12-1: SMT-Unterstützung.

Es ist empfehlenswert, daß alle Bay Networks-Komponenten an einem FDDI-Ring eine Agent Software verwenden, die die gleiche SMT-Version unterstützt. Allerdings ist auch ein Einsatz unterschiedlicher SMT-Versionen am gleichen Ring möglich. Unregelmäßigkeiten durch die Mischung verschiedener SMT-Versionen können bei der Überwachung von Systemen anderer Hersteller mit Inband SMT Proxy-Fähigkeiten entstehen.

Konfigurationen mit Dual Homing-Anschlüssen

In Konfigurationen mit Dual Homing-Konzentratoren sollten folgende Regeln beachtet werden:

- Werden Bay Networks-Konzentratoren in Dual Homing-Konfigurationen eingesetzt, sollte der B-Port immer Vorrang haben, d.h. die Primärverbindung sollte über den B-Port aufgebaut werden.

Pfad-Einschränkungen

Bei den Konzentratoren System 2000, System 3000 und System 5000 sollten folgende Pfad-Einschränkungen beachtet werden:

- Die Konzentratoren System 2000 haben keine dedizierte Sekundär-MAC-Schnittstelle für die Unterstützung von ausfallsicheren Dual Homing-Anschlüssen. Deshalb können System 2000-Konzentratoren auch keine statistischen Daten auf dem Sekundärring sammeln. Aus diesem Grund kann auch nicht garantiert werden, daß die Sekundärverbindung auch wirklich funktionsfähig ist. Ein Dual Homing kann dann ausfallen, wenn gleichzeitig die Primär- und Sekundärverbindung ausfällt. Allerdings gilt dies nur bei Einsatz von System 2000-Konzentratoren. Bei den Konzentratoren System 3000 und System 5000 ist die Primär- und Sekundärverbindung grundsätzlich aktiv geschaltet, und es werden statistische Daten von der Primär- und Sekundärverbindung gesammelt. Detailliertere Informationen zu „Dual Homing" finden Sie in Kapitel XI „Anschluß von FDDI-Stationen und -Konzentratoren".
- Ist in einem Konzentrator System 3000 mit drei FDDI-Pfaden (primär, sekundär, lokal) ein Netzmanagementmodul installiert, ist der lokale Pfad für das Netzmanagementmodul reserviert.
- In einem Konzentrator System 5000 mit fünf Pfaden ist, wenn ein Netzmanagementmodul installiert ist, immer ein Pfad für die Übertragung von Netzmanagementinformationen reserviert.

Messung der Netzauslastung

Um die Auslastung eines FDDI-Ringes zu messen, muß ein spezielles Netzmanagementmodul installiert sein, das derzeit nur für System 5000 zur

Verfügung steht. Kunden, die die System 5000-Komponenten installiert haben, können sich über das Netzmanagementsystem Optivity unter der Netzansicht Expanded View die Daten über die Netzauslastung anzeigen lassen.

Anhang A

Anhang A
Kabel

Der Anhang gibt einen kurzen Überblick über die Planung von Kabelanlagen sowie den Einsatz von Kabeln in Ethernet-, Token Ring- und FDDI-Umgebungen. Zudem ist eine Pin-Zuordnung für die Standardstecker aufgeführt.

Ungeschirmte Token Ring-Stecker sind in der IEEE 802.5q-Spezifikation als MIC_U, geschirmte Token Ring-Stecker sind als MIC_S bezeichnet. Im folgenden ist mit „MIC_U" ein RJ45-Stecker und mit „MIC_S" ein IBM-Datenstecker gemeint.

Überlegungen bei der Planung von Kabelanlagen

Bei Neuinstallationen sollten Kabel verlegt werden, die den Bestimmungen der gültigen Verkabelungsstandards entsprechen. Standards für Gebäudeverkabelungen wurden von der Electronic Industries Association/Telecommunications Industry Association in den Spezifikationen EIA/TIA TSB-36, EIA/TIA TSB-40, EIA/TIA TSB 568, EIA/TIA 568-A sowie von der International Standardization Organization/International Electrotechnical Commission (ISO/IEC) in der Spezifikation IOC/IEC 1180-1 festgelegt.

Überprüfung von Altbeständen

Vor jeder Neuinstallation sollte die vorhandene Kabelanlage, d.h. Kabel, Stecker, Dosen, Verteilerfelder, Erdung usw., überprüft werden. Diese Bestandsaufnahme erlaubt Rückschlüsse auf die Verkehrsmuster, die Ausnutzung und die Benutzerzahl des Netzes. Desweiteren sollte die Kabelanlage so geplant werden, daß Änderungen, beispielsweise durch neu hinzukommende Benutzer oder durch Umzüge, einfach durchgeführt werden können.

Strukturierte Verkabelung

Die o.g. Standards empfehlen eine strukturierte sternförmige Verkabelung, wie sie heute in den meisten Installationen auch zu finden ist. Eine strukturierte sternförmige Verkabelung unterscheidet drei Verkabelungsbereiche:

- den Campus-Bereich bzw. die Primärverkabelung, d.h. die Verkabelung im Gelände,
- den Gebäudesteigbereich bzw. die Sekundärberkabelung (Vertikalverkabelung) sowie
- die Etagen- oder Teilnehmeranschluß- bzw. Tertiärverkabelung (Horizontalverkabelung).

Die Etagenverkabelung betrifft die Kabel vom Etagenverteiler zu den einzelnen Endgeräten, die sternförmg an den Verteiler angeschlossen sind (Abbildung A-1). In einem voll erschlossenen Gebäude mit einer strukturierten Verkabelung werden die Verteilerräume über die Steigbereichsverkabelung mit dem zentralen Gebäudeverteiler verbunden.

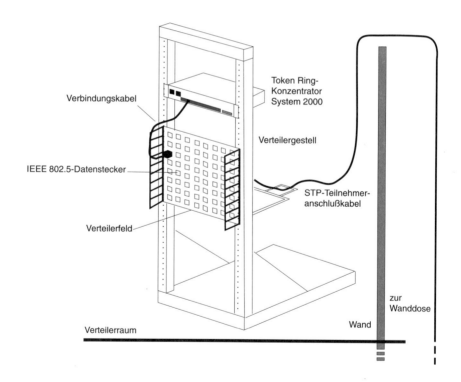

Abbildung A-1: Token Ring-Verteiler.

STP-Standards und STP-Spezifikationen

Das geschirmte symmetrische Vierdrahtkabel (Shielded Twisted Pair/STP) wird im IEEE 802.5-Standard für Token Ring LANs und im ISO 9314-Standard für FDDI LANs spezifiziert.

STP-Kabeltypen

Das STP-Kabel wird in drei Anwendungen eingesetzt: zum Anschluß von Teilnehmern an den Konzentrator (sog. Lobe-Verbindungen), zum Aufbau von Ringen durch Verbindung der Token Ring-Konzentratoren untereinander (sog. Trunk-Verbindungen) und als Verbindungskabel zum Anschluß von Endgeräten an die Wanddose sowie zum Anschluß des Konzentrators an das Verteilerfeld. Das STP-Kabel ist – entsprechend dem IBM-Verkabelungssystem – in Varianten erhältlich.

Typ 1, 1A, 2, 6, 8 und 9

Die Produkte von Bay Networks können mit folgenden STP-Kabeltypen betrieben werden: Typ 1, Typ 1A, Typ 2, Typ 6, Typ 8 und Typ 9. Die STP-Kabel haben eine Impedanz von 150 Ohm, sie unterscheiden sich in Gewicht, Kabeldurchmesser, Flexibilität und Feuerfestigkeit.

Das am häufigsten verwendete Typ-1-Kabel wird als Teilnehmeranschlußkabel zwischen Etagenverteiler und Endgerät sowie als Steigbereichskabel zur Verbindung der Etagenverteiler eingesetzt. Das Kabel besteht aus zwei massiven Kupferleitern mit AWG 22, die entweder einzeln oder in S-Form mit einem verzinnten Kupfergeflechtschirm oder einem Metallschirm umgeben sind.

Das Typ-1A-Kabel, auch als STP-A-Kabel bezeichnet, ist ein Typ-1-Kabel mit verbesserten Dämpfungs- und Nahnebensprechwerten.

Das Typ-2-Kabel hat zwei massive Leiterpaare mit AWG 22 zur Datenübertragung, die von einer verzinnten Kupfergeflechtabschirmung umgeben sind. Zusätzlich hat das Kabel vier Fernmeldepaare aus massiven Leitern mit AWG 22. Es ist als Plenum- und Non-Plenum-Kabel erhältlich.

Das Typ-6-Kabel hat einen geringeren Kabeldurchmesser und ist dadurch flexibler als das Typ-1-Kabel. Es wird i.d.R. als Verbindungskabel im Verteiler oder als Verlängerungskabel im Teilnehmeranschlußbereich eingesetzt. Es besteht aus zwei Datenpaaren mit mehrdrähtigen Leitern mit AWG 26, die optional mit einem Folien- oder einem Geflechtschirm umgeben sind.

Alle anderen Datenkabeltypen haben geringere Bedeutung; sie sind in entsprechenden Produktschriften ausführlich beschrieben.

Alle Kabeltypen werden in der Regel zusammen mit einem IBM-Datenstecker (mit vier Kontakten) eingesetzt. Bay Networks hält fertig konfektionierte Rangierkabel mit einem IBM-Datenstecker auf der einen und einem RJ45- oder 9poligen Sub-D-Stecker auf der anderen Seite vor.

Tabelle A-1 gibt einen Überblick über die elektrischen Eigenschaften der STP-Kabel.

Spezifikation	Typ1	Typ 1A	Typ 2	Typ 6	Typ 8	Typ 9
Anzahl Paare	2	2	2	2	2	2
Drahtstärke	22 AWG	22 AWG	22 AWG	26 AWG	26 AWG	26 AWG
Impedanz 3 bis 100 MHz	150±10%	150±10%	150±10%	150±10%	150±10%	150±10%
Dämpfung bis max. 4 MHz 5 bis max. 16 MHz 17 bis max. 100 MHz	22 dB/m 45 dB/m nicht unterstützt	22 dB/m 49 dB/m nicht unterstützt	22 dB/m 45 dB/m nicht unterstützt	33 dB/m 66 dB/m nicht unterstützt	44 dB/m 88 dB/m nicht unterstützt	33 dB/m 66 dB/m nicht unterstützt
NEXT Bis 4 MHz Bis 20 MHz Bis 100 MHz	58 dB 40 dB nicht unterstützt	58 dB 49 dB 38,5 dB	58 dB 40 dB nicht untertützt	52 dB 34 dB nicht unterstützt	58 dB 40 dB nicht unterstützt	52 dB 34 dB nicht unterstützt
Gleichstromwiderstand 25° C	51,1 Ohm/km	57,1 Ohm/km	151Ohm/km	51,1 Ohm/km	148 Ohm/km	151 Ohm/km
Betriebskapazität	1500 pF/km	100 pF/km	1500 pF/km	1500 pF/km	1500 pF/km	1500 pF/km

Tabelle A-1: Elektrische Eigenschaften der STP-Kabel.

Geschirmtes 100-Ohm-Kabel

Geschirmtes symmetrische Vierdrahtkabel mit 100 Ohm, auch S-UTP genannt, hat die gleichen elektrischen Eigenschaften wie UTP-Kabel der Kategorie 5. Es unterliegt den gleichen Entfernungsbeschränkungen.

Geschirmtes 120-Ohm-Kabel
Geschirmtes symmetrische Vierdrahtkabel mit 120 Ohm hat die gleichen elektrischen Eigenschaften wie UTP-Kabel der Kategorie 5.

STP-Verbindungskabel
Die STP-Verbindungskabel schließen die Endgeräte an die Wanddose und damit an die STP-Wandverkabelung sowie die Konzentratoren in den Verteilerräumen an die Verteilerfelder an.

STP-Teilnehmeranschlußkabel
Die STP-Teilnehmeranschlußkabel (Lobe Cable) schließen die Endgeräte an den Konzentrator im Verteilerraum auf der Etage an. Zur Teilnehmeranschlußverkabelung gehören die Verbindungskabel vom Endgerät zur Wanddose, die Horizontalverkabelung sowie die Verbindungskabel zwischen Hub und Verteilerfeld.

STP-Steigbereichskabel
STP-Steigbereichskabel (Trunk-Verbindungen) werden eingesetzt, um Token Ring LANs über die RI/RO Ports der Konzentratoren in den verschiedenen Etagenverteiler eines Gebäudes miteinander zu verbinden.

Kabeleinschränkungen

Kabelnetze unterliegen bestimmten Einschränkungen, zum Beispiel hinsichtlich der maximal mögliche Entfernung zum Teilnehmer und des gesamten Netzes sowie der Teilnehmerzahl.

Token Ring
Token Ring-Netze sind in der Übertragungsgeschwindigkeit, der Teilnehmeranschluß- und Ringlänge sowie der Anzahl der Stationen begrenzt.

Ringgeschwindigkeit
In Token Ring LANs sind 4 Mbit/s und 16 Mbit/s Übertragungsgeschwindigkeit über STP-Kabel möglich.

Maximale Teilnehmeranschlußentfernung, Ringlänge und Anzahl der Stationen
Nähere Angaben hierzu finden Sie im Anhang, Teil „Konfigurationsrichtlinien für Token Ring LANs" (S. 278).

FDDI

FDDI-Netze können mit STP-Kabel Typ 1 und Typ 2 aufgebaut sein.

STP-Kabel	Max. Entfernung	Einsatz
Typ 1	100 m	Teilnehmeranschlußkabel zwischen Verteilerraum und Endgerät.
Typ 2	100 m	Teilnehmeranschlußkabel oder Fernmeldekabel.

Tabelle A-2: STP-Kabeltypen für FDDI.

Spezifikation	Typ 1 und Typ 2
Symmetrisches Vierdrahtkabel	2 #22 AWG
Impedanz von 3 bis 20 MHz	150 Ω ±10%
Dämpfung bei 16 MHz	<45 dB/km
Dämpfung bei 62,5 MHz*	<120 dB/km
Gleichstromwiderstand	<57Ω /km
Betriebskapazität bei 1 kHz	≤1500 pF/km
NEXT von 3 bis 5 MHz	>58 dB
NEXT von 12 bis 20 MHz	>40 dB
NEXT bei 62,5 MHz	>40dB

*Üblicherweise geben die Kabelhersteller die Dämpfung und Nahnebensprechdämpfung bei 62,5 MHz nicht an. Die Messungen und Versuche von Bay Networks zeigen, daß die Spezifikationen der Hersteller die Vorgaben bei 16 MHz einhalten.

Tabelle A-3: STP-Spezifikationen für den Einsatz in FDDI-Netzen.

Entfernungsbeschränkungen

In mit STP-Kabel aufgebauten FDDI-Netzen müssen folgende Entfernungsbeschränkungen eingehalten werden:

- Das Gesamtverkabelungssystem muß ISO 9314-3 entsprechen. Die Signallaufzeit durch das Kabel ist in sternförmig hierarchischen Netzen mit mehreren Hubs entscheidend.
- Jede Kabelverbindung muß die Spezifikationen für Dämpfung und Signalverzerrung einhalten. Die maximale Dämpfung beträgt 12 dB bei 62,5 MHz zwischen einem Hub und einem Endgerät.

- Die Entfernung zwischen einem Hub und einem Endgerät bei Einsatz von Typ-1- und Typ-2-Kabel beträgt 100 m. Die Länge beschränkt die Dämpfung bei 62,5 MHz auf 12 dB oder weniger.

TP-PMD-Systeme in STP-Kabelanlagen
Bay Networks unterstützt FDDI-Anwendungen über STP-Kabel und spezielle Mediafilter entsprechend dem Standard Twisted Pair Physical Media Dependent (TP-PMD), der frühere proprietäre FDDI-Lösungen über 100 Mbit/s und symmetrisches Vierdrahtkabel ersetzt. Abbildung A-2 zeigt das UTP-Kategorie-5-Verbindungskabel und den Mediafilter zum Anschluß der FDDI-Komponenten an ein IBM-Verteilerfeld.

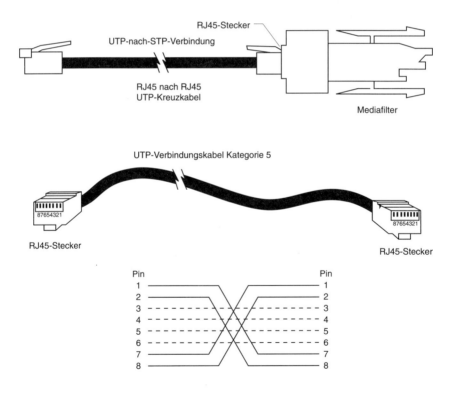

Abbildung A-2: Mediafilter und Verbindungskabel.

Die folgenden Punkte sollten bei Installation von STP-Kabeln in einer TP-PMD-Umgebung beachtet werden:

- Wird STP-Kabel mit 150 Ohm in einer TP-PMD-Umgebung eingesetzt, werden sowohl auf Seite des Konzentrators als auch am Endgerät Mediafilter benötigt. Der Filter übernimmt die Anpassung des RJ45- auf das IBM-Steckerformat sowie die Impedanzanpassung des UTP-Kabels (100 Ohm) auf das STP-Kabel (150 Ohm) (Abbildung A-3).

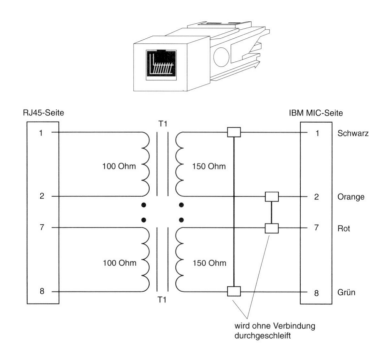

Abbildung A-3: Mediafilter zur Anpassung des RJ45- auf den IBM-Datenstecker.

- Ein Kreuzkabel sollte nur an einem Ende der Verbindung benutzt werden. Wird ein Mediafilter mit einem Kreuzkabel auf der Hub-Seite eingesetzt, muß auf Seite des Endgeräts ein Verbindungskabel mit einem Mediafilter verwendet werden. Da die STP-Kabelstrecke durchgehend ist und die Mediafilter keine Kreuzung vornehmen, wird sichergestellt, daß auf der Punkt-zu-Punkt-Verbindung nur eine Kreuzung erfolgt (Abbildung A-4).

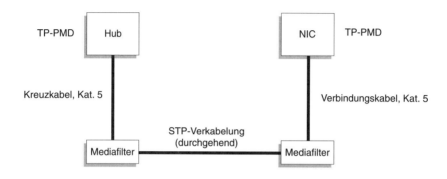

Abbildung A-4: Komponenten für TP-PMD über STP.

- Obwohl die Mediafilter eine Übertragung über STP-Kabel mit 150 Ohm erlauben, entspricht das Übertragungsschema TP-PMD über UTP-Kabel der Kategorie 5 mit 100 Ohm. Der PMD-Typ muß auf beiden Seiten gleich sein. Es ist nicht möglich, eine proprietäre Netzschnittstellenkarte an der Endstation und einen FDDI Hub oder ein FDDI-Host-Modul von Bay Networks mit einem Mediafilter auf der Hub-Seite zu verwenden. In diesem Fall wären die Kodierverfahren unterschiedlich; außerdem ist im TP-PMD-Standard ein Stream Cipher Scrambling-Verfahren festgelegt, das von den früheren proprietären Verfahren nicht berücksichtigt wird.
Um die TP-PMD-kompatiblen Produkte in Umgebungen mit STP-Kabel mit 150 Ohm einzusetzen, werden sowohl Mediafilter als auch eine TP-PMD-kompatible Netzschnittstellenkarte benötigt.
- Spricht man in FDDI-Umgebungen von STP-Kabel, ist immer geschirmtes symmetrisches Vierdrahtkabel mit 150 Ohm Impedanz gemeint. Ferner sind auch geschirmte symmetrische Vierdrahtkabel mit 100 Ohm im Einsatz. Sie können zusammen mit TP-PMD-kompatiblen Netzschnittstellenkarten und den Konzentratoren und Host-Modulen von Bay Networks eingesetzt werden. Da der Wellenwiderstand des Kabels 100 Ohm beträgt, sind keine Mediafilter erforderlich.

Anschluß von FDDI-STP-Produkten an UTP-Verkabelungen

Die UTP-FDDI-Komponenten von Bay Networks können in einer STP-Verkabelung betrieben werden.

UTP-Verkabelungen haben andere elektrische Eigenschaften als STP-Verkabelungen. Um STP-Kabel an einen TP-PMD Port eines Konzentrators oder Host-Moduls anzuschließen, muß ein Mediafilter installiert werden, der die Impedanzanpassung zwischen den beiden Kabeltypen übernimmt. Außerdem wird im TP-PMD-Standard eine Kreuzung in der Verkabelung zwischen dem Masterport eines Konzentrators und dem angeschlossenen Endgerät vorgeschrieben. Abbildung A-5 zeigt die Komponenten, die benötigt werden, um ein UTP-FDDI-Konzentrator an eine STP-Verkabelung anzuschließen.

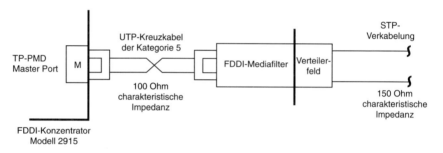

Abbildung A-5: Anschluß eines UTP-Konzentrators an eine STP-Verkabelung mit Hilfe eines Verbindungs-/Kreuzkabels.

Abbildung A-6 zeigt die Komponenten, die benötigt werden, um ein UTP-Host-Modul an eine STP-Verkabelung anzuschließen.

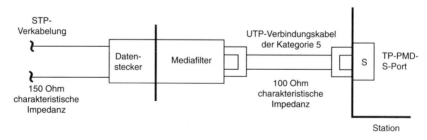

Abbildung A-6: Anschluß einer UTP-Station an eine STP-Verkabelung mit einem durchgehenden Verbindungskabel.

Das Kreuzkabel verbindet den Sender der einen physikalischen Verbindung mit dem Empfänger der benachbarten physikalischen Verbindung. Die Kreuzungsfunktion sollte im Verbindungskabel implementiert sein, um mit dem Verkabelungsstandard des Wandkabels konform zu gehen. STP-Kabelanlagen sind grundsätzlich durchgehend verbunden, d.h. Sende- und Empfangspaare sind nicht gekreuzt.

Wird geschirmtes symmetrisches Vierdrahtkabel mit 100 Ohm verwendet, werden keine Mediafilter benötigt. Alle anderen Verbindungen zwischen Konzentrator und Endgerät entsprechen denen einer STP-Verkabelung.

UTP-Standards und UTP-Spezifikationen

Ungeschirmtes symmetrisches Vierdrahtkabel (Unshielded Twisted Pair/UTP) wird für Ethernet, Token Ring und FDDI LANs eingesetzt und ist als Kabel für diese Netztypen in den entsprechenden Standards (u.a. IEEE 802.3, IEEE 802.5 und ISO 9314) spezifiziert.

UTP-Kabeltypen

Heute werden in erster Linie UTP-Kabeltypen eingesetzt, die von der Electronic Industries Association (EIA) und der Telecommunications Industry Association (TIA) im Verkabelungsstandard EIA/TIA-568 „Commercial Building Telecommunications Wiring Standard" bzw. von der International Standardization Organization (ISO) und der International Electrotechnical Commission (IEC) im Standard ISO/IEC JTC1 „Customer Premises Cabling" spezifiziert wurden.

Dort werden die ungeschirmten symmetrischen Vierdrahtkabel entsprechend ihrer übertragungstechnischen Eigenschaften in die Kategorien 3, 4 und 5 eingeteilt.

UTP-Kabel der Kategorie 3 ist für bis zu 16 MHz Bandbreite spezifiziert. UTP-Kabel der Kategorie 4 ist für bis zu 20 MHz geeignet, und ist der UTP-Kabeltyp, der die Mindestanforderungen für passive Token Ring LANs mit 16 Mbit/s erfüllt. UTP-Kabel der Kategorie 5 ist für bis zu 100 MHz zertifiziert und wird u.a. von EIA/TIA und ISO/IEC für moderne Kabelnetze mit hohen Übertragungsraten empfohlen. Tabelle A-4 zeigt die Spezifikationen für die UTP-Kabeltypen.

	Kategorie 3	Kategorie 4	Kategorie 5
Art	Sprache	Daten	Daten
Anzahl Paare	4	4	4
Übertragungsrate	4 Mbit/s, 16 Mbit/s mit Einschränkung	4 Mbit/s oder 16 Mbit/s	4/16Mbit/s oder höher
Impedanz	100 Ω ± 15%	100 Ω ± 15%	100 Ω ± 15%
Kapazität bei 1 kHz	<20 nF per 305 m	<20 nF per 305 m	<20 nF per 305 m
Max. Dämpfung (dB per 305 m, bei 20° C)	bei 16 MHz: 40	bei 16 MHz: 27 bei 20 MHz: 31 bei 100 MHz: 67	bei 16 MHz: 25 bei 20 MHz: 28
NEXT (Min.)	bei 16 MHz: 23	bei 16 MHz: 38 bei 20 MHz: 36	bei 16 MHz: 44 bei 20 MHz: 42 bei 100 MHz: 32

Tabelle A-4: Spezifikationen für die UTP-Kabeltypen.

Kabeleinschränkungen

Die Kabelwerte und -einsatzmöglichkeiten differieren je nach LAN-Typ (Ethernet, Token Ring, FDDI).

Token Ring

In Token Ring LANs gibt es Einschränkungen bei der Ringgeschwindigkeit, der maximalen Teilnehmeranschlußentfernung und der maximalen Ringlänge, dem Nahnebensprechen sowie der maximalen Anzahl von Stationen.

Ringgeschwindigkeit

Eine Übertragungsrate von 16 Mbit/s in einem Token Ring LAN erzeugt eine größere Verzerrung und Signaldämpfung als eine Übertragungsrate von 4 Mbit/s, was eine geringere Kabelentfernung zur Folge hat. Die Komponenten von Bay Networks kompensieren diese Störgrößen teilweise und ermöglichen 16 Mbit/s Übertragungsrate über UTP-Kabel ohne Einschränkung der Übertragungsentfernung.

Maximale Teilnehmeranschlußentfernung, Ringlänge und Anzahl von Stationen

Nähere Angaben hierzu finden Sie im Anhang, Teil „Konfigurationsrichtlinien für Token Ring LANs" (S. 278).

Nahnebensprechen (NEXT)

Ein Faktor, der sich auf die Kabelentfernung auswirkt, ist das Nahnebensprechen. In herkömmlichen Telefonkabel (D-inside wire/DIW) kann der NEXT-Wert verbessert werden, wenn ein bestimmtes Aderpaar im Kabel ausgewählt wird. Weiterhin bieten die heute üblichen Hochleistungskabel bessere NEXT-Werte als die herkömmlichen Telefonkabel.

Die maximal mögliche Entfernung bei Einsatz von UTP-Kabeln in einem Token Ring LAN mit den üblichen Token Ring-Geschwindigkeiten ist u.a. durch den NEXT-Wert des Kabels bestimmt. Der Einsatz von Kategorie-3-Kabel (DIW-Kabel) und die Übertragung der Signale über beliebige Paare hat zur Folge, daß der NEXT-Wert sinkt und die erlaubte Kabelentfernung abnimmt. Bei Verwendung von DIW-Kabel bei 16 Mbit/s und nicht speziell ausgewählten Paaren beträgt die höchstmögliche Teilnehmeranschlußentfernung in einem Token Ring LAN mit aktiver Retiming-Funktion 75 m.

Der NEXT-Verlustwert eines bestimmten Paares innerhalb des Kabels ist zum Teil eine Funktion der Verdrillung (Schlaglänge) des Drahtes für dieses Aderpaar. Je höher die Schlaglänge, desto höher ist der NEXT-Verlustwert und desto größer die erlaubte Kabelentfernung. Deshalb kann der NEXT-Verlustwert dadurch verbessert werden, daß zur Signalübertragung dasjenige Paar mit der engsten Schlaglänge ausgewählt wird. Wird bei einem DIW-Kabel das Paar mit der engsten Schlaglänge gewählt, kann der NEXT-Wert bei 16 Mbit/s auf 28 dB verbessert werden. Damit sind in 16 Mbit/s Token Ring LANs mit aktiven Komponenten von Bay Networks Teilnehmerentfernungen bis 100 m möglich. Bei allen Neuinstallationen, oder bei Erweiterungen von Altinstallationen, sollte im Hinblick auf zukünftige höhere Anforderungen allerdings nur noch Kabel der Kategorie 5 eingesetzt werden.

In Tabelle A-5 sind die UTP-Kabelwerte für die maximal mögliche Dämpfung und für die minimalsten NEXT-Verluste aufgelistet.

Bei 20° C	Kategorie 5	Kategorie 4	Kategorie 3	
			schlechtestes Paar	bestes Paar
Dämpfung 4 MHz* (dB/305 m)	13	13	17	17
Dämpfung 4 MHz* (dB/305 m)	25	27	40	40
NEXT 4 MHz* (dB)	53	47	32	32
NEXT 16 MHz* (dB)	44	38	23	28

* EIA/TIA 568 "Commercial Building Telecommunication Wiring Standards" und ISO SP-2840 "Generic Cabling for Information Technology".

Tabelle A-5: *Maximale Dämpfungswerte und minimalste NEXT-Werte für UTP-Kabel.*

Maximale Anzahl von Stationen

An ein Token Ring LAN können maximal 250 Stationen angeschlossen werden, gleich welcher Kabeltyp benutzt und bei welcher Geschwindigkeit (4/16 Mbit/s) der Ring betrieben wird. Wird UTP-Kabel bei einer Ringgeschwindigkeit von 4 Mbit/s eingesetzt, sind nur 144 Stationen möglich. Es ist zu beachten, daß jeder Port mit aktiver Retiming-Funktion als Station zählt. Außerdem zählt in bestimmten Situationen auch ein Host-Modul als Station, was ebenfalls bei der Feststellung der Gesamtanzahl von Stationen berücksichtigt werden muß. Bei Einsatz von Host-Modulen mit aktiver Retiming-Funktion von Bay Networks werden grundsätzlich 132 Endgeräte, bei Einsatz von passiven Modulen 250 Endgeräte unterstützt.

Ethernet

Die Ethernet-Komponenten von Bay Networks können mit UTP-Kabel der Kategorie 3, 4 und 5 betrieben werden.

Maximale Entfernung
Der IEEE-Standard 802.3i schreibt eine maximal mögliche Entfernung von 100 m bei Einsatz von UTP-Kabel vor.

Maximale Anzahl von Stationen
Pro Ethernet Collision Domain sind maximal 1024 Stationen möglich. Eine Collision Domain umfaßt alle Stationen und Verstärker in einem Netz, das nicht durch Brücken oder Router mit einem anderen Netz verbunden ist.

FDDI

FDDI-Netze mit UTP-FDDI-Komponenten von Bay Networks basieren auf UTP-Kabel der Kategorie 5, das Sprach- und Datenübertragung bei 100 Mbit/s ermöglicht.

UTP-Kabel der Kategorie 5 haben folgende Übertragungseigenschaften:

- Betriebskapazität: $\leq$17 nF pro 305 m,
- Charakteristische Impedanz: 100 Ohm ±15 %,
- Dämpfung: Die max. Dämfpungswerte sind in Tabelle A-6 aufgeführt.
- Nahnebensprechwert (NEXT): Der Next-Wert des jeweils schlechtesten Aderpaares ist in Tabelle A-6 angeführt.

Frequenz (MHz)	Max. Dämpfung (dB pro 305 m)	Nahnebensprechdämpfung schlechtestes Paar (dB bei 305 m)
1,0	6,3	62
4,0	13	53
10,0	20	47
16,0	25	44
20,0	28	42
31,25	36	40
62,5	52	35
100	67	32

Tabelle A-6: Übertragungscharakteristika von UTP-Kabel der Kategorie 5.

Ein FDDI-Teilnehmeranschlußkabel kann laut EIA/TIA-Standard 100 m lang sein. Diese 100 m setzen sich wie folgt zusammen:

- 6 m zwischen Hub und Verteilerfeld,
- 90 m zwischen Verteilerraum und Wanddose,
- 3 m zwischen Wanddose und FDDI-Endgerät,
- Nahnebensprechdämpfung (NEXT): Der Next-Wert des jeweils schlechtesten Aderpaares ist in Tabelle A-6 aufgelistet.

Kabelauswahl

UTP-Kabel der Kategorie 5 ist in mehreren Varianten auf dem Markt erhältlich. Bei der Auswahl von Kabeln sollten Sie darauf achten,

- daß es eine offizielle Zertifizierung besitzt und

- wie es abgeschlossen ist. Um das Nahnebensprechen zu minimieren, sollte das Kabel für die gesamte Kabelanlage vom gleichen Kabeltyp mit dem gleichen Aufbau durchgängig identisch sein.
- daß die verwendeten Paare jeweils dem Standard entsprechend ausgewählt sind.

UTP-Verbindungskabel

Die verwendeten Patch-Kabel sollten ebenfalls vom gleichen Typ sein, d.h. für eine Kabelanlage mit Kategorie-5-Kabel sollten alle Verbindungskabel gleichen Typs sein.

Abbildung A-7: UTP-Verbindungskabel.

10BASE-T Ethernet

10BASE-T-Ethernet LANs sind in IEEE 802.3i standardisiert. Dabei steht die Ziffer „10" für 10 Mbit/s Übertragungsgeschwindigkeit, „BASE" für Basisbandübertragung und „T" für Twisted Pair.

Ethernet LANs sind in der Anzahl der Stationen und in der Kabellänge begrenzt. Die Ethernet-Komponenten von Bay Networks bieten zusätzliche Funktionen wie automatische Erkennung von vertauschten Aderpaaren und Vermeidung von Kollisionen durch eine Verbindungstestfunktion.

Maximale Teilnehmeranschlußentfernung

Die maximal mögliche Teilnehmeranschlußlänge unter Verwendung von 10BASE-T-Kabel beträgt 100 m.

Maximale Anzahl von Stationen
Pro 10BASE-T-Segment werden in einem Ethernet LAN maximal 1024 Endgeräte unterstützt.

Verbindungstestfunktion
In einem Ethernet LAN muß eine sendewillige Station ihre Sendung aufschieben, wenn sie erkennt, daß eine andere Station das Netz bereits für einen Übertragungsvorgang nutzt. In einem UTP-Netz wird, anders als in einem herkömmlichen Koaxialkabel-Ethernet, über verschiedene Aderpaare empfangen und gesendet. Kommt es zu einer Unterbrechung der Empfangsader vom Netz, kann die Station vor einem Sendevorgang nicht mehr feststellen, ob das Netz frei ist bzw. gerade eine Übertragung stattfindet. Sie schickt ihre Daten auf das Netz mit dem Risiko, vermehrt Kollisionen auszulösen (Late Collisions).

Um dies zu verhindern, verfügen die 10BASE-T-Komponenten von Bay Networks über eine Verbindungstestfunktion (Link Integrity Test). Dabei wird in Zeiten, in denen die Station keine Datensignale sendet, alle 16 ms eine Folge von 100 ns-Testimpluse auf die Verbindung geschickt (Idle-Signal).

Alle 10BASE-T Ports beobachten ihr Empfangsaderpaar, ob Idle-Signale oder Datensignale übertragen werden. Registriert der Port innerhalb von 100 ms weder ein Idle- noch ein Datensignal, geht die Verbindungsstatus-LED des entsprechenden Ports aus. In diesem Fall stoppt der Port die Aussendung von Daten über seine Sendeader und er gibt keine eingehenden Daten mehr an das Bussystem an der Konzentratorrückwand weiter. Er nimmt die Übertragung automatisch wieder auf, wenn die Verbindung wieder ordnungsgemäß hergestellt ist.

Erkennung und Korrektur vertauschter Aderpaare
Die Erkennung und automatische Korrektur von vertauschten Aderpaaren wird im 10BASE-T-Standard nicht gefordert, von den Bay Networks-Komponenten aber bereitgestellt. Falls die beiden Empfangsadern auf der Strecke fälschlicherweise nicht richtig durchverbunden, d.h. an irgendeiner Stelle vertauscht sind, erkennt der 10BASE-T Transceiver oder der 10BASE-T Port des Host-Moduls die falsche Durchverbindung und korrigiert dies intern, so daß die Datenverbindung trotz der falschen mechanischen Durchverbindung ordnungsgemäß funktioniert.

Die Komponenten von Bay Networks überprüfen die Polarität der Empfangsader nur bei Einschaltung des aktiven Systems bzw. wenn es zu einer Verbindungsunterbrechung kommt.

- Empfängt die Komponente ein normales Datenpaket (keine Inversion), betrachtet sie die Verbindung als korrekt. Sie stoppt ihre Beobachtung solange, bis sie erkennt, daß die Verbindung unterbrochen ist oder bis sie selbst vom Strom ab- und wieder eingeschaltet wird.
- Empfängt die Komponente entweder zwei aufeinanderfolgende invertierte Datenpakete oder sechs aufeinanderfolgende invertierte Verbindungsimpluse, geht sie von einer Adervertauschung aus und korrigiert diese intern. Danach stoppt sie ihre Beobachtungsfunktion wieder, bis sie eine neue Vertauschung feststellt oder bis sie vom Strom ab- und wieder eingeschaltet wird.

Da beides überwacht wird, Datenpakete und Verbindungsimpulse, erfolgt eine Korrektur vertauschter Aderpaare auch, wenn keine Daten gesendet werden.

Die automatische Erkennung und Korrektur von Aderpaaren wird an den 10BASE-T Host-Modulen und am System 2000 nicht gesondert (zum Beispiel über eine LED) angezeigt. Nur die 10BASE-T Transceiver haben eine gelbe Inv LED, die leuchtet, wenn eine Adervertauschung erkannt und korrigiert wurde.

10BASE-T-Kreuzkabel

Damit zwei 10BASE-T-Komponenten miteinander kommunizieren können, muß der Sender jeder Komponente mit dem Empfänger der gegenüberliegenden Komponente verbunden sein. Jede 10BASE-T-Verbindung muß eine Kreuzungsfunktion implementiert haben, mit deren Hilfe der Sender am einen Ende der Verbindung mit dem Empfänger der anderen Seite verbunden wird.

Alle 10BASE-T-Komponenten von Bay Networks verfügen über eine solche Kreuzungsfunktion. Insofern sind alle 10BASE-T Host-Modul-Ports von Bay Networks MDI-X Ports.

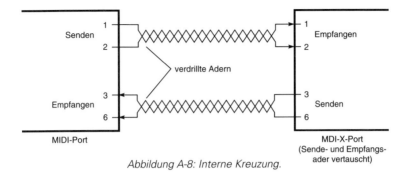

Abbildung A-8: Interne Kreuzung.

Der 10BASE-T-Standard definiert das Medium Dependent Interface (MDI) als elektrische und mechanische Schnittstelle zum UTP-Kabel. Ein MDI Port sendet Daten auf Pin 1 und Pin 2 (Paar 2 eines vierpaarigen Kabels) und empfängt auf Pin 3 und Pin 6 (Paar 3 eines vierpaarigen Kabels).

Ein Port, der diese Kreuzungsfunktion intern implementiert hat, wird als MDI-X Port (X steht für Kreuzung) bezeichnet. Die interne Kreuzungsfunktion erlaubt die Verwendung von durchgehendem UTP-Kabel, um einem MDI Port mit einem MDI-X Port zu verbinden.

Die Kreuzung kann auch extern durchgeführt werden. In diesem Fall wird ein UTP-Kreuzkabel installiert, das die Sende- und Empfangsaderpaare tauscht (Abbildung A-9).

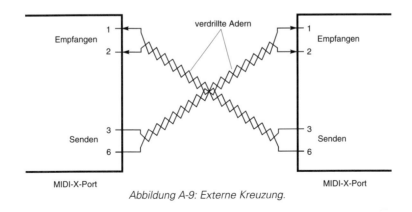

Abbildung A-9: Externe Kreuzung.

ThinNet-Kabel

10BASE2-Ethernet LANs sind in IEEE 802.3a standardisiert. Dabei steht die Ziffer „10" für 10 Mbit/s Übertragungsgeschwindigkeit, „BASE" für Basisbandübertragung und „2" für die Segmentlänge von ca. 200 m, die mit Thin-Net-Kabel maximal möglich sind.

Das ThinNet-Kabel ist ein Koaxialkabel mit einer charakteristischen Impedanz von 50 ± 2 Ohm und einer Dämpfung von maximal 8,5 dB bei 10 MHz über eine Entfernung von 185 m. Endgeräte werden über den BNC-T-Stecker an das ThinNet-Kabel angeschlossen.

Bei Verwendung von ThinNet-Kabel müssen spezielle Erdungsanforderungen berücksichtigt und die Kabel selbst an beiden Enden mit jeweils einem 50 Ohm-Abschlußwiderstand versehen werden.

Maximale Segmentlänge und Anzahl von Stationen
Ein ThinNet-Segment darf maximal 185 m lang sein. Empfohlen wird allerdings – aus Gründen der besseren Übersichtlichkeit und der Kontrolle – eine Länge von etwa 100 m.

Pro Segment werden 30 Endgeräte unterstützt. Empfohlen werden jedoch aus den genannten Gründen etwa fünf bis zehn Endgeräte pro Segment.

Ethernet-Stecker

Der folgende Abschnitt beschreibt die Pin-Belegung folgender Steckertypen: AUI-, RJ45-, 9poliger Sub-D- und MDI/MDI-X-Stecker.

AUI-Stecker

Tabelle A-7 zeigt die Pin-Belegung bei Verwendung des standardisierten, 15poligen AUI-Steckers.

8poliger RJ45-Stecker (10BASE-T-Stecker)

Tabelle A-8 gibt einen Überblick über die Pin-Belegung des 8poligen, modularen RJ45-Steckers. Pin 1 und Pin 2 werden für Senden, Pin 3 und Pin 6 für Empfangen benutzt. Pin 4, Pin 5, Pin 7 und Pin 8 sind unbenutzt und stehen für andere Dienste zur Verfügung.

Pin-Belegung	Pin-Nummer	Signal
(Pin 8, Pin 1, Pin 15, Pin 9)	1	Erdung
	2	C-IA
	3	DO-A
	4	Erdung
	5	DI-A
	6	+12V DC
	7	unbenutzt
	8	unbenutzt
	9	CI-B
	10	DO-B
	11	Erdung
	12	DI-B
	13	+12V DC
	14	Erdung
	15	Erdung

Tabelle A-7: Pin-Belegung des 15poligen AUI-Steckers.

Pin-Belegung	Pin-Nummer	Transceiver (MDI)	Hostport (MDI-X)
12345678	1	TD +	RD +
	2	TD -	RD -
	3	RD +	TD +
	4	unbelegt	unbelegt
	5	unbelegt	unbelegt
	6	RD -	TD -
	7	unbelegt	unbelegt
	8	unbelegt	unbelegt

Tabelle A-8: Pin-Belegung des RJ45-Steckers.

50poliger Telco-Stecker

Tabelle A-9 zeigt die Pin-Belegung des 50poligen Telco-Steckers.

9poliger Sub-D-Stecker

Tabelle A-10 zeigt die Pin-Belegung des 9poligen Sub-D-Steckers.

Paar-Nr.	Pin-Nr.	Farbsatz I Isolierung/Band	Pin-Nr.	Farbsatz II Isolierung/Band
1	1	Blau/Weiß	26	Weiß/Blau
2	2	Orange/Weiß	27	Weiß/Orange
3	3	Grün/Weiß	28	Weiß/Grün
4	4	Braun/Weiß	29	Weiß/Braun
5	5	Grau/Weiß	30	Weiß/Grau
6	6	Blau/Rot	31	Rot/Blau
7	7	Orange/Rot	32	Rot/Orange
8	8	Grün/Rot	33	Rot/Grün
9	9	Braun/Rot	34	Rot/Braun
10	10	Grau/Rot	35	Rot/Grau
11	11	Blau/Schwarz	36	Schwarz/Blau
12	12	Orange/Schwarz	37	Schwarz/Orange
13	13	Grün/Schwarz	38	Schwarz/Grün
14	14	Braun/Schwarz	39	Schwarz/Braun
15	15	Grau/Schwarz	40	Schwarz/Grau
16	16	Blau/Gelb	41	Gelb/Blau
17	17	Orange/Gelb	42	Gelb/Orange
18	18	Grün/Gelb	43	Gelb/Grün
19	19	Braun/Gelb	44	Gelb/Braun
20	20	Grau/Gelb	45	Gelb/Grau
21	21	Blau/Violett	46	Violett/Blau
22	22	Orange/Violett	47	Violett/Orange
23	23	Grün/Violett	48	Violett/Grün
24	24	Braun/Violett	49	Violett/Braun
25	25	Grau/Violett	50	Violett/Grau

Tabelle A-9: Pin-Belegung des 50poligen Telco-Steckers.

Pin-Nr.	Paar-Nr.	Aderfarbe	Transceiver	Hostport
1	1	Rot	TD+	RD+
5	2	Schwarz	RD+	TD+
6	1	Grün	TD-	RD-
9	2	Orange	RD-	TD-
2,3,4		Schirm	unbelegt	unbelegt
7,8		Schirm	unbelegt	unbelegt

Tabelle A-10: Pin-Belegung des 9poligen Sub-D-Steckers.

MDI/MDI-X-Stecker

Tabelle A-11 zeigt die Pin-Belegung des MDI/MDI-X-Steckers.

Pin-Nr.	Transceiver (MDI)	Paar-Nr.	Farbsatz Isolierung/Band
1	TD +	2	Weiß/Orange
2	TD -	2	Orange/Weiß
3	RD +	3	Weiß/Grün
4	unbelegt	1	Blau/Weiß
5	unbelegt	1	Weiß/Blau
6	RD -	3	Grün/Weiß
7	unbelegt	4	Weiß/Braun
8	unbelegt	4	Braun/Weiß

Tabelle A-11: Pin-Belegung des MDI/MDI-X-Steckers.

Token Ring-Stecker

In Token Ring LANs unterscheidet man Pin-Belegungen für Ring-In-Verbindungen (9pol. Sub-D), Ring-Out-Verbindungen (9pol. Sub-D), Kabel für Verlängerungen (9pol. Sub-D), Teilnehmeranschlußverbindungen (RJ45) und STP-RI/RO Port-Verbindungen.

Ring-In-/Ring-Out-Verbindungen mit dem 9poligen Sub-D-Stecker

Tabelle A-12 zeigt die Pin-Belegung für RI-Trunk-Ports (RI/RO-Mode).

Pin-Nr.	Kontakt	Signal
1	R	Empfangsader Hauptpfad (von RO-Port)
2		unbenutzt
3		unbenutzt
4		unbenutzt
5	B	Sendeader Backup-Pfad (nach RO-Port)
6	G	Empfangsader Hauptpfad (von RO-Port)
7		unbenutzt
8		unbenutzt
9	O	Sendeader Backup-Pfad (nach RO-Port)

Tabelle A-12: Pin-Belegung für RI-Trunk-Ports (RI/RO-Mode).

Tabelle A-13 zeigt die Pin-Belegung für RO-Trunk-Ports (RI/RO-Mode).

Pin-Nr.	Kontakt	Signal
1	R	Sendeader Hauptpfad (nach RI-Port)
2		unbenutzt
3		unbenutzt
4		unbenutzt
5	B	Empfangsader Backup-Pfad (von RI-Port)
6	G	Sendeader Hauptpfad (nach RI-Port)
7		unbenutzt
8		unbenutzt
9	O	Empfangsader Backup-Pfad (von RI-Port)

Tabelle A-13: Pin-Belegung für RO-Trunk-Ports (RI/RO-Mode).

Tabelle A-14 zeigt die Pin-Belegung für Verlängerungskabel.

Pin-Nr.	Kontakt	Signal
1	R	Empfangsader (vom Endgerät)
2		unbenutzt
3		unbenutzt
4		unbenutzt
5	B	Sendeader (zum Endgerät)
6	G	Empfangsader (vom Endgerät)
7		unbenutzt
8		unbenutzt
9	O	Sendeader (zum Endgerät)

Tabelle A-14: Pin-Belegung Verlängerungskabel (9pol. Sub-D).

Pin-Belegung für RJ45-Teilnehmer-anschlußverbindungen

Tabelle A-15 zeigt die Pin-Belegung für Teilnehmeranschlußverbindungen mit RJ45-Stecker. Der RJ45-Stecker entspricht dem in IEEE 802.5q spezifizierten MIC_U-Stecker.

	Pin-Nr.	Signal
12345678	1	unbenutzt
	2	unbenutzt
	3	Empfangsader (von Station)
	4	Sendeader (zur Station)
	5	Sendeader (zur Station)
	6	Empfangsader (von Station)
	7	unbenutzt
	8	unbenutzt

Tabelle A-15: Pin-Belegung für Teilnehmeranschlußverbindungen mit RJ45-Stecker.

Verbindungskabel mit geringem Nahnebensprechen

Bay Networks bietet ein UTP-Verbindungskabel (ca. 2,5 m lang) der Kategorie 5 mit RJ45-Stecker an beiden Enden an. Es wird zwischen Mediafilter am Endgerät und Wanddose und zwischen Hostport und Verteilerfeld eingesetzt mit dem Ziel, eine durchgängige Kategorie-5-Verkabelung mit entsprechend niederen Nahnebensprechwerten zu realisieren.

Mediafilter

Mediafilter werden benötigt, damit Token Ring-Stationen mit STP-Adapterkarte über UTP-Kabel kommunizieren können. Der Mediafilter hat einen 9poligen Sub-D-Stecker, der auf den 9poligen Sub-D-Ausgang der STP-Adapterkarte im Endgerät gesteckt wird (Abbildung A-10). Darüber hinaus gibt es UTP-Netzschnittstellenkarten mit integriertem Mediafilter, so daß der Einsatz eines externen Filters nicht mehr notwendig ist.

Abbildung A-10: Token Ring UTP-Mediafilter.

Bay Networks bietet drei Mediafilter an:
- Einen STP-nach-LWL-Konverter.
- Ein UTP-Filter mit einem RJ45- und einem Sub-D-9-Port.
- Ein UTP-Filter mit einem integrierten Verbindungskabel (ca. 4,5 m lang).

FDDI-Kabel und -Stecker

In FDDI-Netzen mit UTP-Kabel wird üblicherweise der RJ45-Stecker eingesetzt; bei Verwendung von STP-Kabeln der 9polige Sub-D-Stecker, wobei es sich hier im wesentlichen um ältere Version handelt, die noch vor dem jetzigen TP-PMD-Standard am Markt verfügbar waren.

RJ45-Steckerbelegung in TP-PMD-Netzen

Tabelle A-16 zeigt die Pin-Belegung des RJ45-Steckers in FDDI-Netzen.

	Pin-Nr.	Signal
12345678	1	Sende +
	2	Sende -
	3	-
	4	-
	5	-
	6	-
	7	Empfangen +
	8	Empfangen -

Tabelle A-16: Pin-Belegung RJ45-Stecker.

STP-Verbindungskabel

Bay Networks bietet je ein STP-Verbindungskabel für Anschlüsse an den älteren FDDI-Konzentrator 2912A und an das FDDI-Host-Modul 3902A an. Beide Produkte wurden vor der Verabschiedung des TP-PMD-Standards auf den Markt gebracht.

Pin-Belegung des 9poligen Sub-D-Steckers in TP-PMD-Netzen

Tabelle A-17 zeigt die Belegung des 9poligen Sub-D-Steckers in FDDI-Anwendungen. Der Schirm des STP-Kabels muß im Stecker aufgelegt sein.

Pin-Nr.	Belegung zum Hub	Belegung zur Station
1	Senden +	Empfangen +
2	unbenutzt	unbenutzt
3	unbenutzt	unbenutzt
4	unbenutzt	unbenutzt
5	Empfangen +	Senden +
6	Senden -	Empfangen -
7	unbenutzt	unbenutzt
8	unbenutzt	unbenutzt
9	Empfangen -	Senden -

Tabelle A-17: Pin-Belegung 9poliger Sub-D-Stecker.

Lichtwellenleiterkabel und -stecker

Dieser Abschnitt bespricht die wichtigsten in LANs verwendeten Lichtwellenleiterkabel- und -steckertypen.

Lichtwellenleiterkabeltypen

In lokalen Netzen werden in der Regel Multimodefasern vom Typ 62,5/125 µm und 50/125 µm, oder in vereinzelten Fällen auch Monomodefasern vom Typ 9/125 µm, eingesetzt. Die Komponenten von Bay Networks benötigen Duplexkabel mit einer Sende- und Empfangsfaser.

- Multimodefasern vom Typ 62,5/125 µm haben einen Kerndurchmesser von 62,5 µm, einen Manteldurchmesser von 125 µm und eine numerische Apertur von ca. 0,275. Bei Einsatz von Bay Networks-Produkten müssen die LWL-Fasern einen Einkopplungsverlust von gleich oder kleiner 1,0 dB aufweisen.
- Multimodefasern vom Typ 50/125 µm haben einen Kerndurchmesser von 50 µm, einen Manteldurchmesser von 125 µm und eine numerische Apertur von ca. 0,20. Bei Einsatz von Bay Networks-Produkten müssen die LWL-Fasern einen Einkopplungsverlust von gleich oder kleiner 1,0 dB haben.
- Monomodefasern vom Typ 9/125 µm haben einen Kerndurchmesser von 9 µm, einen Manteldurchmesser von 125 µm und eine numerische Apertur von ca. 0,10. Monomodefasern vom Typ 9/125 werden überwiegend für lange Übertragungsstrecken, beispielsweise in FDDI-Netzen mit 10 bis 20 km, eingesetzt.

Tabelle A-18 zeigt die wichtigsten Werte der in LANs gebräuchlichen LWL-Kabeltypen.

Fasertyp	62,5/125 µm	50/125 µm	9/125 µm
Kerndurchmesser	62,5 µm	50 µm	9 µm
Manteldurchmesser	125 µm	125 µm	125 µm
Dämpfung bei 850 nm	≤ 4,0 dB/km	≤ 3,5 dB/km	-
Dämpfung bei 1300 nm	-	-	≤ 1 dB/km
Bandbreite bei 850 nm	150 MHz/km	≤ 300 MHz/km	-

Tabelle A-18: Die wichtigsten Werte der in LANs gebräuchlichen LWL-Kabeltypen.

LWL-Stecker

Die heute gebräuchlichsten LWL-Stecker in lokalen Netzen sind der ST- und SC-Stecker. In älteren Installation ist vielfach noch ein optischer Stecker mit Schraubverschluß vom Typ FSMA zu finden, der aufgrund schlechter Reproduzierbarkeit der Steckerdämpfung, (dies ist bedingt durch den Drehverschluß), heute keine Bedeutung mehr hat. Übergänge können jedoch mit Hilfe von Patch-Kabeln mit unterschiedlichen Steckertypen an jedem Ende realisiert werden.

ST-Stecker
Der Straight Tip (ST)-Stecker besteht aus einem Keramikstift und einer flexiblen Hülse. Er wird in der Regel mit Multimodefaserkabel vom Typ 62,5/125 µm und 50/125 µm, spezielle Modelle des ST-Steckers auch mit Monomodefaserkabel, eingesetzt. Er läßt sich mit Hilfe eines Bajonett-Verschlusses durch Drehen verschließen. ST-Stecker haben einen durchschnittlichen Dämpfungsverlust von 0,5 dB und einen maximalen Verlust pro Kopplung von 1,0 dB. Die meisten der Bay Networks-Komponenten sind für ST-Stecker ausgelegt (Abbildung A-11).

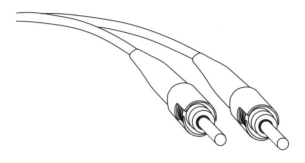

Abbildung A-11: ST-Stecker.

SC-Stecker
Der SC-Stecker wird in der Regel mit Multimodefaserkabel vom Typ 62,5/125 µm und 50/125 µm eingesetzt. Zwei SC-Stecker können miteinander befestigt und so als Duplexstecker verwendet werden (Abbildung A-12). SC-Stecker haben in der Regel eine maximale Dämpfung von 0,75 dB.

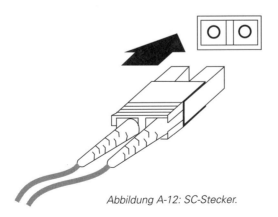

Abbildung A-12: SC-Stecker.

Längeneinschränkungen bei Lichtwellenleiterkabeln

Lichtwellenleiterkabeln sind in der Entfernung dadurch begrenzt, daß nach bestimmten Entfernungen aufgrund von Dämpfungsverlusten auf der gesamten Übertragungsstrecke optische Verstärker zur Aufbereitung der Datensignale eingesetzt werden müssen. Die maximal erlaubte Länge ist abhängig von der optischen Leistung des Sendeelements, der Empfängerempfindlichkeit, der in die Faser eingekoppelten Leistung, der Dämpfung der Faser und vom Verlust bei der Faser-Faser-Kopplung (Steckerkopplung).

Die Sendeleistung ist definiert als die minimal vom Sendeelement in die Faser eingekoppelte Lichtleistung. Die Empfängerempfindlichkeit ist definiert als der minimal empfangene Spitzenwert an optischer Leistung, der gerade noch als elektrisches Signal umgesetzt werden kann und dabei eine zeitliche Abweichung von maximal ± 4 ns aufweist. Die optische Leistung wird in dBm angegeben (Dezibel bezogen auf 1 mW opt. Leistung entspricht 0 dBm).

Bestimmung des optischen Leistungsbudgets

Die Differenz zwischen Sendeleistung und Empfängerempfindlichkeit ist definiert als das optische Leistungsbudget (Margin). Der Leistungsverlust auf dem Verbindungsweg darf diesen Wert nicht übersteigen. Um das optische Leistungsbudget für jede einzelne Verbindung errechnen zu können, wird auf die jeweiligen Produktbeschreibungen hingewiesen.

Die bei gegebenem optischen Leistungsbudget auf der gesamten Strecke noch verfügbare optische Leistung wird durch drei verschiedene Werte beeinflußt:

- Steckerverlust,
- Faserdämpfung,
- Sicherheitsreserve von 3 dB.

Sicherheitsreserve

Um sich gegen altersbedingte oder durch äußere Einflüsse aufkommende zusätzliche Dämpfungen der Faser sowie gegen Leistungsverlust der aktiven Sende- und Empfangselemente zu schützen, wird grundsätzlich in jede Planung eine 3 dB-Reserve einkalkuliert.

Faserdämpfung

Die Dämpfung der verschiedenen Fasertypen hängt im wesentlichen von der jeweiligen Betriebswellenlänge (850 nm oder 1300 nm) und der Qualität der Fasern ab. Diese wiederum ist durch die jeweiligen Herstellungsprozesse sowie durch die Sorgfalt bei der Verlegung bestimmt. Im wesentlichen sind folgende Richtwerte anzunehmen:

- Eine 62,5/125 µm-Faser hat eine typische Dämpfung von ≤ 4 dB/km bei 850 nm.
- Eine 50/125 µm-Faser hat eine typische Dämpfung von $\leq 3,5$ dB/km bei 850 nm.
- Eine 8/125 µm-Faser hat eine typische Dämpfung von <1 dB/km bei 1300 nm.

Um genauere Daten zu erhalten wird empfohlen, nach den Herstellerangaben zu fragen und jede einzelne Faser nach der Installation exakt zu messen und zu protokollieren.

Steckerverluste

Lichtwellenleiterstecker haben einen zu erwartenden maximalen Dämpfungsverlust von

- 1 dB für Faser-Faser-Kopplung bei Einsatz des ST-Steckers,
- 0,75 dB für Faser-Faser-Kopplung bei Einsatz des SC-Steckers.

Für nähere Angaben ist der jeweilige Hersteller bzw. die Installationsfirma zu konsultieren.

Das Leistungsbudget wird nur durch sogenannte In-line-Faser-Faser-Kopplungen beeinträchtigt. Dies bedeutet, daß nur eine Kopplung mit Faserenden zählt, die jeweils mit Stecker abgeschlossen und mittels einer Kupplung verbunden sind. Die Kopplungsverluste, bedingt durch die Einkopplung in die Faser auf der Sendeseite und die Auskopplung auf der Empfangsseite, sind bereits im Leistungsbudget berücksichtigt.

Berechnung der Verbindungslänge und der Anzahl der möglichen Kopplungen

Die Summe aus Sicherheitsreserve, Faserdämpfung und Steckerverlust für jede einzelne Verbindung darf das optische Leistungsbudget für eine jeweilige Kombination aus Faser und Stecker nicht übersteigen.

Dies kann auch wie folgt berechnet werden:
$$M + DA + NL \leq O$$
dabei ist

M = Sicherheitsreserve (3 dB)
D = Distanz der Faserverbindung
A = Dämpfungsrate (Attenuation) der Faser (lt. Meßprotokoll oder Herstellerangabe)
N = Anzahl der Faser-Faser-Kopplungen
L = Verlust (Loss) an Leistung für die Kopplung
O = Optisches Leistungsbudget (lt. Datenblätter für die aktiven Komponenten)

Diese Regel bestimmt die Zahl der sog. In-line-Verbindungen, die gegeben sind durch die Kabelverbindungen oder die maximale Verbindungslänge durch die Anzahl an Kopplungen. Obige Gleichung kann auch anders ausgedrückt werden:
$$D \leq \frac{(O - M - NL)}{A}$$

und
$$N \leq \frac{(O - M - DA)}{L}$$

Ausbreitungsgeschwindigkeit und Dispersion

Bei längeren Strecken müssen auch die Ausbreitungsgeschwindigkeit, die chromatische Dispersion sowie die Modendispersion in der Faser berücksichtigt werden. Gängige Multimodefaserkabel sind deshalb bis zu einer Länge von ca. 2 km begrenzt, auch wenn das optische Leistungsbudget größere Entfernungen zulassen würde.

Werte für gebräuchliche Kabeltypen

In Tabelle A-19 sind typische Werte aufgeführt, die sich aus den typischen Leistungsbudgetwerten der Bay Networks-Produkte und den jeweils gebräuchlichsten Kabeltypen ergeben. Dabei werden die maximal mögliche

Dämpfung und ein Leistungsbudgetwert von 16 dB berücksichtigt:
- 62,5/125 µm-Kabel, ST-Stecker.
- 50/125 µm-Kabel, ST-Stecker.

Anzahl von Steckerpaaren	62,5/125-µm-Kabel, ST-Stecker	50/125-µm-Kabel, ST-Stecker
0	2000 m	2000 m
1	2000 m	2000 m
2	2000 m	2000 m
3	2000 m	1710 m
4	2000 m	1430 m
5	2000 m	1140 m
6	1750 m	860 m
7	1500 m	570 m
8	1250 m	290 m
9	1000 m	0 m
10	750 m	
11	500 m	
12	250 m	
13	0 m	

Tabelle A-19: Steckeranzahl versus maximale Kabellänge.

Beispiele

In einem System mit Bay Networks-Komponenten und ST-Steckern ist die Anzahl der möglichen ST-Kopplungen bei einer Kabellänge von 750 m gefragt:
Für diese Produkte beträgt das für 62,5/125 µm und ST-Stecker zur Verfügung stehende Leistungsbudget 16 dB, die Dämpfungsrate beträgt 4,5 dB/km, die Reserve soll definitionsgemäß 3 dB betragen.

4,5 dB/km x 0,75 km = 3,375 dB   Dämpfung
16 dB - 3 dB - 3,375 dB = 9,625 dB   für Steckerverbindungen

Da jede Verbindung einen Steckerverlust von ca. 1 dB aufweist, sind maximal neun Kopplungen möglich.

Ist das Kabel jedoch 1 km lang, so ergibt sich:

16 dB - 3 dB - 4,5 dB = 8,5 dB

und es sind noch acht Kopplungen möglich.

Bei Anwendung der obigen Formel ergibt sich:

$$\frac{N \leq (O - M - DA)}{L} = \frac{(16dB-3dB-1km \times (4,5dB/km))}{1,0\ dB} = 8,5$$

Andere Kabeltypen

Sollte der Hersteller bessere Kabelwerte angeben, so kann dies durch Einsetzen in die entsprechende Formel berücksichtigt werden.

Optische Signale

Das bei Ethernet-Lichtwellenleiter-Komponenten von Bay Networks verwendete Idle-Signal hat eine Rechteckform und eine Rechteckwellenfrequenz von 1 MHz + 0,25 %, - 0,15 % und ein Tastverhältnis zwischen 45 % und 55 %. Dieses Signalisierungsformat ist kompatibel mit dem IEEE 802.3-FOIRL-Standard. Abbildung A-13 zeigt das Format des Daten- und des Idle-Signals. Die Idle-Signalform von FB- und FL-Komponenten von Bay Networks ist leicht unterschiedlich.

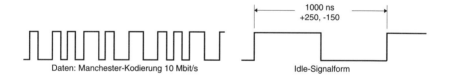

Abbildung A-13: Signalform bei Lichtwellenleiterkomponenten entsprechend dem FOIRL-Standard.

Konfigurationsrichtlinien für Token Ring LANs

Die maximal möglichen Kabellängen hängen in Token Ring LANs vom eingesetzten Kabeltyp und den installierten aktiven Komponenten ab. Bei der Planung von Token Ring LANs muß darauf geachtet werden, daß die maximal mögliche Teilnehmeranschlußentfernung, die maximal mögliche Ringlänge und die maximal mögliche Stationsanzahl eingehalten wird.

Teilnehmeranschlußlängen mit System 2000

Tabelle A-20 zeigt die maximal möglichen Teilnehmeranschlußentfernungen bei Einsatz der Token Ring-Konzentratoren System 2000. Die einzelnen Konzentratortypen sind zusammen mit den verbreitetsten Kabeltypen und der möglichen Übertragungsgeschwindigkeit von 4 Mbit/s und 16 Mbit/s aufgelistet.

Modell	Kabeltyp	4 Mbit/s	16 Mbit/s
Hub 27x5	Typ 1 Kat. 3 Kat. 5	600 m 200 m 300 m	300 m 100 m 180 m
Hub 27x2	Typ 1 Kat. 3 Kat. 5	350 m 100 m 200 m	180 m - 100 m
Hub 27x5B	Typ 1 Kat. 3 Kat. 5	600 m 200 m 300 m	300 m 100 m 180 m
Hub 27x2B	Typ 1 Kat. 3 Kat. 5	350 m 100 m 200 m	180 m - 100 m
Hub 2715SA	Typ 1 Kat. 3 Kat. 5	600 m 200 m 300 m	300 m 100 m 180 m

Tabelle A-20: Teilnehmeranschlußlängen mit System 2000.

Teilnehmeranschlußlängen mit System 3000

Tabelle A-21 zeigt die maximal möglichen Teilnehmeranschlußentfernungen bei Einsatz der Token Ring-Konzentratoren und Token Ring-Host-Module System 3000. Jedes Host-Modul ist zusammen mit den verbreitetsten Kabeltypen und der möglichen Übertragungsgeschwindigkeit von 4 Mbit/s und 16 Mbit/s aufgelistet.

Modell	Kabeltyp	4 Mbit/s	16 Mbit/s
Host-Modul 3502B	Typ 1 Kat. 3 Kat. 5	350 m 100 m 200 m	180 m - 100 m
Host-Modul 3505B	Typ 1 Kat. 3 Kat. 5	600 m 200 m 300 m	300 m 100 m 180 m

Tabelle A-21: Teilnehmeranschlußlängen mit System 3000.

Teilnehmeranschlußlängen mit System 5000

Tabelle A-22 zeigt die maximal möglichen Teilnehmeranschlußentfernungen bei Einsatz der Token Ring-Host-Module für System 5000. Jedes Host-Modul ist zusammen mit den verbreitetsten Kabeltypen und der möglichen Übertragungsgeschwindigkeit von 4 Mbit/s und 16 Mbit/s aufgelistet.

Modell	Kabeltyp	4 Mbit/s	16 Mbit/s
Host-Modul 5502	Typ 1 Kat. 3 Kat. 5	350 m 100 m 200 m	180 m - 100 m
Host-Modul 5505, 5505P, 5575-C, 5575-F	Typ 1 Kat. 3 Kat. 5	600 m 200 m 300 m	300 m 100 m 180 m

Tabelle A-22: Teilnehmeranschlußlängen mit System 5000.

Ringlängen

Tabelle A-23 zeigt die maximal möglichen Ringlängen bei Einsatz der Token Ring-Konzentratoren System 2000, System 3000 und System 5000 bei Einsatz von LWL-, UTP- und STP-Kabeln.

Modell	Trunk-Verbindungen		
	(LWL)	(STP)	(UTP)
Konzentrator 27x5	2 km	200 m	-
Konzentrator 27x2	2 km	200 m	-
Konzentrator 27x5B	2 km	200 m	-
Konzentrator 27x2B	2 km	200 m	-
Repeater-Modul 3532 NMM 3513	-	750 m (4 Mbit/s)* 300 m (16 Mbit/s)	-
Repeater-Modul 3534, NMM 3514-ST	2 km	-	-
LWL-Extender 354-ST	2 km	15 m	-
Lokale Brücke 3522, 2722	-	100 m	-
Host-Modul 5575-F	2 km	-	-
Host-Modul 5575-C	-	700 m (4 Mbit/s)** 600 m (4 Mbit/s nach	300 m***

* Die Trunk-Verbindung kann unter dem angegebenen Wert liegen, wenn Komponenten ohne Verstärkung eingesetzt werden.
** Die STP-Trunk-Verbindung muß mit Typ-1-Kabel ausgeführt sein.
*** Die UTP-Trunk-Verbindung muß mit UTP-Kabel der Kategorie 5 ausgeführt sein.

Tabelle A-23: Ringlängen.

Maximale Anzahl von Stationen

Tabelle A-24 zeigt die maximal mögliche Anzahl der an den Ring angeschlossenen Stationen bei Einsatz der Token Ring-Konzentratoren System 2000, System 3000 und System 5000 und unterschiedlichen Kabelmedien.

Stationsäquivalente

Token Ring-Konzentratoren und -Module zählen in einem Token Ring LAN als Station(en). Tabelle A-25 gibt die Stationszählwerte für jeden Token Ring-Konzentrator und jedes -Modul an. Die Werte sind entscheidend, da sie bei der Berechnung der maximalen Anzahl von Stationen berücksichtigt werden müssen.

Modell	UTP-Kabel	STP-Kabel
Konzentrator 27x2B	132	250
Konzentrator 27x5B	132	132
Konzentratoren 27xx *)	132	132
IBM-Karten 4 Mbit/s	72	72
Host-Modul 3502B	144	260
Host-Modul 3505B	144	144
Module 3xxx *)	132	250
Module 5xxx *)	132	250

*) alle anderen Modelle

Tabelle A-24: Maximale Anzahl von Stationen.

Modell	Stationsäquivalente
Konzentratoren 2712, 2712B	5
Konzentratoren 2712-F, 2712B-F	6
Konzentratoren 2715, 2715B	3
Konzentratoren 2715-F, 2715B-F	4
Lokale Brücke 2722	1
LWL-Extender 354-ST	1
Host-Modul 3504-ST	1
NMM 3512	1
NMM 3513	5
NMM 3514-ST	5
NMM 3517SA	4
Lokale Brücke 3522	1
Aktives STP-Repeater-Modul 3532	4
Aktives LWL-Repeater-Modul 3534-ST	4
Passives STP-Repeater-Module 3552	0
Host-Modul 5505	1
Host-Modul 5505P	1 pro Ring
NMM 5510	1 pro DCE
DCE 5511	1
Host-Modul 5575-C	3 pro Cluster
Repeater-Modul 5575-F	3 pro Cluster
Brücken und Router	1

Tabelle A-25: Stationsäquivalente.

Anhang B

Glossar

SYMBOLE

1BASE5
Der IEEE 802.3-Standard für Basisbanddatenübertragung über ungeschirmtes Vierdrahtkabel bei 1 Mbit/s, auch StarLan genannt.

10BASE-FB
Die IEEE 802.3-Spezifikation für Ethernet über Lichtwellenleiterkabel. 10BASE-FB verwendet Synchronsignalisierung bei 10 Mbit/s über LWL-Kabel und wird überwiegend im Backbone-Bereich eingesetzt.

10BASE-FL
Die IEEE 802.3-Spezifikation für Ethernet über Lichtwellenleiterkabel. 10BASE-FL verwendet Asynchronsignalisierung bei 10 Mbit/s über LWL-Kabel und wird überwiegend im Teilnehmeranschlußbereich eingesetzt.

10BASE-T
Die IEEE 802.3i-Spezifikation für Ethernet mit 10 Mbit/s-Basisbandübertragung über symmetrisches Vierdrahtkabel mit 100 Ohm.

10BASE2
Die IEEE-Spezifikation für Ethernet über dünnes Koaxialkabel, auch Cheapernet-Kabel genannt.

10BASE5
Die IEEE-Spezifikation für Ethernet über gelbes Koaxialkabel.

100BASE-T
Die IEEE 802.3u-Spezifikation für Ethernet mit 100 Mbit/s Übertragungsgeschwindigkeit über symmetrisches Vierdrahtkabel mit 100 Ohm.

4B/5B
Das Kodierverfahren auf der PHY-Teilschicht in FDDI-Netzen.

A

ABR
Automatic Beacon Removal
Automatische Beacon-Beseitigung
Ein Prozeß in einem Token Ring LAN, bei dem eine spezielle Agent Software von Bay Networks eine Station, die Beacon-Signale aussendet, automatisch findet und vom Netzbetrieb isoliert, um so den Netzbetrieb stabil zu halten.

Adapter
Adapter
Eine Leiterplatte, die in einem speziell vorgesehenen Steckplatz im PC montiert wird und den PC für eine bestimmte Funktion anpaßt, oder die den PC mit einem anderem Gerät, das nicht direkt angeschlossen werden kann, verbindet.

Advanced Networking Test Center
s. ANTC

Aktiver Monitor
Eine Station in einem Token Ring LAN, die Verwaltungsaufgaben für die anderen Stationen im Ring übernimmt, beispielsweise

die Beobachtung des Token und die Beseitigung bestimmter Fehlerbedingungen.

Aktive Retiming-Funktion
Das kontinuierliche Verstärken und Regenerieren des Token Ring-Signals an jedem Teilnehmeranschluß-Port mit dem Ziel, Jitter zu unterdrücken und die Kabelentfernung zu erhöhen.

American National Standards Institute s. ANSI

ANSI
American National Standards Institute
Eine private Organisation, die Standards definiert, die innerhalb der USA Gültigkeit haben und sich auf unterschiedliche Industriezweige erstrecken. Bekannt sind u.a. der ANSI/IEEE-Standard 802.3 und der FDDI-Standard.

ANTC
Advanced Networking Test Center
Ein Testinstitut in Sunnyvale, Kalifornien, das FDDI-Produkte verschiedener Hersteller auf ihre Kompatibilität hin testet.

Apple Attachment Unit Interface (AAUI) s. AUI
Attachment Unit Interface s. AUI

AUI
Attachment Unit Interface
Eine elektrische und mechanische Schnittstelle, die im IEEE 802.3-Standard spezifiziert ist und einen 15poligen D-Stecker verwendet.

AUI-Kabel
Ein Kabel, das benutzt wird, um die AUI-Schnittstelle eines Geräts mit einem Transceiver zu verbinden. Auch Transceiver-Kabel, Drop-Kabel oder Transceiver Drop-Kabel genannt.

Automatic Beacon Removal s. ABR

Automatic Frequency Detection
Automatische Frequenzerkennung
Eine Funktion bei einigen Token Ring-Komponenten von Bay Networks, die die Ringgeschwindigkeit aller am Token Ring angeschlossenen Stationen beobachtet. Stationen, die neu in den Ringbetrieb aufgenommen werden sollen und die eine falsche Ringgeschwindigkeit eingestellt haben, werden automatisch vom Ringbetrieb isoliert (wrap), und zwar bevor ein sog. Beacon-Zustand ausgelöst wird.

Autopartition
Automatische Netzabtrennung
Die automatische oder spontane Abtrennung eines Moduls oder eines Ports vom aktiven Netzbetrieb.

Autopolarity Detection
Automatische Erkennung vertauschter Aderpaare
Eine Funktion der 10BASE-T-Komponenten von Bay Networks, die vertauschte Aderpaare automatisch erkennt und korrigiert.

Autotopology™
Ein Teil der Netzmanagementsoftware Optivity von Bay Networks. Während des Autotopology-Prozesses werden alle am

Netz angeschlossenen Geräte mit SNMP-Agent automatisch erkannt und mit Hilfe eines gerätespezifischen Symbols in einen Netzplan, d.h. in eine grafische Netzansicht, eingetragen. Dieser Netzplan zeigt nicht nur die einzelnen am Netz angeschlossenen Systeme in Echtzeit, sondern auch ihre Beziehungen untereinander.

B

Backbone
Hauptnetz
Das Hauptsegment eines Netzes, an das alle anderen Segmente angeschlossen sind.

Backbone Segment
Hauptnetzsegment
Ein einzelnes Segment, das über das Bussystem an der Rückwand des Konzentrators im Netzzentrum realisiert ist.

Backplane
Busrückwand
Stellt den Zugang der im Konzentrator installierten Host-, Internetworking- und Netzmanagementmodule zum Bussystem her.

Beacon
Ein Paket, das von einer Token Ring-Netzschnittstellenkarte ausgesendet wird, um auf ein Problem im Ring, zum Beispiel ein gebrochenes Kabel, aufmerksam zu machen. Das Aussenden dieses speziellen Paketes wird „beaconing" genannt.

Bit Rate
Bitrate
Die Übertragungsgeschwindigkeit, mit der Daten gesendet werden, wird als Bitrate bezeichnet.

BNC Connector
BNC-Stecker
(Bayonet Neill Councelman Connector)
Ein Stecker mit Bajonett-Verschluß. Diese Stecker werden zusammen mit dünnem Koaxialkabel eingesetzt.

BootP
Ladeprotokoll (Boot Protocol)
Es ermöglicht einem Gerät in einem großen Netz mit mehreren Einzelnetzen, bestimmte Startinformationen, zum Beispiel seine IP-Adresse, zu erkennen.

Bridge
Brücke
Ein System, das zwei gleiche Netztypen miteinander verbindet. Brücken arbeiten auf Schicht 2 des OSI-Modells.

Bridge Modul
Brückemodul
Ein Modul in einem Konzentrator von Bay Networks, auf dem die Funktionen einer Stand-alone-Brücke implementiert sind und das Zugang zur Busrückwand hat.

Bus Topology
Bustopologie
Ein Netz mit Busstruktur, d.h. alle Stationen im Netz sind an ein Kabel angeschlossen und teilen sich einen Kanal.

C

Cable
Kabel
Ein elektrisches oder optisches Medium

zur Übertragung von Daten.

Cabling Distribution System
Gebäudeverkabelungssystem
Verkabelungssystem in einem Gebäude, das die Verkabelung im Teilnehmeranschlußbereich, d.h. zwischen Endgerät und Verteilerraum, und die Verkabelung im Steigbereich des Gebäudes, d.h. zwischen den Verteilerräumen, umfaßt.

Carrier Sense Multiple Access/
Collision Detection s. CSMA/CD

CCE
Configuration Control Element
Eine Funktion zur Verwaltung der Übertragungspfade und Stationen in einem FDDI-Netz. Die FDDI-Komponenten von Bay Networks verfügen über ein umfangreicheres Funktionsspektrum, das auf integrierten Schaltkreisen implementiert ist, daher verwendet Bay Networks den Begriff Path Switching Elements. *vgl. PSE*

CDDI
Copper Distributed Data Interface
Ein FDDI-Netz, das statt mit Lichtwellenleiterkabel mit symmetrischem Vierdrahtkabel realisiert wird. *vgl. TP-PMD*

Chassis
Gehäuse
Das Gehäuse eines Konzentrators oder Routers.

Chromatic Dispersion
Chromatische Dispersion
Die Verzerrung eines optischen Signals, die durch verschiedene Brechungsindizes und Laufzeiten verschiedener Wellenlängen innerhalb eines Lichtwellenleiters entsteht.

Cluster
Gruppe
(1) Eine Ansammlung von Geräten an einem bestimmten Ort.
(2) Mehrere Ports auf einem Token Ring oder Ethernet-Modul, die als Gruppe zusammengefaßt wurden und ein Ethernet-Segment oder einen Token Ring bilden.

Coaxial Cabel
Koaxialkabel
Ein spezieller Kabeltyp mit einem zentral angeordneten massiven Kupferleiter, einem Kupfergeflecht, einer Abschirmung aus Aluminium-Polyesterfolie und einem PVC-Außenmantel, wie es beispielsweise in traditionellen Ethernet-Installationen verwendet wird.

Collapsed Backbone Network
Zentrale Backbone-Struktur
Eine Netzstruktur, bei der alle Netzressourcen in einem zentralen Raum, Netzzentrum genannt, installiert sind, und bei der alle Verbindungen aus den Etagen eines Gebäudes auf dieses Netzzentrum und das dort realisierte Backbone-Netz geführt werden.

Collision
Kollision
Zwei oder mehr gleichzeitige Datenübertragungen im gleichen Netz, die zur Zerstörung von Datenpaketen führen. Ein System muß Kollisionen erkennen können,

bevor es ein Datenpaket mit der minimalsten Größe (512 Bit, Präambel nicht eingeschlossen) aussendet.

Collision Domain
Ein Teil eines Netzes bestehend aus Kabelsegmenten, angeschlossenen Endgeräten und Verstärkern, die so angeordnet sind, daß sich, wenn zwei Geräte gleichzeitig senden, eine Kollision ereignet.

Communications Closet
Verteilerraum
Der zentrale Raum in einem Gebäude, in dem Sprach- und Datensysteme sowie die Verkabelungssysteme untergebracht sind. Auch Datenraum, Netzzentrum genannt.

Concentrator s. Hub
Configuration Control Element s. CCE

Connectivity
Ein Netzprotokoll oder ein Netzzugriffsverfahren wie Ethernet, Token Ring, FDDI sowie die physikalische Kabelstruktur, auf der das Netzverfahren aufbaut.

Copper Distributed Data Interface s. CDDI

CRC
Cyclic Redundancy Check
Fehlererkennungsverfahren, bei dem festgestellt wird, ob das Paket richtig aufgebaut ist.

Crossover
Kreuzung
Eine Verkabelungsart, bei der der Sender auf der einen Seite des Kabels mit dem Empfänger auf der anderen Seite des Kabels intern oder extern verbunden wird.

Crosstalk
Nahnebensprechen
Rauschen, das auf einer Ader erzeugt wird, wenn auf der benachbarten Ader Signale übertragen werden und diese überkoppeln.

CSMA/CD
Carrier Sense Multiple Access/ Collision Detection
Ein Verfahren, das in Ethernet LANs die Netzübertragung regelt. Jede Station im Netz überprüft vor einem Sendevorgang, ob nicht gerade eine andere Station gleichzeitig eine Sendung gestartet hat. Ist das Netz frei, sendet sie die Daten. Senden zwei Stationen zufällig gleichzeitig, kommt es zu einer Kollision der Daten. Die Stationen stoppen daraufhin ihre Sendung und starten nach einer kurzen Zeit den Sendevorgang noch einmal.

Cyclic Redundancy Check s. CRC

D

DAC
Dual Attachment Concentrator
Ein Konzentrator mit Anschluß an den Primär- und Sekundärring in einem FDDI-Netz.

D Connector
D-Stecker
Elektrischer Stecker mit einem D-förmigen Gehäuse, auch Sub-D-Stecker genannt.

DB-9
Ein 9poliger Sub-D-Stecker, der in IEEE 802.3-Netzen verwendet wird.

DB-15
Ein 15poliger Sub-D-Stecker für den Anschluß an die AUI-Schnittstelle.

DB-25
Ein 25poliger Sub-D-Stecker für den Anschluß an die RS-232-Schnittstelle.

Department Concentrator
Etagenkonzentrator
Ein Konzentrator, der im Etagenverteiler installiert ist und die Teilnehmer einer Etage oder eines Verkabelungsbereiches, beispielsweise eine Abteilung, an das Netz anschließt. Etagenkonzentratoren sind meist modular aufgebaut.

Distributed Backbone Network
Verteiltes Backbone-Netz; dezentrales Backbone-Netz
Eine Netzstruktur, bei der die Teilnehmer auf verschiedene geografische Standorte verteilt sind, zum Beispiel unterschiedliche Etagen oder Gebäude, und dort in Netze eingebunden sind, aber auch Zugang zu einem allgemein genutzten Netz haben.

Distribution Cabling
Gebäudeverkabelung
Verkabelung vom Endgerät zum Etagenverteiler und zwischen Etagenverteilern.

DIW
D-inside Wire
Ein ungeschirmtes symmetrisches Vierdrahtkabel, das meist für Sprachübertragung verwendet wird.

DIX Connector
DIX-Stecker (DEC-Intel-Xerox Connector)
Ein 15poliger Sub-D-Stecker, der zusammen mit gelbem Koaxialkabel in Ethernet LANs benutzt wird. Auch AUI-Stecker genannt.

Domain
Eine Ansammlung von Netzsystemen, die ein Untergruppe in einem Netz bilden. Eine Domain kann aus logischen, funktionalen und geografischen Gründen gebildet werden.

Download
Laden über das Netz. Das Transferieren einer Programm- oder Systemdatei von einer Diskette oder einer Festplatte in einen Speicher in einem am Netz angeschlossenen Gerät.

Dual Attachment Concentrator
   s. DAC

Dual Homing
Eine Anschlußart in FDDI-Netzen, bei der aus Gründen der Ausfallsicherheit ein System an zwei verschiedene Konzentratoren angeschlossen wird, wobei ein Übertragungsweg für die Datenübertragung, der andere als Standby-Verbindung genutzt wird.

Duplex Cable
Duplexkabel
Lichtwellenleiterkabel, das aus einer Empfangs- und einer Sendefaser besteht.

E

ECM
Entity Coordination Management
Teil der Spezifikation für das FDDI Station Management. Das ECM ist auf der PHY-Teilschicht realisiert und verantwortlich für die Überwachung der Schnittstelle zum FDDI-Netz.

EIA
Electronic Industries Association
Eine Organisation in den USA, die Standards für Konsumgüter und elektronische Geräte erarbeitet.

EIA RS-232
Standard der EIA für die 25polige serielle Schnittstelle, die zum Anschluß eines PCs oder Terminals an eine andere Kommunikationseinrichtung, zum Beispiel ein Modem, benutzt wird.

Electronic Industries Association
   s. EIA
Embedded Management Tool
   s. EMT

EMT
Embedded Management Tool
Eine Karte, die auf dem Netzmanagementmodul von System 5000 installiert wird, und die Statistiken sammelt und Kernmanagementfunktionen bereitstellt.

Entity Coordination Management s. ECM

ESE
Ethernet Switching Engine
Ein Modul für den Konzentrator System 3000 von Bay Networks, das in einem Ethernet LAN gleichzeitig mehrere parallele Übertragungswege mit minimalster Verzögerung bereitstellt.

Ethernet
Ein Netzsystem, das von den Firmen DEC, Intel und Xerox entwickelt und standardisiert wurde. Typische Kennzeichen sind: Basisbandübertragung, CSMA/CD-Verfahren, logische Bustopologie und Koaxialkabel. Das Nachfolgesystem ist unter IEEE 802.3 standardisiert. Heutige Ethernet LANs nach IEEE 802.3 sind sternförmig realisiert und benutzen unterschiedliche Kabelmedien, zum Beispiel auch ungeschirmtes symmetrisches Vierdraht- und Lichtwellenleiterkabel.

Ethernet Adapter
Ethernet-Adapterkarte
Sie schließt ein Ethernet-Endgerät an das Ethernet LAN an. Auch Netzschnittstellenkarte genannt.

Ethernet Switching Engine s. ESE

Expanded View™
Teil der Netzmanagementsoftware Optivity von Bay Networks. Ein Tool, das einen Konzentrator mit seiner vollen Bestückung grafisch in Echtzeit darstellt und bestimmte Netzüberwachungsfunktionen zuläßt.

Expansion Cable
Erweiterungskabel
Kabel, das benutzt wird, um mehrere kaskadierbare Konzentratoren oder Router

über ihren Erweiterungs-Port zu einem Cluster zusammenzuschließen.

External Crossover
Die Kreuzung der Sende- und Empfangsadern in einem UTP-Kabel.

External Transceiver
Externer Transceiver
Ein externes Gerät (entsprechend einer IEEE 802.3-MAU), das an den AUI Port einer Ethernet-Netzschnittstellenkarte angeschlossen wird und das eine Anpassung an das jeweilige Kabelmedium vornimmt.

F

FDDI
Fiber Distributed Data Interface
Ein Netztyp, aus einem gegenläufigen Doppelring mit 100 Mbit/s Übertragungsgeschwindigkeit und Lichtwellenleiterkabeln, der von ANSI und IEEE standardisiert wurde.

Fiber Distributed Data Interface
  s. FDDI
Fiber Optic Inter Repeater Link
  s. FOIRL
Fiber Optic Medium Attachment
  Unit s. FOMAU

Flat Network
Eine Netzdarstellung im Netzmanagementsystem Optivity von Bay Networks, die Netze grafisch darstellt, die mit Routern begrenzt sind.

FOIRL
Fiber Optic Inter Repeater Link
Ein Lichtwellenleiterkabel, das in IEEE 802.3-Netzen zwischen Repeatern eingesetzt wird.

FOMAU
Fiber Optic Medium Attachment Unit
Ein in IEEE 802.3 spezifizierter Lichtwellenleiter-Transceiver.

Frame
Eine Einheit zur Übertragung von Daten in einem LAN. Ein Frame beinhaltet Start- und Endsequenzen, Kontrollzeichen, Information, Adressen und Prüfzeichen.

Frame Switch
Ein Schicht-2-System, das in einem LAN Pakete anhand ihrer Adresse direkt von der Quell- zur Zielstation schickt.

G

Gateway
System, das Protokolle bei der Übertragung von einem Netz in das andere konvertiert, zum Beispiel zwischen einem PC- und einem Rechner-Terminal-Netz.

H

Hierarchical Backbone
Hierarchisches Backbone-Netz
Ein Backbone-Netz, das aus mehreren Netzebenen besteht.

Hierarchical Star Topology
Hierarchische Sterntopologie
Eine Kabelstruktur, die heute in LANs verbreitet ist, und bei der die Endgeräte über eine separate Kabelverbindung an den

Konzentrator angeschlossen sind und der Konzentrator wiederum mit einem Konzentrator der höheren Netzebene verbunden ist, so daß ein hierarchisch aufgebautes Kabelnetz entsteht.

Hop
Die Strecke, die ein Paket zwischen zwei Brücken in einem Netz auf Basis des Source Route Bridging-Protokolls durchläuft.

Horizontal Cabling
Horizontalverkabelung, Etagenverkabelung
Verkabelung zwischen dem Endgerät am Arbeitsplatz und dem Etagenverteiler.

Host
(1) Großrechner.
(2) In lokalen Netzen ein Personal Computer, Server, Workstation oder jedes andere Gerät, das an das lokale Netz angeschlossen ist.

Host-Modul
Ein Einschub in die Konzentratoren von Bay Networks zum Anschluß von Endgeräten und Systemen an das Netz.

Hot Swap
Die Möglichkeit, Module oder Teilsysteme bei laufendem Netzbetrieb zu installieren bzw. aus dem Netzbetrieb zu entfernen, ohne diesen zu stören.

Hub
Ein Netzsystem, das auf der Bitübertragungsschicht arbeitet und Signale verstärkt und aufbereitet. Es wird im IEEE 802.3-Standard als Repeater, im 2BASE5-Standards als Hub bezeichnet. Der Hub wird im Sternpunkt der Verkabelung installiert und schließt die Netzsysteme an die Verkabelung an. Auch Konzentrator genannt.

I

IBM Cabling System
IBM-Verkabelungssystem
Ein Verkabelungssystem auf Basis von geschirmtem symmetrischem Vierdrahtkabel mit 150 Ohm Impedanz.

IEEE
Institute of Electrical and Electronic Engineers
Standardisierungsorganisation, Verband der amerikanischen Ingenieure. Viele der heute gültigen Standards, vor allem im LAN-Umfeld, sind Arbeitsergebnisse des IEEE.

IEEE 802.3
Der Standard für Ethernet LANs.

IEEE 802.5
Der Standard für Token Ring LANs.

IGP
Interpacket Gap
Eine Berechnung, die den Wert der IGP-Einschränkung zeigt, wenn ein Paket – über Repeater hinweg – den längsten Weg durch das Netz nimmt.

In-band Signaling
Inbandsignalisierung
Signalübertragung bei einer Frequenz, die innerhalb des Trägerkanals liegt und für den Informationstransport genutzt wird.

Connectivity Guide

Indicator
Anzeige
Meist eine Leuchtdiode zur Anzeige des Status einer Netzkomponente.

Industrial Standardization Organization s. ISO
Input/Output Interface s. I/O

Institute of Electrical and Electronic Engineers s. IEEE

Internal Crossover
Interne Kreuzung
Eine Kreuzung in einer 10BASE-T-Verbindung, die mit Hilfe eines internen Schaltkreises innerhalb eines 10BASE-T-Systems durchgeführt wird.

Internal Transceiver
Interner Transceiver, integrierter Transceiver
Ein Transceiver (entsprechend einer IEEE 802.3-MAU), der auf der Netzschnittstellenkarte integriert ist.

International Standardization Organization s. ISO

Internet
(1) Mehrere Paketvermittlungsnetze, die mit Hilfe von Brücken und Routern verbunden sind und über Protokolle kommunizieren, so daß sie als ein einheitliches virtuelles Netz erscheinen.
(2) Ein weltweites Netz, das vom US-amerikanischen Verteidigungsministerium ins Leben gerufen wurde und das Transmission Control Protocol (TCP) sowie das Internet Protocol (IP) benutzt. *vgl. IP und TCP*

Internet Protocol s. IP

Internetwork
Mehrere Paketvermittlungsnetze, die mit Hilfe von Brücken und Routern verbunden sind und über Protokolle kommunizieren, so daß sie als ein einheitliches virtuelles Netz erscheinen.

Internetworking-Module
Ein Modul in den Konzentratoren von Bay Networks, das Funktionen einer Brücke oder eines Routers bereitstellt.

Internetwork Packet Exchange s. IPX
Interpacket Gap s. IGP

IP
Internet Protocol
Auf Schicht 3 angesiedeltes Protokoll für Ethernet LANs.

IPX
Internetwork Packet Exchange
Das NetWare-Protokoll von Novell.

ISO
International Standards Organization
Eine weltweite Vereinigung nationaler Standardisierungsorganisationen.

ISO 8802-3
Ein internationaler Standard, der durch Revision des ANSI/IEEE 802.3-Standards entstanden ist.

Isolated Board
Isolierte Leiterplatte
Eine Leiterplatte oder ein Modul, das logisch vom Bussystem an der Konzentratorrückwand abgetrennt ist.

Isolated Cluster
Isoliertes Cluster
Ein Cluster-Modul, das logisch nicht mit dem Bussystem des Konzentrators verbunden ist.

Isolated Ring
Isolierter Ring
Ein Token Ring, der auf einem Token Ring-Modul im Konzentrator System 5000 realisiert ist, nicht aber logisch mit dem Token Ring-Bussystem an der Rückwand des Konzentrators verbunden ist. Nur ein einzelnes Cluster kann als isolierter Ring betrieben werden. Auch lokaler Ring genannt.

J

Jabber
Eine Station in einem Netz, die extrem lange Pakete aussendet.

Jitter
Zeitliche Variation der Signalflanken.

L

LAN
Local Area Network
Lokales Netz
Ein Netz, das sich auf einem Privatgelände erstreckt und DV-Geräte miteinander verbindet.

LattisNet UTP
Eine 10BASE-T-Vorläuferversion, die vor dem Abschluß des 10BASE-T-Standards von Bay Networks auf den Markt gebracht wurde.

LCF-PMD
Low Cost Fiber Physical Medium Dependent
Ein aufkommender FDDI-Standard, der vom ANSI-X3T9-Komitee entwickelt wurde und FDDI-Netze auf Basis von kostengünstigem Lichtwellenleiterkabel ermöglicht.

LED
Light Emitting Diode
Leuchtdiode
Eine Halbleiterlichtquelle, die Licht oder unsichtbare Infrarotstrahlen aussendet. Die Lichtaussendung ist proportional der elektrischen Stromstärke.

LEM
Link Error Monitor
Teil der PHY-Teilschicht eines FDDI Ports, der die Fehlerrate einer aktiven Verbindung feststellt.

LER
Link Error Rate
Fehlerrate einer aktiven FDDI-Verbindung.

Light Emitting Diode s. LED
Link Error Monitor s. LEM
Link Error Rate s. LER

Link Integrity Test
Verbindungstest
Test in einem 10BASE-T-Netz, bei dem die

Ports Datensignale oder spezielle Verbindungstestimpulse, die über eine Verbindung übertragen werden, beobachten.

Link LED
Verbindungsleuchtdiode
Leuchtdiode, die anzeigt, ob das Kabel von der Netzschnittstellenkarte des Endgeräts bis zum Host-Modul korrekt installiert ist und ob die angeschlossene Station in Betrieb ist. *vgl. LED*

Link Test Pulse
Verbindungstestimpuls
Ein 100-ns-Implus, der alle 16 ms in einem 10BASE-T-Netz als sog. Idle-Signal übertragen wird.

LLC
Logical Link Control
Eine Teilschicht des OSI-Modells.

Lobe Cable
Teilnehmeranschlußkabel in einem Token Ring LAN. Es verbindet eine Token Ring-Station mit einem Konzentrator und umfaßt das Verbindungskabel zwischen Konzentrator und Verteilerfeld, das Horizontalkabel zwischen Wanddose und Konzentrator sowie das Verbindungskabel zwischen Endgerät und Wanddose.

Local Area Network s. LAN

Local Ring
Lokaler Ring
Ein Ring auf Modulebene im Konzentrator System 5000, der nicht mit dem Token Ring-Bussystem an der Konzentratorrückwand verbunden ist. Ein oder mehrere Cluster auf einem System 5000-Modul können einen lokalen Ring bilden.

Logical Link Control s. LLC
Low Cost Fiber Physical Medium Dependent s. LCF-PMD

M

MAC
Media Access Control
Ein medienspezifisches Zugangsprotokoll der IEEE 802-Spezifikationen, zum Beispiel für Token Ring, Token Bus, CSMA/CD (Ethernet). Die MAC ist die unterste Teilschicht von Schicht 2 des OSI-Modells, die sich aus MAC und LLC zusammensetzt.

MAC Address
Media Access Control-Adresse
Eine eindeutige 45-Bit-Adresse, die sich auf einem Schaltkreis befindet und zur Identifizierung eines Systems in einem lokalen Netz dient.

Management Information Base
  s. MIB

Management Station
Netzmanagementstation
Eine Workstation, auf der die Netzmanagementsoftware installiert ist, und die mit den Objekten im Netz Informationen austauscht und diese überwacht.

Manchester Encoding
Manchester-Kodierung
Ein digitales Kodierverfahren, das in Ethernet LANs benutzt wird.

MAU
Medium Attachment Unit
Ein Gerät, zum Beispiel ein Transceiver, das in IEEE 802.3 spezifiziert ist. Es stellt die physikalische Verbindung zum Kabelnetz her und paßt die Signale zwischen Station und Netz an. Auch Media Attachment Unit genannt.

MDI
Medium Dependent Interface
Eine elektrische und mechanische Schnittstelle zwischen einer MAU und einem Übertragungsmedium.

MDI-X
Medium Dependent Interface Crossover
Ein MDI Port, der intern eine Kreuzung zwischen Sende- und Empfangsader vornimmt.

Media Access Control s. MAC

Media Access Type
Ein Verfahren, wie der Zugriff auf das LAN erfolgt. Bei Ethernet nach dem CSMA/CD-Verfahren, bei Token Ring und FDDI entsprechend dem Token-Passing-Verfahren.

Media Attachment Unit s. MAU

Medium
Das Kabel, zum Beispiel ungeschirmtes oder geschirmtes symmetrisches Vierdraht-, Lichtwellenleiterkabel, über das die Signale übertragen werden.

Media Independent Interface s. MII
Medium Dependent Interface s. MDI

Medium Dependent Interface Crossover s. MDI-X
Medium Interface Connector s. MIC

MIB
Management Information Base
Eine Datenbank mit Informationen über diejenigen Objekte, auf die über das Netzmanagementprotokoll zugegriffen werden kann.

Microsegmentation
Mikrosegmentierung
Die Segmentierung eines LANs in kleine und kleinste Einheiten mit dem Ziel, dedizierte LAN-Verbindungen zu schaffen.

MIC-S
Medium Interface Connector für Shielded Twisted Pair-Kabel.

MIC-U
Medium Interface Connector für Unshielded Twisted Pair-Kabel.

MII
Media Independent Interface
Stellt eine Verbindung zwischen der MAC-Teilschicht und dem Gerät auf der Bitübertragungsschicht sowie den Managementeinheiten in einem 10BASE-T- und einem 100BASE-T-Netz bereit.

Modem
Modulator/Demodulator
Ein Gerät, das die Digitalsignale, zum Beispiel eines Computers, in Analogsignale zur Übertragung über ein Analognetz, zum Beispiel das Telefonnetz, wandelt.

Module
Ein Einschub, der in einem Steckplatz eines Konzentrators montiert wird und unterschiedliche Funktionen bereitstellt, beispielsweise Netzmanagement-, Internetworking- oder Teilnehmeranschlußfunktionen.

Multisegment Hub
Ein Konzentrator, der mehrere Bussysteme bereitstellt und so mehrere Segmente realisieren kann.

Multisegment Network
Ein Netz, das aus mehreren Segmenten besteht, die zu einem Gesamtnetz verbunden wurden.

Multivendor Network
Netz mit Hardware- und Software-Komponenten verschiedener Hersteller.

N

NAC
Null Attachment Concentrator
Ein FDDI-Konzentrator, der nicht mit einem Konzentrator der höheren Ebene verbunden ist. Ein NAC ist in der Regel der Ausgangs- oder Root-Konzentrator in einer FDDI-Baumkonfiguration.

NAUN
Nearest Active Upstream Neighbor
Diejenige Station in einem Token Ring Netz, die die nächste nach einer fehlerhaften Station oder nach einer Kabelbruchstelle im Netz ist.

Near End Crosstalk s. NEXT

Nearest Active Upstream Neighbor
s. NAUN
Neighbor Information Frame s. NIF

Network Address
Netzadresse
Eine protokollspezifische Netzadresse eines Ethernet-Geräts, die auf Protokollbasis (OSI Schicht 3) darüber informiert, in welchem Netzbereich sich das Endgerät befindet, zum Beispiel in einem IP-, Novell-IPX-, DECnet-Netz.

Network Center
Netzzentrum
Ein zentraler Raum, in welchem Netzressourcen, auf die mehrere Teilnehmer zugreifen, untergebracht sind und wo sich die Kabelleitungen, zum Beispiel der Etagen, konzentrieren.

Network Fabric
Ein managementfähiges Kommunikationssystem mit hohen Übertragungsgeschwindigkeiten, das neue Anwendungen unterstützt, zum Beispiel Videokonferenz vom Arbeitsplatz aus, Übertragung medizinischer Bilder usw. Bezieht sich auf Geräte, die auf den Schichten 1 bis 3 des OSI-Modells arbeiten, d.h. intelligente Konzentratoren, Router, Brücken, Switches, und zum Aufbau eines Netzes auf diesen Schichten dienen.

Network Interface Card s. NIC
Network Management s. NM
Network Management Interface
   s. NMI
Network Management Module
   s. NMM
Network Management Station
   s. NMS

NEXT
Near End Crosstalk
Nahnebensprechen
Eine Übertragungscharakteristik in Kabeln, die ein Maß für das maximale Übersprechen, und somit die Längeneinschränkung, darstellt.

NIC
Network Interface Card
Netzschnittstellenkarte
Einschub für ein Endgerät, beispielsweise PC, Workstation, Server, der die Schnittstelle zum LAN bildet.

NIF
Neighbor Information Frame
Ein Teil des SMT-Adressierungsprozesses in einem FDDI-Netz. Er bestimmt, welche FDDI-Station als Upstream- und welche als Downstream-Station gilt, und wird initiiert, wenn sich mindestens zwei Stationen am gleichen FDDI-Ring befinden.

NM
Network Management
Netzmanagement
Verwaltungs- und Kontrolldienste in einem Netz mit dem Ziel, den Netzbetrieb ordnungsgemäß aufrechtzuerhalten. Umfaßt Funktionen und Bereiche wie Netztopologie, Konfiguration mit Hilfe von Software, Laden von Software über das Netz, Beobachtung der Netzleistung, Sicherstellung des Netzbetriebes, Analysen sowie Fehlersuche und -behebung.

NMI
Network Management Interface
Netzmanagementschnittstelle
Teil des Bussystems an der Rückwand eines Konzentrators, der die Kommunikation zwischen einem im Konzentrator installierten Netzmanagementmodul und anderen Geräten im LAN ermöglicht.

NMM
Network Management Module
Netzmanagementmodul
Ein Einschub im Konzentrator, der Netzmanagementfunktionen bereitstellt. Er sammelt Informationen über die Netzgeräte und gibt sie an die Netzmanagementstation weiter.

Node
Knoten
Bezeichnung für ein Gerät, zum Beispiel ein Endgerät (PC, Workstation) oder ein Netzsystem (Brücke, Konzentrator, Router, Switch, Gateway), das am Netz angeschlossen ist. Auch Endgerät, Netzsystem, Host, Station genannt.

Null Attachment Concentrator
s. NAC

O

Onboard Transceiver
Ein Transceiver von Bay Networks, der einer IEEE 802.3-MAU entspricht, und auf

einer Ethernet-Netzschnittstellenkarte implementiert ist. Auch integrierter oder interner Transceiver genannt.

Open Systems Interconnection
s. OSI

Optivity™
Die Netzmanagementsoftware von Bay Networks.

OSI Model
Open Systems Interconnection Model
OSI-Modell
Eine Protokollfamilie, die von der ISO unterstützt wird, um offene Netzumgebungen zu schaffen. *vgl. ISO*

Out-of-band Signaling
Außerbandsignalisierung
Ein Signalisierungsverfahren, das eine Frequenz innerhalb des Frequenzbandes des Systems benutzt, nicht aber die Frequenz, die zur Datenübertragung (Trägerkanal) benutzt wird.

P

Packet
Paket
Eine Gruppe von Bits, einschließlich Nutzdaten und Steuerdaten, die in einem bestimmten Format angeordnet sind und als Ganzes übertragen werden.

Parallel LAN Backbone
Paralleles LAN Backbone
Eine Sonderform des Collapsed Backbone mit maximaler Konfigurationsflexibilität, bei der mehrere oder alle Segmente durch jeden Verteilerraum führen, und damit im Idealfall jeder Teilnehmer von jedem Verteilerraum aus an jedes beliebige Segment angeschlossen werden kann.

Parameter Management Frames s. PMF

Partition
Abtrennung
Abtrennung eines Ethernet-Geräts vom aktiven Netzbetrieb.

Patch Cable
Verbindungkabel
Ein Kabel, mit welchem ein Endgerät am Arbeitsplatz an eine Datendose, zum Beispiel an der Wand, angeschlossen wird, oder ein Kabel, das eine Verbindung zwischen einem Port des Konzentrators und einer Datenschnittstelle im Verteilerfeld des Verteilerraumes herstellt.

Path Delay Value s. PDV
Path Switching Element s. PSE

PCI
Peripheral Component Interconnect
Ein lokaler Bus, der von Intel Corporation entwickelt wurde und Daten zwischen CPU und der Peripherie mit hoher Geschwindigkeit austauscht. Kann zusammen mit anderen Bussystemen, zum Beispiel ISA, EISA, betrieben werden.

PCM
Physical Connection Management
Teil der Station Management-Spezifikation eines FDDI-Netzes. Verantwortlich für die Initialisierung von Verbindungen und die

Signalisierung zwischen Ports auf der Bitübertragungsschicht.

PDV
Path Delay Value
Die Zeit, die ein Ethernet-Paket benötigt, wenn es über den längsten Weg im Netz übertragen wird.

Peripheral Component Interconnect
    s. PCI

Per Port Ring Selection
Ringzuordnung auf Port-Ebene
Die Möglichkeit, einen Teilnehmer, der an einem Port des Konzentrators angeschlossen ist, einem bestimmten Ring zuordnen zu können. Auch als Per Port Switching oder Configuration Switching bekannt.

Per Port Segment Selection
Segmentzuordnung auf Port-Ebene
Die Möglichkeit, einen Teilnehmer, der an einem Port des Konzentrators angeschlossen ist, einem bestimmten Segment zuordnen zu können. Auch als Per Port Switching oder Configuration Switching bekannt.

PHY
Eine Teilschicht des Physical Layer Protocols in FDDI-Netzen, das für die Taktrate, das Taktschema und die Datenkodierung verantwortlich ist.

Physical Connection Management
    s. PCM
Physical Medium Dependent
    s. PMD

PI
Primary-In
Port eines FDDI-Systems, das sowohl an den Primär- als auch an den Sekundärring angeschlossen ist, d.h. in einer sog. Dual-homed-Konfiguration an das FDDI-Netz angeschlossen ist.

PMD
Physical Medium Dependent
Teilschicht des FDDI-Standards. Definiert die Spezifikationen für die gesamte Hardware, die an das Kabel angeschlossen ist. Es gibt drei Teilstandards: PMD für Multimodefasern, SMF-PMD für Singlemodefasern und TP-PMD für Twisted Pair.

PMF
Parameter Management Frame
Ein bestimmtes Station Management Frame in einem FDDI-Netz, das Informationen über die Konfiguration sowie über Betriebsparameter an andere Stationen sendet und empfängt.

PO
Primary-Out
Port eines FDDI-Systems, das sowohl an den Primär- als auch an den Sekundärring angeschlossen ist, d.h. in einer sog. Dual-homed-Konfiguration an das FDDI-Netz angeschlossen ist. Der PO Port stellt in der Regel die Verbindung zum Primärring her.

Premises Concentrator
Modularer Konzentrator
Ein modularer Konzentrator, der üblicherweise in großen Netzen eingesetzt wird.

Premises Wiring
Gebäudeverkabelung
Verkabelung zwischen Endgerät am Arbeitsplatz und Verteilerraum auf der Etage. Auch Distribution Cabling genannt.

Primary-In s. PI
Primary-Out s. PO

PSE
Path Switching Elements
Ein integrierter Schaltkreis, der spezielle Netzmanagementfunktionen für FDDI-Produkte von Bay Networks bereitstellt.

Punch Down Block
Verdrahtungsschienen zur Aufnahme der Adern eines Telefonkabels.

R

RDF
Resource Denied Frame
Ein SMT-Frame in einem FDDI-Netz, das Informationen über die Konfiguration und Betriebsparameter anderer Stationen sendet und empfängt.

Receive Sensitivity
Empfängerempfindlichkeit
Empfangene minimale optische Sendeleistung, die gerade noch eine elektrooptische Wandlung des Signals ermöglicht und dabei die minimal mögliche zeitliche Signalabweichung aufweist.

Redundancy
Redundanz
Ein System oder eine Verbindung, die dupliziert wurde, um beim Ausfall des Erstsystems, bzw. der Erstverbindung eine Umschaltung vornehmen zu können.

Repeater
Verstärker
Ein System, das innerhalb eines Netzes zur Signalaufbereitung und -verstärkung eingesetzt wird. Es wird zum Ausgleich der Dämpfung sowie der zeitlichen Abweichung einzelner Signale benötigt.

Resource
Ressource
Hardware- oder Software-System, das von mehreren Benutzern, die an einem LAN angeschlossen sind, geteilt wird.

Resource Denied Frames s. RDF

Retiming Module
Verstärkungs- und Taktaufbereitungsmodul
Ein Modul, das Taktaufbereitungs- und Verstärkerfunktionen entsprechend IEEE 802.3 für Daten bereitstellt, die vom Konzentrator empfangen werden. Es schließt zudem den Bus ab.

RII
Routing Information Indicator
Das erste Bit der Quelladresse eines Token Ring-Pakets, das zur Festlegung der Source Routing-Information benutzt wird.

Ring Error Monitor
Eine Funktion in einer einzelnen Token Ring-Station, die den Ringbetrieb überwacht und aufrechterhält.

RI/RO
Ring-In/Ring-Out
Port zur Verbindung von Token Ring-Konzentratoren.

Ring-In/Ring-Out s. RI/RO

RJ11
Stecker mit vier oder sechs Kontakten, der zum Anschluß von Sprachendgeräten benutzt wird.

RJ45
Stecker mit acht Kontakten, der zum Anschluß von Datenendgeräten benutzt wird.

Root Concentrator
Ausgangskonzentrator
Konzentrator auf der höchsten Ebene eines FDDI-Netzes mit Baumstruktur.

Router
Internetworking-System auf Schicht 3 des OSI-Modells.

Router Microsegmentation
Router-Mikrosegmentierung
Segmentierung eines LANs in kleine Einheiten mit Hilfe eines Routers. Im Extremfall ist jeder Teilnehmer an einen dedizierten Router Port angeschlossen.

Router Module
Router-Modul
Einschub mit Router-Funktionen für den Konzentrator.

Routing Information Indicator s. RII

RS-232-D
Standard der Electronic Industries Association (EIA) für eine 25polige (oder 9polige) serielle Schnittstelle, die i.d.R. zum Anschluß eines PC oder Terminals an ein Kommunikationssystem (z.b. Modem) benutzt wird.

S

SAC
Single Attached Concentrator
Ein Konzentrator, der nur an einen der beiden FDDI-Ringe, in der Regel an den Primärring, angeschlossen ist.

SAS
Single Attached Station
Ein Endgerät, das nur an einen der beiden FDDI-Ringe, in der Regel an den Primärring, angeschlossen ist.

Secondary In s. SI
Secondary Out s. SO

Segment
(1) Eine Anzahl von Stationen in einem bestimmten Verkabelungsbereich eines strukturierten Netzes, die eine Ethernet Collision Domain bilden.
(2) Ein Ethernet-Bussystem an der Rückwand eines Konzentrators.

Segment Delay Time s. SDV

Segment Splicing
Eine Funktion im Hub des Netzzentrums, die Subsegmente aus unterschiedlichen Verteilerräumen zu einem Segment zusammenschaltet.

Segmentation
Segmentierung
Verkleinerung eines zu groß gewordenen Rings oder Ethernet-Segments in kleinere Einheiten.

Server
Ein Computer, der den Zugriff auf das Netz und auf gemeinsam genutzte Netzressourcen wie Drucker und Festplatten regelt.

Service Port
Eine 9polige serielle Schnittstelle auf einem Modul oder einem Konzentrator zum Anschluß eines Terminals für Konfigurationszwecke.

Shielded Twisted Pair s. STP

SI
Secondary In
Port eines FDDI-Systems, das sowohl an den Primär- als auch an den Sekundärring angeschlossen ist. Wird i.d.R. als Backup-Verbindung für den Primärring benutzt.

SIF
Status Information Frames
Ein Station Management Frame in einem FDDI-Netz, das Status- und Betriebsinformationen einer anderen Station sendet und empfängt.

Signal Quality Error Test s. SQE-Test
Simple Network Management
   Protocol s. SNMP
Single Attached Concentrator s. SAC
Single Attached Station s. SAS
Single Mode Fiber Physical Medium
   Dependent s. SMF-PMD

Slot
Steckplatz
Platz für einen Einschub im Konzentrator.

SMT
Station Management
Eine Spezifikation des FDDI-Standards, die die Netzmanagementschnittstelle für jede Protokollschicht definiert.

SNMP
Simple Network Management Protocol
Ein Protokoll zum Austausch von Netzmanagementinformationen in TCP/IP-Netzen mit Geräten unterschiedlicher Hersteller.

SO
Secondary Out
Port eines FDDI-Systems, das sowohl an den Primär- als auch an den Sekundärring angeschlossen ist.

Source Route s. SR
Source Route Transparent s. SRT
Spanning Tree Algorithm s. STA

SQE-Test
Signal Quality Error Test
Ein Signal-Kollisionstest, der nach einer Datenübertragung von Bay Networks-Transceivern oder anderen IEEE 802.3-MAUs im Netz durchgeführt wird.

SR
Source Route
Ein Token Ring-Standard, bei dem der Weg zwischen Quell- und Zielstation mit Hilfe eines ausgesendeten Frames festgestellt wird.

SRF
Status Report Frame
Ein Station Management Frame in einem FDDI-Netz, das Status- und Betriebsinformationen einer anderen Station sendet und empfängt.

SRT
Source Route Transparent
Ein Token Ring-Standard, der beide Bridging-Verfahren, das Source Route- und in Transparent-Verfahren, unterstützt.

ST
Straight-Tip Connector
ST-Stecker
Lichtwellenleiterstecker mit Bajonett-Verschluß.

STA
Spanning Tree Algorithm
(1) Algorithmus, der sicherstellt, daß ein Datenpaket nur auf einem einzigen von mehreren möglichen Wegen in einem Netz vom Sender zum Empfänger gelangt.
(2) IEEE 802.D-Standard für Bridging auf der MAC-Schicht. Wird benutzt, um redundante Wege in Netzen mit Transparent-Brücken zu bilden.

Standalone Configuration
Ein Netz mit nur einem Konzentrator.

Star Topology
Sterntopologie
Netz in Sterntopologie, basierend auf Konzentratoren, an welche die Teilnehmer sternförmig angeschlossen sind.

Station
Station
Ein PC, eine Workstation, ein Server oder jedes andere Gerät, das an ein Netz angeschlossen ist. Auch Endgerät, Host oder Knoten genannt.

Station Management s. SMT
Status Information Frames s. SIF
Status Report Frame s. SRF

STP
Shielded Twisted Pair
Geschirmtes symmetrisches Vierdrahtkabel. Ein Kabel mit zwei/vier verdrillten Adern, die von einem Geflechtschirm aus Metall oder einer Folie und einem PVC-Mantel umgeben sind. Man unterscheidet geschirmtes symmetrisches Vierdrahtkabel mit 100 Ohm, 120 Ohm und 150 Ohm.

Straight-Tip Connector s. ST
Structured Networking
Strukturiertes Netz
Ein nach bestimmten Kriterien geplantes Netz, bei dem die Konzentratoren in den Etagenverteilern mit dem zentralen Konzentrator im Netzzentrum verbunden sind, der gleichzeitig auch die Verbindung zu den zentral aufgestellten Netzressourcen herstellt.

Summing Module
Ein Modul im Konzentrator System 3000 von Bay Networks, das den Betrieb der beiden Stromversorgungsmodule überwacht.

Switch
Gerät auf der MAC-Schicht, das dedizierte Parallel-Verbindungen in LANs ermöglicht.

Switched LAN
Lokales Netz mit Switching-Funktionen.

T

Target Token Rotation Timer s. TTRT

TCP
Transmission Control Protocol
Das wichtigste Protokoll in der Internet-Protokollfamilie.

Telecommunications Industry Association s. TIA

Terminal Server
Gerät, das Bildschirme an ein LAN anschließt mit dem Ziel, für die Kommunikation zwischen Terminal und Mainframe nicht ein separates Kabelnetz, sondern das LAN zu benutzen.

Terminator
Der elektrische Abschluß eines Koaxialkabelnetzes.

Thick Coaxial Cable
Dickes Koaxialkabel
Gelbes Koaxialkabel. Ein Koaxialkabel, spezifiziert in IEEE 802.3 10BASE5 mit ca. 12 mm Durchmesser und einem gelben Kabelmantel, Geräteanschluß über den 15poligen Sub-D-Stecker.

Thin Ethernet
Dünnes Koaxialkabel
Ein Koaxialkabel, spezifiziert in IEEE 802.3 10BASE2 mit ca. 5 mm Durchmesser und einem schwarzen Kabelmantel, Geräteanschluß über den BNC-T-Stecker. Auch ThinNet-Kabel genannt.

Threshold
Schwellwert
Schwellwerte werden im Netzmanagement benutzt, um verschiedene Netzzustände festzulegen, bei deren Über- oder Unterschreitung eine automatische Reaktion durch das Netzmanagement erfolgt, z.b. Abtrennung eines Systems vom Netz, wenn ein bestimmter Fehler auftritt oder eine definierte Fehlerrate überschritten wird.

THT
Token Holding Timer
Ein Zähler in einem FDDI-Ring, der kontrolliert, wie lange eine Station asynchrone Daten überträgt.

TIA
Telecommunications Industry Association
Eine Organisation, die Schnittstellen standardisiert (z.B. RS-232).

Token
Eine Bitfolge, die in einem Token Ring LAN von einer Station zur anderen weitergegeben wird. Nur die Station, die den Token gerade hält, kann Daten senden.

Token Holding Timer s. THT

Token Ring
Ein Netz mit physikalischer Ring- und logischer Sterntopologie entsprechend IEEE 802.5.

Token Rotation Timer s. TRT

Topology
Topologie
Die Art und Weise, wie eine Netz aufgebaut ist, d.h. wie die Systeme miteinander verbunden sind. In lokalen Netzen sind drei Topologietypen verbreitet: Stern, Ring, Bus.

TP-PMD
Twisted Pair Physical Medium Dependent
ANSI-Standard für FDDI über UTP-Kabel.

Transceiver
Internes oder externes Gerät entsprechend einer IEEE 802.3 MAU, das Ethernet-Stationen an ein Netz anschließt und eine Anpassung des vom PC kommenden Signals an das Netz vornimmt.

Transceiver Drop Cable
Ein Kabel, das den AUI Port eines Endgeräts mit einem Transceiver verbindet. Auch AUI-Kabel, Drop-Kabel, Transceiver-Kabel genannt.

Transmission Control Protocol s. TCP

Trunk Cable
Verbindung zwischen Konzentratoren. Kabel, das den RI Port eines Konzentrators mit dem RO Port des nächsten Konzentrators verbindet mit dem Ziel, ein großes Token Ring-Netz aufzubauen.

TRT
Token Rotation Timer
Überwacht den Ringbetrieb eines FDDI-Netzes, erkennt schwerwiegende Fehler.

TTRT
Target Token Rotation Timer
Teil des Token Claim-Prozesses in FDDI-Netzen. Wird ein Ring neu initialisiert, weil sich Stationen neu an den Ring anmelden, wird der TTRT jedes Frames überprüft. Das Frame mit dem kleinsten TTRT gewinnt den Prozeß.

Twisted Pair
Kabel mit zwei isolierten Adern, die miteinander verdrillt sind, zur Reduzierung der elektrischen Interferenzen; mit oder ohne Schirmung.

Twisted Pair Physical Medium Dependent s. TP-PMD

U

UDP
User Datagram Protocol
Ein Datagramm-Übertragungsprotokoll, das auf dem Internet-Protokoll aufsetzt.

UTP
Unshielded Twisted Pair
Ungeschirmtes symmetrisches Vierdrahtkabel.

W

Wiring Closet
Verteilerraum, in welchem die Kabelverteilung erfolgt und die DV- und Netzsysteme untergebracht sind.

Workgroup
Arbeitsgruppe
(1) Anzahl von Endgeräten an einem bestimmten Ort.
(2) In einem strukturierten Netz bezeichnet der Begriff Arbeitsgruppe ein (kleines) Netz.

Workgroup Hub
Konzentrator, der eine kleine Gruppe von Teilnehmern an ein Netz anschließt.

Workstation
PC mit hoher Leistungsfähigkeit.

Abkürzungen

AAUI	Apple Attachment Unit Interface
ABR	Automated Beacon Removal
ANSI	American National Standards Institute
ARAP	AppleTalk Remote Access Protocol
ATM	Asynchronous Transfer Mode
AUI	Attachment Unit Interface
CCE	Configuration Control Element
CFM	Configuration Management
CMB	Common Management Bus
CRC	Cyclic Redundancy Check
CSMA/CD	Carrier Sense Multiple Access with Collision Detection
DAS	Dual Attachment Station
DCE	Data Collection Engine
DIW	D-inside Wire
DTE	Datenendgerät
DV	Datenverarbeitung
ECM	Entity Connection Management
EIA	Electronic Industries Association
EMT	Embedded Management Tool
ESE	Ethernet Switching Engine
ETR	Early Token Release
FB	Fiber Backbone
FDDI	Fibre Data Distributed Interface
FERF	Far End Receive Failure
FL	Fiber Link
FOIRL	Fiber Optic Inter Repeater Link
FOMAU	Fiber Optic Medium Attachment Unit
FP	Fiber Passive
IEEE	Institute of Electrical and Electronic Engineers
IETF	Internet Engineering Task Force
IP	Internet Protocol
IPG	Interpacket Gap
ISO	International Standardization Organization
LAN	Local Area Network
LCF-PMD	Low Cost Fiber Physical Medium Dependent
LED	Light Emmitting Diode
LEM	Link Error Monitor
LLC	Logical Link Control
LSDV	Link Segment Delay Value
LWL	Lichtwellenleiter
MAC	Media Access Control
MCE	Management Communication Engine
MDA	Media Device Adapter

Connectivity Guide

MII	Media Independent Interface
MMF	Multimode Fiber
NAC	Null Attachment Concentrator
NAUN	Nearest Active Upstream Neighbor
NIC	Network Interface Card
NIF	Network Information Frame
NMM	Netzwerkmanagementmodule
NRZI	Non Return to Zero Invert
PC	Personal Computer
PCM	Physical Connection Management
PDV	Path Delay Value
PHY	Physical Protocol
PMC	Physical Media Components Sublayer
PMD	Physical Medium Dependent
PPP	Point-to-Point Protocol
PSC	Physical Signaling Components Sublayer
PSE	Path Switching Element
PVV	Path Variability Value
RFC	Request for Comments
RI/RO	Ring-In/Ring-Out
RII	Ring Information Indicator
RMON	Remote Monitoring
RPSU	Pedundant Power Supply Unit
SAC	Single Attachment Concentrator
SAS	Single Attachment Station
SCM	Switch Control Moduler
SMT	Station Management
SNA	Systems Network Architecture
SNMP	Simple Network Management Protocol
SQE	Signal Quality Error
SRT	Source Route Transparent
STP	Shielded Twisted Pair
SVV	Segment Variability Balue
TCP	Transmission Control Protocol
THT	Token Holding Timer
TIA	Telecommunications Industry Association
TP-PMD	Twisted Pair Physical Medium Dependent
TRIL	Token Ring Interoperability Lab
TRT	Token Rotation Timer
TTRT	Target Token Rotation Timer
TVX	Valid Transmission Timer
UDP	User Datagram Protocol
UTP	Unshielded Twisted Pair
WAN	Wide Area Network

Index

10/100 Mbit/s Switch 129
100-Ohm-Kabel 248
100BASE-T 32, 39, 115 f.
- 100BASE-TX 118
- 100BASE-FX 119
- Regeln und Empfehlungen beim Aufbau 119 f.
100VG-AnyLAN-Technologie 116
10BASE-F 51, 75, 88 f.
- 10BASE-FB 89 f.
- 10BASE-FL 89 f.
- 10BASE-FP 89 f.
10BASE-T 32, 75
- Ethernet 260
- Hub 39
- Segment 261
- Stackable Hub 93 f.
- Stecker 264
10BASE2 75
10BASE5 75
10BROAD36 75
12-Ohm-Kabel, geschirmtes 249
1BASE5 75
3270
- Bildschirm 55
- Emulation 55
- Endgerät 55
- Steuereinheit 55
4B/5B-Kodierung 200
5DN002 64
5DN003 64
8B6T-Kodierungsschema 119
9poliger Sub-D-Stecker
- Pinbelegung 266 f.
- RI/RO-Verbindungen 267
A-Kanal 48 f., 56
A-Port 209
AAUI-Stecker 33
ABR 150, 189
Adressierung 203
Advanced Management 28
Agent 35
- Advanced 35, 156
- Advanced Analyzer 35, 156
- Standard 35, 156
- Unterstützung für SMT 239
American National Standards Institute s. ANSI
ANSI 21, 195
Anwendungsschicht 22 f.

Apple Talk Remote Access Protocol s. ARAP
Application Layer s. Anwendungsschicht
ARAP 70
Arbeitsgruppe 28 f.
- logische 29 f.
ASCII-Terminal 94
ATM-Netze 67
Attachment Unit Interface s. AUI
Attenuation s. Dämpfung
AUI 33
- Kabel 33
- Pinbelegung 15poliger AUI-Stecker 265
- Stecker 264ff
- Port-Verbindung 102
Ausbreitungsgeschwindigkeit 276
Automated Beacon Removal s. ABR
AWG
- 22 247
- 26 248
B-Kanal 47 f.
B-Port 209
Backbone
- Distributed 97 f., 143, 227
- Collapsed 97 f., 143 f.
- Ring 214
- sequentielle Struktur 141 f.
Backplane
- FDDI-Netz 27
- Ring 27
- Segment 27
Backup
- Ring 214
- Verbindung 25
- Weg 167, 211
Baumtopologie 217
BayStack 39
- Konzentratoren 100 f.
Beacon 147
- Pakettypen 150,204
- Prozeß 204
- Ursachen 149 f.
Bereichsnetze 97 f.
Bildschirme, asynchrone 55
Bitübertragungsschicht 22 f., 139, 196
BNC-T-Stecker 264
Bridging-Verfahren 154
Broadcast 32, 76
Brücken 30

Bypass 149 (automatischer), 178, 119, 199
Campus-Bereich 246
Carrier Sense Multiple Access with
   Collision Detection s. CSMA/CD
CCE 219
CFM 207
Channel Divider 48
Claim Token-Prozeß 203
Cluster 25
   – Ein-Port-Cluster 26
   – Konfiguration 170 f.
   – Mehr-Port-Cluster 26
   – Modul-Cluster 26
CMB 70, 91, 156
Collision Domain 26, 39, 81, 258
Common Management Bus s. CMB
Configuration Control Element s. CCE
Configuration Management s. CFM
Configuration Switching 90
Connection Management 207
Continous 48
CRC 81
CSMA/CD 23, 75 f., 82, 129
Cyclic Redundancy Check s. CRC
D-inside wire s. DIW
DAC 209, 211 f.
Dämpfung 152 f., 276
Dämpfungswerte 80
Darstellungsschicht 22 f.
DAS 194, 209
Data Collection Engine s. DCE
Data Link Layer s. Sicherungsschicht
Datenendgerät s. DTE
Datenflußsteuerung 23
Datenrahmen, Auffüllen 53
DCE 68
DEC LAT 70
DEC VAX/VMS Host 55
Dekodierung 199
Discovery-Paket 154
Dispersion 276
Distributed 5000 61, 64
Divided 48
DIW 257
   – Kabel 257
Doppelanschluß 224
Doppelring 27
   – mit Baumstruktur 236
   – ‚gegenläufiger 193
Drag-and-Drop-Technik 30
DTE 34
Dual Attachment Concentrator s. DAC
Dual Attachment Station s. DAS

Dual Homed-Konfiguration 210
Dual Homing 88, 217, 224
   – Anschlüsse 230
   – Konfiguration 215
Dual Ring-of-Trees 214, 229
Duplex-Betrieb 32
Early Token Release s. ETR
ECM 207
EIA/TIA 21
   – 568 255
   – TSB-36 245
   – TSB-40 245
   – TSB-568 245
   – TSB 568-A 245
Ein-Repeater-Regel 79
Electronic Industries Association/
   Telecommunications Industry
   Association s. EIA/TIA
Embedded Management Tool s. EMT
EMT 69
Enterprise Network 29
Entity Coordination Management s. ECM
Error_Ct 205
ESE 54
Etagen
   – -netze 97 f.
   – -verkabelung 246
Ethernet 24 f.
   – Agents 90 f.
   – Bus 76
   – Konzentrator 37
   – Netze 93 f.
   – Stern 76
   – Topologie 76
   – Version 1.0 75
   – Version 2.0 75
Ethernet Switching Engine s. ESE
Ethernet-Stecker 264 f.
ETR 141
Expanded View 241
EZ LAN 35
Faserdämpfung 275 f.
Fast Ethernet s. 100BASE-T
FDDI 25
   – Backbone-Lösungen 227
   – Grundprinzip 193
   – Kabel 270 f.
   – Netze 193
   – Stecker 270 f.
   – STP-Kabel 250
   – Protokoll 193
FDDI-Konzentrator System 2000 42
FDDI-Netzwerkmanagementmodul 52

Fehlerstatistiken 28
Fehlertoleranz 215
Fiber Distributed Data Interface s. FDDI
Fiber Optic Inter Repeater Link s. FOIRL
Fiber Optic Medium Attachment Unit
    s. FOMAU
Filter 32 f.
Find Nodes 91
Firewall-Funktion 32
FOIRL 75
    – Schnittstelle 41
    – Standard 75
FOMAU 102
Frame
    – Switches 32
    – Typen 206
Frame_Ct 204
Gebäudesteigbereich 246
Gebäudeverteiler, zentraler 246
Gesamtnetzüberwachung 95
Gesamtverkehr 61
Gracefull Insertion 204
Hauptring 216
Horizontalverkabelung 246
Host-Modul 25, 27
Hot-Standby-Ring 211
Hub 28
IBM MAU 184
IBM TN 3270 70
IBM-Verteilerfeld 251
Idle-Signal 261
IEEE 21
    – 802.2 196, 201
    – 802.3a 264
    – 802.3 24, 75 f., 255
    – 802.3i 258, 260
    – 802.3u 116
    – 802.5 247, 255
    – 802.5q 245
    – 802.5 24, 139 f., 193
    – 802.5j 53
IETF 21
Institute of Electrical and Electronic
    Engineers s. IEEE
Integrated Parallel Repeater-
    Technologie 40
International Standardization Organization
    s. ISO
International Standardization Organi-
    zation/International Electrotechnical
    Commission s. ISO/IEC
Internet Engineering Task Force s. IETF
Internet Protocol s. IP

Internetworking 23
    – Komponenten 98
    – Systeme 30 f.
Interpacket Gap 85
Inversion, keine 262
IOC/IEC
    – 1180-1 245
IP 35
IPX 35, 70
ISA-Steckplatz 55
ISO 21
    – 9314 247, 250, 255
    – 9314-1 PHY 25
    – 9314-2 MAC 25
    – 9314-3 PMD 25
ISO/IEC
    – JTC1 255
ISO/OSI-Modell 22, 195
Jitter 42, 69, 85, 147, 152 f.
JTC1 s. ISO/IEC
Jumper 148
Kabel
    – -bruch 216
    – -verzögerung 84
Kaskadierkabel 39, 94
Kaskadierung 41, 99 f., 134
Kernmanagement 28
    – -daten 40
Kernstatistiken in Ethernet LANs 92
Kodierung 199
Kommunikationssteuerungsschicht 22 f.
Komponenten, aktive und passive 147
Konfiguration, fehlertolerante 233
Konzentrator 28
    – für Arbeitsgruppen 28
    – für Verteilerräume 29
    – im Netzzentrum 29
    – modulare 37 f.
    – nichtmodulare 37 f., 93 f.
Kreuzkabel 252, 262
Kreuzung
    – externe 263
LAN 20
LAN/WAN-Router-Module 54
Late Collision 82, 125
LattisSecure-Modul 52
LattisSwitch 28, 115, 130, 134
LCF-PMD 197
Leistungsdaten 28
Leitungsstatistiken 28
LEM 200
LEM_Ct 200
LEM_Rejct_Ct 201

LER_Alarm 201
LER_Cutoff 201
LER_Est 201
Lichtwellenleiter
  – -kabel 271 f.
  – -stecker 271 f.
Lichtwellenleiter s. LWL
Link Error Monitor s. LEM
Link Integrity Test s. Verbindungstestfunktion
Link Segment Delay Value s. LSDV
LLC 24, 196, 206
Lobe
  – Kabel (STP) 249
  – Verbindung 143, 153, 247
Local Area Network s. LAN
Logical Link Control s. LLC
Loss s. Verlust
Lost_Ct 205
Low Cost Fiber Physical Medium Dependent s. LCF-PMD
LSDV 125
LWL-Backbone 40, 51
M-Port 209 f.
MAC 24 f., 42, 76, 117, 139, 196, 201
Management Communications Engine s. MCE
Management Extension Port 40
Manchester-Codierung 82
Margin (optisches Leistungsbudget) 274
Master Port s. M-Port
MAU 81, 102
MCE 68
MDA 101
MDI-X/MDI Port 96, 101, 103, 262 f.
Media Access Control s. MAC
Media Device Adapter s. MDA
Media Independent Interface s. MII
Media Interface Port s. MIC
Mediafilter 160, 198, 251 f., 269 f.
Medium Access Unit s. MAU
MIC 42, 70, 199
MII 117
MLT-3-Kodierung 200
Modem 55
Multimedia-Router-Module 54
Multisegment-Cascade-Funktion 39
Multisegment-Stack 103
NAC 210, 213 f., 223, 230
Nahnebensprechen s. NEXT
NAUN 140
Nearest Active Upstream Neighbor s. NAUN

Network Interface Card s. NIC
Network Layer s. Vermittlungsschicht
Network Utility Server 55
Netz
  – -auslastung 240
  – -komponenten 19
  – -konzepte 19
  – -management 34,156
  – Performance 51
  – -plan 79
  – -protokollstandards 22
  – -schnittstellenkarte 32
  – -station 34
  – -zentrum 29
Netze, heterogene 187
Netzwerkmanagementmodul s. NMM
NEXT 152 f., 257
NIC 93
NMM 34, 51 f.
Non Return to Zero Invert s. NRZI
Not_Copied Ct 205
NRZI 200
Null Attachment Concentrator s. NAC
Numerierungsschema 45
Optivity 30, 35, 55, 67, 156
Paket 202
Paketfilterung 155
Paketumlaufverzögerung 82
  – Berechnung 82 f.
Path Delay Value s. PDV
Path Switching Element s. PSE
Path Variability Value s. PVV
PCI-Steckplatz 55
PCM 207, 219
PCS 139 f.
PDV 79, 82, 123
  – Berechnung 79 f., 123 f.
Per-Port-Switching 90
Pfad, lokaler 194
Phantomspannung 148 f., 163, 169
PHY 117, 196, 199, 204
Physical Connection Management s. PCM
Physical Layer s. Bitübertragungsschicht
Physical Media Components Sublayer s. PMC
Physical Medium Dependent s. PMD
Physical Signaling Components Sublayer s. PCS
Physical-Teilschicht s. PHY
PMC 139 f.
PMD 25, 197 f.
Point-to-Point Protocol s. PPP
PPP 70

Präambel, Regeneration der 53
Presentation Layer s. Darstellungsschicht
Primärpfad 194
Primärring 25, 42, 167, 193
Primärverkabelung 246
PSE 219
Punkt-zu-Punkt-Verbindung 54, 253
PVV 79, 86
– Berechnung 79 f.
Rangierkabel 248
Rechner-Terminal-Netze 55
Redundant Power Supply Unit s. RPSU
Referenzmodell s. ISO/OSI-Modell
Remote
– Fault-Signalisierung 89
– Konfiguration 101
– Konfigurationsregeln 101
– PC-Protokolle 70
– Signalisierung 89
– Standorte 28
Repeater 28, 30, 85
– FOIRL 75
– Regeln 79 f., 120 f.
Retiming 37
– Funktion 258
– Modul 53
RI/RO 41, 53, 145
– Abschaltung (Wrapping) 150
– Verbindungen 167, 249
RII 155
Ring 36 f.
– -initialisierung 203
– -management 207
– -segmentierung 217
– -teilung 216 f.
Ring Selected Switch 49
Ring_op 205
Ringlängen
– System 2000 280 f.
– System 3000 280 f.
– System 5000 280 f.
RJ45-Stecker 248, 264 f.
– 8poliger (10BASE-T-Stecker) 264 f.
Root
– Konzentrator 58, 211
– Station 212
Round Trip Collision Delay
s. Paketumlaufverzögerung
Router 31
Routing 23
Routing Information Indicator s. RII
Roving 68, 220
RPSU 40

S-Port 210
S-UTP-Kabel 248
SAC 212
SAS 194, 209
SC-Stecker 273 f.
Schnittstelle, serielle 54
SCM 67
Scrambling-Verfahren 200
SDV 125
Segment 26 f.
– -länge 126
Segment Delay Value s. SDV
Segment Variability Value s. SVV
Sekundärpfad 194
Sekundärring 25, 42, 167, 193, 216
Server 34
Service Port 94
Session Layer s. Kommunikations-
steuerungsschicht
Shared Media Hubs 32, 128
Shared Media LAN 38, 120
Shilded Twisted Pair s. STP
Show Nodes 91
Sicherheitsreserve 127, 274 f.
Sicherungsschicht 22 f., 196, 201
Signal Quality Error s. SQE
Simple Network Management Protocol
s. SNMP
Single Attachment Concentrator s. SAC
Single Attachment Station s. SAS
Single Mode Fiber Physical Medium
Dependent s. SMF-PMD
Slave Port s. S-Port
SMF-PMD 197
Smooth Insertion 204, 220
SMT 25, 196, 206, 239
SNA 35
– Gateway 55
– Umgebung 55
SNMP 34, 42
– Agent 34
Sorce Routing 154
Source Route Transparent s. SRT
splicing 30
SQE 81
– Test 81
– Funktion 81
SRT 155
Stack 39
– Position Resolution-Funktion 39
Stand-alone
– Arbeitsgruppe 38
– Konfiguration 223

Standard Twisted Pair Physical Media
Dependent s. TP-PMD
Standardisierungsorganisationen 20
Standby
– Monitor 152
– Ring 216
Station Management s. SMT
Stationsäquivalente 281
Steckerverluste 275 f.
Steigbereichsverkabelung 246
Sterntopologie 25
STP 32
– Adapterkarte 269
– Eigenschaften, elektrische 248
– Kabelanlagen 251
– Kabeltypen 247
– Spezifikationen 247
– Standards 247
– Steigbereichskabel 249
– STP-A-Kabel 247
– Teilnehmeranschlußkabel 249
– Verbindungskabel 249
Stream Ceipher 200
– Scrambling-Verfahren 253
Sub-D-Stecker 248
Subnetzstruktur 97 f.
Summing-Modul 45
SuperRMON 69
SVV 86
Switch Control Module s. SCM
Switching
– Hub 61, 128
– Technologie 32
Syntax 23
System 2000 40 f., 95 f., 262
System 3000
– Bussystem 45
– Host-Modul 52
– Internetworking-Module 54
– Modulanordnung 58
– Nachrüstung von Funktionen 47
– Numerierungsschema 45
– Stromversorgung 45
– s.a. Verbindungen
– Teilnehmeranschlußlängen 279 f.
System 5000
– Bussysteme, unterstützte 66
– Gehäusevarianten 62 f.
– Maximalkonfiguration 62
– Netzmanagementmodule 67
– Numerierungsschema 64
– statistische Daten 91
– Stromversorgung 62, 65

– Supervisory-Modul 62, 66
– Teilnehmeranschlußlängen 280 f.
System 800 38, 93
Takt
– -aufbereitungsfunktion 28
– -regeneration 37
– -synchronisation 199
Target Token Rotation Time s. TTRT
TCP/IP 35
Telco-Stecker
– Pinbelegung 50poliger 265
Terminal
– -multiplexer 55
– -server 55
ThinNet-Kabel 264f
Timer 203
Token 140, 202
Token Holding Timer s. THT 203
Token Passing
– Verfahren 25, 139 f.
Token Ring 25
– Agents 156
– Bridging 154
– Datenrate 147
– Komponenten 147
– Konzentrator 37
– Stecker 245, 267 f.
– Systeme, passive 42
TP-PMD 197, 251 f.
TRACE-Funktion 204
Transceiver 32 f.
– ‚externe 33
– ‚integrierte 33
Transferformat 23
Transparent Bridging 155
Transparent-Repeater 120
Transportverfahren 24 f.
TRIL 162
Trunk
– Ring 179, 214
– Verbindung 153, 167, 177, 185, 247
TTRT 203,220
TVX 203
Twisted Pair Physical Medium
Dependent s.TP-PMD
UDP 35
UNIX 55
Unshielded Twisted Pair s. UTP
User Datagram Protocol s. UDP
UTP 251
– Impedanzanpassung 252, 254
– Kabeleinschränkungen 256
– Kategorie 3 255

- Kategorie 4 255
- Kategorie 5 255, 259
- Kreuzkabel 263
- Netzschnittstellenkarte 269
- Spezifikationen 255 f.
- Standards 255 f.
- Verbindungskabel 260, 269

Valid Transmission Timer s. TVX

Verbindungen und Verbindungsvarianten
- BayStack – System 2000 105
- BayStack – System 3000 107
- BayStack – System 5000 107
- System 2000 – System 3000 174, 226
- System 3000 – System 3000 109, 175, 227
- System 3000 – System 5000 110
- System 5000 – System 5000 112, 234

Verbindungen, redundante 88
Verbindungstestfunktion 261
Verkabelung
- ,struktrierte 245 f.
- Verkabelungsbereiche 246

Verkehrsflußplanung 60
Verlängerungskabel
- Pin-Belegung (9polig Sub-D) 268
Verlust 276
Vermaschung 88
Vermittlungsschicht 22 f.
Vertikalverkabelung 146
Vielfachzugriff mit Kollisionserkennung s. CSMA/CD
VOID Frame 220
WAN-Zugang 97
Weitverkehrsnetz s. WAN
Wellenwiderstand 253
Wide Area Network s. WAN
Workstation 34
Wrap-Zustand 151, 189, 212, 215
Wrapping s. RI/RO-Abschaltung
X.184 197
X3.166 197
X3T9 195
X3T9.5 25, 118
Xremote 70

Über 1.500 Begriffe aus dem Bereich der Datenfernübertragung werden eingehend und verständlich erläutert. Von Abrufbetrieb über INMARSAT bis ZZF – zahlreiche Abbildungen veranschaulichen die komplexen Zusammenhänge. Ob Steckerbelegung, Anschlußdosen, Netzwerk oder Mailbox – die relevanten Schlagworte des Kommunikationsalltags sind hier entschlüsselt.

320 Seiten (geb.)
ISBN 3-931959-01-5

In gleicher Ausstattung erscheinen im II. Quartal 1996 weitere deutschsprachige Guides in der Edition Netze. Fordern Sie unseren detaillierten Buchprospekt mit den Inhaltsübersichten der Guides und weiteren Buchpublikationen an.

Bay Networks Fast Ethernet Guide – 100BASE-X

ISBN 3-931959-02-3
BVK DM 89,50
Best.-Nr.: 003-1-96

Bay Networks ATM Guide

ISBN 3-931959-03-1
BVK DM 89,50
Best.-Nr.: 004-1-96

FOSSIL
Redaktion & Produktion

Hartwichstraße 101
50733 Köln
CompuServe 100265,3206 – Fax 0221/72 60 67